D1918640

Rolf-Ulrich Kunze

Mit der Technik auf du

Technik als soziale Konstruktion und kulturelle Repräsentation, 1930 - 1970

Technikdiskurse
Karlsruher Studien zur Technikgeschichte

9

Herausgeber:
Prof. Dr. Rolf-Jürgen Gleitsmann-Topp
Karlsruher Institut für Technologie (KIT)
Fakultät für Geistes- und Sozialwissenschaften
Institut für Geschichte, Abteilung Technikgeschichte

Mit der Technik auf du

Technik als soziale Konstruktion und kulturelle Repräsentation, 1930 - 1970

von
Rolf-Ulrich Kunze

KIT Scientific Publishing

Umschlagfoto
Rolf-Ulrich Kunze

Satz und Gestaltung
Jan Wenke

Impressum

Karlsruher Institut für Technologie (KIT)
KIT Scientific Publishing
Straße am Forum 2
D-76131 Karlsruhe
www.ksp.kit.edu

KIT – Universität des Landes Baden-Württemberg und nationales
Forschungszentrum in der Helmholtz-Gemeinschaft

KIT Scientific Publishing 2012
Print on Demand

ISSN 1860-3610
ISBN 978-3-86644-778-3

Inhalt

Technikdiskurse – Karlsruher Studien zur Technikgeschichte

Rolf-Jürgen Gleitsmann

Technik und technischer Wandel zählen zu jenen Faktoren, die unser (all-)tägliches Leben entscheidend prägen.

Dieser Sachverhalt dürfte in unserem technischen Zeitalter kaum einer besonderen Begründung bedürfen. Es liegt auf der Hand, dass die Menschheit von Technik und technischem Fortschritt abhängig geworden ist, und dies nicht erst in unserer Zeit.

Seit jeher war es der Technik entwickelnde und zielgerichtet einsetzende Mensch, der vermittels ‚seiner' Technik Lebensräume gestaltete, veränderte, revolutionierte, oder auch zerstörte. Unglaublicher Wohlstand auf der einen, aber auch bitterste Armut auf der anderen Seite waren dabei mögliche Konsequenzen, die der technische Wandel hervorzubringen vermochte. Die Einsicht, dass technischer Wandel als gesellschaftliches Phänomen zu interpretieren sei, uns technische Zukunftsentwürfe gerade auch gesellschaftliche Zukunftsentwürfe darstellten, vermochte sich hingegen erst langsam Bahn zu brechen.

Die Diskussion um die Technik, oder anders ausgedrückt, Technikdiskurse, begleiten jedoch den technischen Wandel jedweder Epoche. Seit jeher scheint es vom Grundsätzlichen her zwei gegensätzliche Lager bezüglich der Beurteilung des technischen Wandels gegeben zu haben. Zum einen die Optimisten, die mit technischem Wandel Fortschritt an sich verbinden, und zum anderen die Pessimisten, die – aus welchen Gründen auch immer –, diesem Wandel eher skeptisch gegenüberstehen. Beide Positionen erscheinen geradezu als Naturgesetzlichkeiten, und dennoch, sie sind letztlich doch nichts anderes als Hoffnungen und Erwartungen auf der einen oder aber auch Befürchtungen und Ängste auf der anderen Seite für jene, die von diesen Wandlungsprozessen betroffen sind bzw. sie voranbringen.

Technischer Wandel stellt sich damit als gesellschaftlicher Wandel dar, und steht mithin direkt im Konfliktfeld gesellschaftlicher Kontroversen. ‚Wohin die Reise geht', ist jedoch in erster Linie eine gesellschaftliche Entscheidung, und keineswegs ein technischer Sachzwang.

Der Blick zurück, also eine Analyse vergangener technischer Inventions-, Innovations- und Diffusionsprozesse stellt damit immer auch eine Analyse der jeweiligen gesellschaftlichen ‚Befindlichkeiten', Machtstrukturen, Umsetzungspotentiale und Handlungsspielräume dar.

Vor diesem Hintergrund haben es sich die *Technikdiskurse. Karlsruher Studien zur Technikgeschichte* zum Ziel gesetzt, technischen Wandel im Kontext seines historischen Umfeldes zu analysieren und darzustellen. Keineswegs nur die Invention als solche wird, im Sinne einer funktionalistischen oder Heroengeschichtsschreibung, dabei Gegenstand der Betrachtung sein. Vielmehr soll es darum gehen, jene Kontexte herauszuarbeiten, aus denen heraus Technik entsteht und in denen Technik wirkt. Weitere Themen können u. a. auch die Kultur- und Faszinationsgeschichte des Technischen sowie Technik als soziale Konstruktion *(social construction of technology/SCOT)* sein.

Rolf-Jürgen Gleitsmann

Dank

Dinge dreimal zu tun, heißt eine Gewohnheit zu begründen. Beim Dank an meinen KIT-Kollegen PD Dr. Kurt Möser ist das nicht der Fall. Auch beim dritten Band meiner Essays über Technik als persönliche soziale Konstruktion ist es emotional und sachlich erforderlich, auf seine Geburtshelferrolle ausdrücklich hinzuweisen. Konzeptionell gilt dies vor allem für alle Aspekte der Bedien-Kompetenzen von Technik-Konsumenten bzw. -anwendern.

Ist es statthaft, einem in anderen Zusammenhängen kanonisierten Autor und Nobelpreisträger für Literatur zu danken? Wohl nicht, gleichwohl verdanke ich John Steinbecks literarischer Repräsentation der Bedeutung des Autos im amerikanischen Lebensvollzug sehr viel. Seine narrative Technikbezogenheit macht ihn zu einem Ahnherren der *social construction of technology*. Mein Anliegen der Wiederwahrnehmbarkeit von (Mobilitäts-)Technik in unserem Leben wird nach der Lektüre von Steinbecks ‚Grapes of Wrath', ‚Cannery Row', ‚East of Eden' und, vor allem, ‚Travels with Charley in Search of America' besser verständlich.

Auch dieses Buch wurde möglich durch die gute Zusammenarbeit mit Regine Tobias von KIT Scientific Publishing sowie die Unterstützung durch meine KIT-Fakultät für Geistes- und Sozialwissenschaften und der KIT-Institute für Philosophie und Geschichte. Der Dank richtet sich dabei immer an konkrete Personen, nicht an Institutionen. Jan Wenkes Satz machte wiederum durch verstehenden Satz aus vielen Seiten ein ansehnliches Buch.

Rolf-Ulrich Kunze
im März 2012

Abbildung 1
Eine PRR-T1 1946 in St. Louis, Missouri. Keine Lokomotive hat mich jemals so inspiriert wie diese.[1]

1 Quelle: http://prrsteam.pennsyrr.com/prrt1.php [26.6.2011].

Einleitung

Technik, die uns nah ist

1953 erschien die erste Auflage von Alexander Spoerls erfolgreichem Ratgeber-Essay ‚Mit dem Auto auf du'.[2] Schon lange sind wir mit dem Auto, aber auch mit vielen anderen Bereichen der Technik nicht mehr auf du. Sie sind gleichsam unsichtbar geworden. Wieso?

Einige Beispiele: Unter der Kühlerhaube sind wir Automobilitätskonsumenten nicht mehr willkommen. Alle interessanten Teile des Motors, der inzwischen korrekt Aggregat heißt, sind säuberlich abgedeckt und vor dem Zugriff des inkompetenten Benutzers geschützt. Irgendwann werden dort auch gelb-schwarze Warnhinweise angebracht werden: *„Caution! Engine. Do not touch!"* Die Befüllung mit Motoröl und Scheibenreinigungsflüssigkeit wäre auch für das entsprechend konditionierte Kindergartenkind zu bewältigen, wird aber praktischerweise von der behandelnden Vertragswerkstatt übernommen. Bei der befindet man sich ohnehin im Turnus der Checkhefthäkchen – bei Säumnis wird der Verlust des Wiederverkaufswerts und/oder der Tod der mitfahrenden Familie impliziert –, so dass eigentlich nichts Schlimmes passieren kann. Missbefinden oder Dysfunktion des so gepflegten Fahrzeugkörpers der Mittelklasserennreisemaschine mit gefühlter Oberklassenidentitätsprothesenfunktion, dessen mögliche Lebensdauer sich der durchschnittlichen eines Menschen tendenziell nähert, wird uns durch Warnleuchten so rechtzeitig angekündigt, dass wir eigentlich immer noch die Vertragswerkstatt erreichen können. Die ihrerseits ist nicht wie der Internist noch auf Ausschlussdiagnostik angewiesen, sondern schließt ihren Diagnoserechner an die Fahrzeugelektronik an und ist im Bilde. Die zuständigen Facharbeiter heißen inzwischen Mechatroniker. Ein anderes Beispiel: Der Plug-and-Play-Anschluss für Konsolen ist am Fernseher leicht zu finden: Viele Anschlüsse gibt es ohnehin nicht mehr, eine Bedienungsanleitung auch nicht. Eine Semantisierung der Funktion ist bei einem so alltäglichen Gebrauchsgegenstand nicht mehr erforderlich. Ein wenig anders verhält es sich beim Herunterladen eines Virenschutzprogrammes aus dem Internet. Hier gibt es ein Menü mit Anweisungen, das durch den Installationsprozess führt. Am längsten sieht man den Ladebalken als Symbol der Autonomie eines technisch-virtuellen Prozesses, der vor unseren Augen, aber gänzlich ohne uns abläuft. Nicht einmal unsere Aufmerksamkeit ist mehr erforderlich. Zu Beginn des Installationsprozesses wird der Benutzer informiert, dass er seine Arbeit oder anderweitige Beschäftigung fortsetzen kann, da sich das Programm im Hintergrund selbst installiert. Der Begriff der Interaktivität hat hier einen ironischen Beigeschmack.

---

2 Alexander Spoerl, Mit dem Auto auf du, München/Zürich 1953 u. ö.

Abbildung 2
Umschlagdetail, Zeichnung von Claus Arnold.

Um nicht falsch verstanden zu werden: Dies ist keine Klage darüber, dass die meisten Konsumenten heute keine Radios, Waschmaschinen und Boxermotoren mehr auseinandernehmen und auch wieder zusammenbauen können. Übersichtliche Technik ist zweifellos sympathisch, weil sie ihre Benutzer dazu bringt, technische Abläufe zu verstehen und kreativ umzugestalten. Unsere Technik – ob im Bereich der Mobilität oder der Medien – ist nicht anders als unsere sonstige Lebensumwelt komplexer geworden. Sie ist diskreter und wirkt gar nicht mehr als Technik. Nur im Fall ihres Nichtsfunktionierens erwachen wir aus dem Traum einer selbststeuernden, mühe- und kompetenzlos beherrschbaren Technik – und sind in der Regel hilflos. Davor kann man sich nicht mehr schützen, indem man am Märklin-Metallbaukasten eine überschaubare Anzahl von handwerklich-technischen Basiskompetenzen erwirbt, sondern allein, indem man lernt, die eigenen Ansprüche an Technik und unsere cyborghafte Abhängigkeit von ihr zu erkennen. Um das (wieder) zu können, ist eine öffentliche Wirkungsgeschichte der Technik hilfreich, für die es Vorbilder gibt: z. B. Alexander Spoerls konsumentenorientierte, zugleich aber ausgesprochen kontextorientierte Auto- und Technikpublizistik der 1950er und 1960er Jahre. Auch und gerade unsere komplexe Mobilitäts- und Medientechnik bedarf einer anwenderorientierten Reflexion, die mehr ist als ein praktischer Ratgeber und dem Konsumenten dabei hilft, die Autonomie gegenüber der seinen Lebensalltag beherrschenden Technik zurückzugewinnen. So wie Spoerl über Autos heute über ergonomische Autointerieurs, Downloadroutinen und die IKEAisierung unserer Möbelwahrnehmung zu sprechen, wäre ein Schritt in diese Richtung, der im übrigen in so manchem Technik-Blog im Internet durchaus praktiziert wird, aber nur für Teilöffentlichkeiten von Spezialisten-Parallelwelten. Über Technik kommunizieren zu können, trägt dazu bei, unsichtbar gewordene Technik sichtbar zu machen. Das bedeutet aufzuzeigen, dass und wie Technik bestimmten kulturellen Mustern folgt und diese zugleich artikuliert, dem Konsumenten abverlangt und zugleich erlaubt, sich an die ihn umgebenden Artefakte und ihr soziales Leben in seinem eigenen anzupassen. Darum soll es anhand von Beispielfeldern im folgenden gehen.

Abbildung 3
Mein Schrottplatz. Hier bin ich mit der Technik auf Du, sie ist es mit mir.[3]

Abbildung 4a
Mit dem VW Käfer 1200 Export kann man anders auf Du sein …[4]

3 Quelle: privat.

Abbildung 4b
... als mit dem Golf. Aber selbst bei diesem erfolgreichsten Fahrzeug, das VW bis jetzt je gebaut hat, reicht die Worthure Innovation im Plural zur Identitätsbildung allein nicht aus. Er soll ein legitimer Nachfolger, Erbe und Vollstrecker sein. Aber was heißt das eigentlich in unseren Biographien, in denen oft noch beide, Käfer und Golf, vorkommen?[5]

4 FAZ-Beilage: Innovationen von Volkswagen [10-seitige Hochglanzbroschüre im Großformat], o. O., o. J. [2010].

5 Ebd.

So wie ich es sehe, können wir mit der Technik wieder auf du kommen, sie wieder in stärkerem Maß in unserem Bewusstsein als ständig präsenter Faktor zulassen, wenn wir den Blick auf zwei Phänomene richten: die vom Konsumenten bzw. Anwender entwickelten Kompetenzen im Umgang mit einer bestimmten Technik und die Konstruktion kultureller Repräsentationen durch Technik. Warum könnte das funktionieren? Im 20. Jahrhundert verändert sich das Verhältnis zwischen Technik und Techniknutzern radikal. Obwohl, richtiger: gerade weil im *common-sense*-Blick auf Technik diese die Lösung für bestimmte Probleme ihre Nutzer darstellt, passen sich die Nutzer auf vielen Ebenen, vor allem mental, an die Technik an. Das Habitat des Menschen ist, wie Günther Ropohl es genannt hat, endgültig und unumkehrbar ein Technotop, ein nicht mehr natürlicher, sondern von Technik gestalteter und allein noch durch Technik beherrschbarer Raum. Der Technotopbewohner wird immer mehr zum Cyborg, der weniger materielle Bedürfnisse durch Technik befriedigt, sondern vielmehr kulturelle Bedürfnisse entwickelt, die vielfältige technische Voraussetzungen haben. Auf welchen Prozessen der Techniksozialisation und Technikakzeptanz dies beruht, kann eine integrierte Allgemein- und Technikgeschichte an ausgewählten Beispielen vor allem aus den Bereichen der massenmarktförmigen Demokratisierung bzw. Kommoditisierung von Mobilitäts- und Alltagstechnik seit den 1960er Jahren zeigen. Sie darf dann jedoch nicht auf der Grundlage petrifizierter amerikanischer Soziologien der 1950er Jahre in den Abstraktionen von makroanalytischer Faktoralanalyse und -deklination verharren. Das ist keineswegs neu.[6] Der an der *New School für Social Research New York* lehrende Sozialwissenschaftler Arjun Appadurai hat sich intensiv mit der Interpretation von Artefakten als soziokulturellen Bedeutungsträgern beschäftigt und damit dem niederländisch-englischen sozialkonstruktivistischen Forschungsansatz der *Social Construction of Technology* (SCOT)[7] eine neue konkrete Richtung gegeben.[8] Doch blieben die SCOT-Ansätze lange Zeit Postulate und Theorie. Erst allmählich werden sie auch in Historiographie umgesetzt.[9]

Abbildung 5
Göttin ist Göttin, auch und erst recht in H0: da kann ich mir mehrere leisten.[10]

Tatsächlich kann ein konsequenter, kontextualisierender historischer Sozialkonstruktivisvismus aufgrund seiner gleichsam historistischen Stärke in der Präsentation von Einzelfällen und dem ‚verstehenden' Entwerfen von Szenarien auf breiter Fallgrundlage ein wesent-

6 Vgl. u. a. Rolf-Ulrich Kunze, Symbiosen, Rituale, Routinen. Technik als Identitätsbestandteil. Technikakzeptanz der 1920er bis 1960er Jahre, Karlsruhe 2009, S. 9–23.

7 Zusammenfassend: The Social Construction of Technological Systems: New Directions in the Sociology and History of Technology, ed. by Wiebe E. Bijker u. a., Cambridge/Mass. 1997 u. ö.

8 Arjun Appadurai (Ed.), The Social Life of Things, Cambridge/Mass. 1986, S. 3–63, hier S. 5.

9 Z. B. Anne-Katrin Ebert, Radelnde Nationen. Die Geschichte des Fahrrads in Deutschland und den Niederlanden bis 1940, Frankfurt am Main 2010 u. a.

10 Quelle: http://www.wiking.de/uploads/images/product/selection_detail_656.1.jpg [30.6.2011].

lich dichteres Bild von Modernisierungsprozessen zeichnen, das weniger für die Fallen der *self fulfilling prophecy* anfällig ist, als das bisher möglich war. Mehr noch: Die Historiographie kann für die Beschreibung von multifaktoralen Komplexphänomenen mit einem dynamischen Wirkungsgefüge von Akteuren, Interessen und Motivationen manches von der Technikfolgenabschätzung lernen,[11] bei der die *Social Construction of Technology* ja lediglich ein Ansatz zur Bewältigung des Komplexitätsproblems ist. Die SCOT-Methodik schützt im übrigen auch vor kulturalistischen Verstiegenheiten und prognostischen Orakelsprüchen. Technik ist eine soziale Konstruktion, aber sie hat eine reale Eigenexistenz in Artefaktform, und diese Artefakte führen wiederum ihr eigenes soziales Leben der Dinge. Technik lässt sich ‚lesen', ihre Narrative lassen sich dechiffrieren, aber sie wird nicht erst durch die Übersetzung der Dinge in Erzählungen ‚erfunden'. Ein Dosenöffner ist ein Dosenöffner und keine Erzählweise. Die Wirkungsgeschichte der Technik hat real-technische, technikwissenschaftliche und in der Moderne industrie- und konsumgesellschaftliche Grundlagen. Wer dies übersieht, reduziert die Technikbetrachtung auf das, was Ropohl die humane Dimension genannt hat. Weder die naturale noch die soziale Dimension darf jedoch fehlen. Technik auf Innovation, Funktionseffizienz und Diffusion zu beschränken, ist ebenfalls zu kurz gesprungen. Mein Leitbild ist die Technikessayistik Spoerls und die Reise- und Technikbeschreibung John Steinbecks.[12] Wen dies irritiert, kann sich an die Makroperspektiven der Konsum- und Mobilitätsgesellschaft halten, die so geschrieben sind, als ob diese uns so fern wären die Jäger- und Sammlerkulturen – und seine private Modellbahnfaszination als technikhistorisch irrelevant betrachten.

Abbildung 6
Ein Citroën SM 1974: eine ganz andere Geschichte als die DS.[13]

Im Vordergrund auch dieses Bandes steht die Bildinterpretation und die Erschließung von Bildquellen für die kontextualisierende Kulturgeschichte der Technik, die bislang noch wenig oder gar nicht Gegenstand historischer Betrachtung waren. Dass viele der hier besprochenen Bilder in ihren eigenen communities intensiv und ganz anders diskutiert und wertgeschätzt werden, sollte nicht daran hindern, sie als historische Quellen zu sehen. Der Beitrag über die Graphiken von Carl G. Evers versucht, den technotopischen Charakter seiner Technikdarstellung herauszuarbeiten und soziotechnische sowie modernisierungsgeschichtliche Zusammenhang aufzuzeigen. Einen anderen Schwerpunkt hat der Aufsatz über H0-Modellbau im Spiegel einer amerikanischen Modellbauzeitschrift. Hier werden von Kurt Möser entwickelte As-

11 Vgl. Armin Grunwald, Technikfolgenabschätzung – eine Einführung, Berlin 2010, S. 19–40.

12 Z. B. John Steinbeck, Travels with Charley in Search of America, New York 1962 u. ö.

13 Quelle: http://www.autoplenum.de/Auto/CITROEN/SM/Modell-Bild-id2.html [30.6.2011].

pekte der Kompetenzentwicklung des Technikanwenders beim Fahren und Fliegen von Mobilitätsmaschinen[14] auf die etwas spezielle und ganz andersartige soziale Konstruktion des Modelleisenbahnbaus übertragen: Welche Kompetenzen soll ein amerikanischer H0-Modellbahner haben, woran entwickelt er sie wund wie werden sie thematisiert? Um andere Maßstäbe geht es in dem Text ‚Einzelbild mit Auto'. Er ist eine Beschreibung von Fotos meiner ersten zwanzig Lebensjahre mit Auto(s), gespiegelt in und projiziert auf Modellautos als bislang nicht in Quellenperspektive wahrgenommenes kulturelles Gedächtnis der automobil-materiellen Welt. Das ist der Beitrag eines Historikers zu dem in der Ethnographie entwickelten Konzept der material culture.[15] Der folgende Text untersucht die impliziten und expliziten Wertungen in einem Verkehrsbilderbuch aus dem Jahr 1967. Konkreter verkehrsplanungsgeschichtlich ist der Aufsatz über Osnabrück als autogerechte Stadt, der verschiedene Stufen der Anpassung an dieses Leitbild in Veröffentlichungen des bezeichnenderweise so heißenden Kultur- und Verkehrsamts der Stadt vorstellt und an Bildern einige Vorher-Nachher-Entwicklungslinien auszieht. Dann geht es noch einmal in den Maßstab 1 : 87. In dem Beitrag über die Jahre um 1960 als Thema auf H0-Modelleisenbahnen gehe ich der Frage nach, was deutsche Modelleisenbahner gerade an dieser Jahrzehntschwelle so attraktiv finden und welche Motive sie darstellen. Dies hängt zwar mit kultureller Repräsentation, Identität und Gedächtniskultur zusammen, meidet aber bewusst die sich um diese profilbildenden Moden rankenden theorieverliebten und selbstreferentiellen Diskurse[16] zugunsten eines Blicks in das Modell- und Eisenbahnmagazin als Bildquelle. Die Texte unter der Überschrift ‚Der gute Stern' sind technikautobiographische Kurzessays, inspiriert durch die SCOT-Perspektive der Frage nach dem *social life of things* in unserem Leben. Ich habe hier in Auswahl zusammengestellt, welche Berührungen ich mit Fahrzeugen der Marke mit dem Stern in meiner Biographie hatte, ohne jemals ein solches besessen zu haben oder besitzen zu wollen, also gewissermaßen als de facto und programmatischer Non-User. Der nächste Essay ist ein Aktenvortrag über Betriebsanleitungen aus den Jahren 1986 bis 2001, deren sozialer Konstruktion ich als Spurensuche des sozialen Lebens der Dinge nachzugehen versuche. Der anschließende Text kann als Beitrag zur Geschichte von 1968 gesehen werden, betrifft jedoch eine Seite dieses Symboljahres, die bestenfalls am Rande in die Narratio von der kulturellen und politischen Revolution einbezogen wird: die im Hintergrund der westdeutschen Gesellschaft ablaufende technische Revolution in den Bereichen Energie, Mobilität und Kommunikation. Darauf werfe ich einen Blick durch die Kommentierung von Industriewerbung im Jahrgang 1968 der populären Zeitschrift ‚Bild der Wissenschaft'.

---

14 Kurt Möser, Fahren und Fliegen in Frieden und Krieg. Kulturen individueller Mobilitätsmaschinen, 1880–1930, Heidelberg 2009 (Technik + Arbeit. Schriften des Technoseum. Landesmuseum für Technik und Arbeit in Mannheim; zugl. Habil.-Schr. Universität Karlsruhe (TH) 2008), S. 151–238.

15 Vgl. Hans Peter Hahn, Materielle Kultur. Eine Einführung, Berlin 2005.

16 Auszunehmen sind davon ausdrücklich die begrifflichen und methodischen Überlegungen von Jörn Rüsen; z. B. ders., Was heißt: Sinn der Geschichte? (Mit einem Ausblick auf Vernunft und Widersinn), in: Klaus E. Müller, Jörn Rüsen (Hg.), Historische Sinnbildung. Problemstellungen, Zeitkonzepte, Wahrnehmungshorizonte, Darstellungsstrategien, Reinbek 1997, S. 17–47. Einen guten Überblick vermittelt Silvia Serena Tschopp, Wolfgang E. Weber, Grundfragen der Kulturgeschichte, Darmstadt 2007, S. 24–27.

Abbildung 7
Eine H0-Modellbahnanlage, die es nicht mehr gibt. Die BR 215 verkehrt heute in einer ganz anderen sozialen Konstruktion: so ist das mit dem sozialen Leben der Dinge.[17]

Abbildung 8
Die BR 215 heute. Sie ist weitergefahren.[18]

17 Quelle: privat.
18 Ebd.

Abbildung 9
Dieser Klempner-Transit stand schon vor vielen Eingängen, zwischendrin jahrelang in Umzugskartons und dann in einem Stau auf einer Frankfurter Fensterbank.[19]

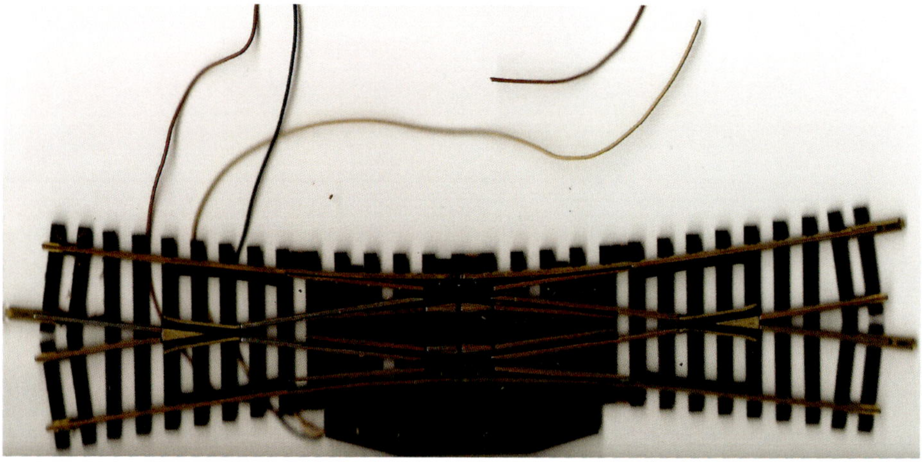

Abbildung 10
Ein in neue biographische Konstruktionen hineinragendes Artefakt aus der Restekiste, eine einfache Kreuzungsweiche von Fleischmann-H0. Nicht alle Lebensabschnitte sind miteinander kompatibel.[20]

19 Ebd.

20 Ebd.

Auch nach Abschluss des dritten Teils der Technikreflexionen gibt es eine Menge offener Fragen und interessanten Materials, das der Bearbeitung harrt, hier nur einige Stichworte: Wie funktioniert die Konstruktion des Epochenbewusstseins bei Modelleisenbahnern und damit ein wichtiger Teil ihrer soziotechnischen Historisierungsarbeit? In welche Kontexte der Trauerarbeit und des Gedächtniskults lässt sich das öffentliche Sterben der Dampflokomotiven auf deutschen Schienen seit Mitte der 1950er Jahre und bis 1977, vor allem die in diesem Zusammenhang entstandene, eigene Art der Dokumentation, einordnen? Welchen Pfaden folgen die Verkehrs-Bilder heute vergangener Zukunftsvisionen des Graphikers Klaus Bürgle in der Zeitschrift ‚Neues Universum' in den 1960er Jahren? Wie scheiterte die letzte amerikanische Großdampflok T1 der PRR? Wie präsentierte sich die DDR als Autoreiseland? Hier ist noch viel schöne Arbeit zu leisten.

Abbildung 11
Eine von so vielen letzten Fahrten. 052 313-1 mit Personenzug P 2635 in Dorsten, 2.6.1973.[21]

Abbildung 12
Klaus Bürgle, Der Verkehr der Zukunft, 1959, die immer noch beginnt, wenn auch nicht mehr mit so schönen Kotflügelschwüngen.[22]

21 Dietmar Beckmann, Herbert Beckmann, Joachim Schmidt, Georg Wagner, Dampflokomotiven im Ruhrgebiet. Der Dampfbetrieb in den Jahren 1972 bis 1977, Stuttgart 1979, S. 69.

22 Quelle: http://www.brainworker.ch/Politik/utopien.htm [10.6.2011]. Klaus Bürgle, Der Verkehr der Zukunft, in: Das Neue Universum 76 (1959).

Abbildung 13
Mightiest machine ever? Eine T1 Duplex-Maschine der Pennsylvania Railroad, Dayton, Ohio, 1948.[23]

Abbildung 14
Chicago, Illinois, 1946.[24]

Abbildung 15
Chicago, Illinois, 1946. Trotz Loewy-Stromlinie als späte Dampflok eine *failed innovation*.[25]

23 Quelle: http://prrsteam.pennsyrr.com/prrt1.php [26.6.2011].
24 Ebd. [26.6.2011].
25 Ebd. [26.6.2011].

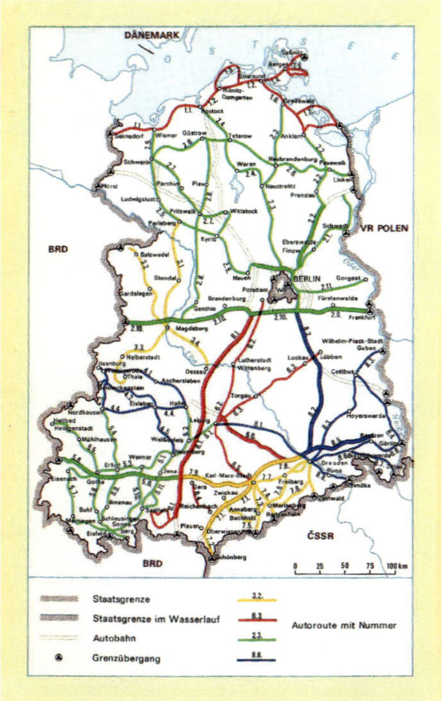

Abbildung 17
Das Autobahn-Servicenetz der Mitropa: ein eigener Pfad der Automoderne, tief verwurzelt in deutschen Kontinuitäten.[27]

Abbildung 16
Die DDR als Autoreiseland: ein Autotechnotop ganz anderer, eigener Art.[26]

Abbildung 18
Bw Ehrang, Oktober 1971. Mit der Dampflok verschwindet eine Epoche der Industriegeschichte, in der zum ersten Mal ein technisches Großsystem den Menschen auf eine Weise nahe war wie bis dahin noch kein anderes. Die Wirkungen sind bis heute zu spüren.[28]

26 Reiseatlas mit 60 Autorouten durch die DDR, Leipzig 1981.

27 Jean-Michel Hartmann, Dampflokomotiven in Deutschland, Stuttgart 1976, S. 17.

28 Ebd., S. 201.

Abbildung 19
Der letzte Gang vor der Wiedergeburt im Gedächtnis und in H0: ausgemusterte Dampfloks, darunter eine Stromlinien-BR 60 der Lübeck-Büchener Eisenbahn, auf dem Schrottgleis in Wustermark bei Berlin, 1966.[29]

Nach fast vier Jahren Arbeit an Technikessays zu Fragen der sozialen Konstruktion mag es im Rückblick statthaft sein, einige allgemeine Beobachtungen festzuhalten. Je länger ich mich als Allgemeinhistoriker mit der Kulturgeschichte der Technik beschäftige, desto weniger erscheint mir der charakteristisch deutsche Begriff der Technikgeschichte sinnvoll. Mehr noch: Viele Rezeptions- und Selbstdarstellungsprobleme desjenigen historischen Forschungsfelds, das sich mit der Technik im Kontext der Vergangenheit befasst, scheinen mir aus diesem selbstausgrenzenden Begriff und dem sterilen Streit um ihn zu resultieren. Wie alle historischen Bindestrich-Gegenstandsbereiche, denen sich andere Wissenschaften disziplinär-inhaltlich widmen, also z. B. die Rechts-, Kirchen- und Medizingeschichte, ist die Technikgeschichte kein eigenes Fach, sondern Teil der Geschichte als Wissenschaft. Die Ingenieure, Philosophen, Sozialwissenschaftler, Anthropologen, Physiker, Journalisten und Bildbandherausgeber, die sich mit der Technik der Vergangenheit beschäftigt haben, waren früher oder später gezwungen, sich historischer Methoden und Fragestellungen zu bedienen, wenn sie am historischen Diskurs teilnehmen wollten – nicht anders als die Juristen, Theologen und Mediziner. Im Mainstream der deutschen Geschichtswissenschaft heute werden die an Technik Interessierten nach wie vor ungefähr so angesehen wie die technikgeschichtsinteressierten Ingenieure zu Zeiten von Conrad Matschoß durch den gouvernementalen Super-Historismus jener Zeit: als vernachlässigenswerte *lunatic fringe*. Dieser neo-wilhelminische, politisch korrekt weichgespülte Habitus aus projizierter Aggression und regressiver Defensive sollte niemanden mehr kränken, sondern eher motivieren, auf offenere geschichtswissenschaftliche Fachkulturen zu blicken, in denen dies nicht so ist und nie so war: z. B. in den Niederlanden, der Schweiz, Großbritannien und in den USA. Für die inhaltlich und methodisch schnell herzustellende Gemeinsamkeit mit Historikern dieser Länder wäre es von Vorteil, den ohnehin nicht klug ins Englische übersetzbaren deutschen

29 Alfred Gottwald, Die Lübeck-Büchener Eisenbahn, Privatbahn als Wegbereiter neuer Verkehrstechniken, Düsseldorf 1975 u. ö., S. 93.

Terminus ‚Technikgeschichte' einfach aufzugeben. Es gibt keine Technikhistoriker, sondern nur Historiker. Geschichte als Wissenschaft ist ein Universalfach, und die Technik kann selbstverständlich ebenso einer ihrer paradigmatischen Gegenstände sein wie die Feudalstruktur des hochmittelalterlichen England, die Funktionsmechanismen der Weltanschauungsdiktaturen des 20. Jahrhunderts oder die Militärgeschichte des Vietnamkrieges. Der deutschen Politikgeschichte, der ‚neuen' wie den Resten der sozialgeschichtlichen alten, ist als einer echten Staats- und Zeremonialwissenschaft alles Glück bei der Bewirtschaftung eines hochgradig kartellisierten Marktes zu wünschen, in dem jede politische Interessengruppe für jedes Legitimitätsressourcen erschließende symbolische Sprechen und Handeln einen passenden Kontinuitäts- oder Diskontinuitäts-Sinnstifter in der Zunft finden dürfte. In dieser wohlgeordneten Welt können noch viele Häuser für die Geschichte von Bundesländern, vieldiskutierte Kompilationen über das Außenministerium und Gedenktagsrituale aus Steuergeldern entstehen, und das ohne Innovationsdruck und stets bei eingeschaltetem parteipolitischem bzw. gesinnungsmilieuspezifischen Autopilot-Modus. Als Bewunderer des amerikanischen Progressivismus einschließlich seiner Anti-Trust-Reflexe und an neuen Quellen interessiertem Autor war mir war das schon immer zu langweilig, inzwischen kenne ich eine gute Alternative. Dem Standardargument der Politikhistoriker, sich alles Technische vom Leibe zu halten, dem Hinweis auf die offensichtliche Irrelevanz im Vergleich zu den politischen Entscheidungen über Krieg und Frieden, müsste man eigentlich psychologisch begegnen: Wofür fürchten sich diese Festgelegten eigentlich so sehr? Vor der Welt, in der sie leben? Die ökonomische Relevanz ist ja eine, die auch von Politikhistorikern gelegentlich zugelassen wird, insofern reicht eigentlich der Hinweis, dass die Veränderung einer Produktionslinie bei Volkswagen mehr Menschen weltweit unmittelbar betrifft als eine außenpolitische Entscheidung des Auswärtigen Amts in der Wilhelmstraße. Aber dieses Gegenargument erzeugt nur eine weitere Schleife in einem ritualisierten Schlagabtausch, der die auf ihn verwendete Zeit nicht wert ist. Schreiben wir doch lieber Bücher. Wenn ein deutscher Politikhistoriker eine intelligente, multiperspektivische, methodisch offene Synthese schreibt, werde ich sie zitieren. Den deutschen, mit Technik befassten Historikern wäre wahrscheinlich am meisten geholfen, wenn sie auf englisch veröffentlichen würden, in der Wissenschaftssprache ihrer peers.

Abbildung 20
Juni 1963, Präsident John F. Kennedy mit dem Regierenden Bürgermeister Berlins, Willy Brandt, und Bundeskanzler Konrad Adenauer. Die Motorisierung ist einen Blick wert.[30]

30 Quelle: http://www.wissen.de/wde/generator/wissen/ressorts/geschichte/60jahrebundesrepublik/1960er/index,page=4217786, chunk=img_6.html [2.7.2011].

Abbildung 21
Nicht in Kenndys Lincoln, dafür in Adenauers Mercerdes 300L: Politikgeschichte im 1 : 43-Modell.[31]

Abbildung 22
Die Blues Brothers und ihr Bluesmobile, 1974er Dodge Monaco mit dem Nummernschild Illinois BDR 529, ein Inbegriff der Narrativität des Artefakts, und das auch noch im Namen des Herrn.[32]

Abbildung 23
Und als Modell 1 : 18, allerdings ohne Jake und Elwood.[33]

31 Quelle: http://www.speidel-modellauto.de/blog/wp-content/uploads/2009/10/rio4264.jpg [2.7.2011].

32 Quelle: http://oneguyrambling.com/wp-content/uploads/2010/05/feature_00884_the_bluesmobile_from_the_blues_brothers_2.jpg [2.7.2011].

33 Quelle: http://playtrade.de/gfx/13873.jpg [2.7.2011].

Get things going

Zum radikalen Technozentrismus in den Philadelphia- und anderen Graphiken von Carl G. Evers

Durch einen Zufall wurde ich in einem mobilitätsgeschichtlichen Zusammenhang auf die bemerkenswert sprechenden Graphiken von C. G. Evers aus den 1950er und 1960er Jahren aufmerksam, die Philadelphia, Pennsylvania, und industrielle Szenen zum Gegenstand haben. Evers suggestiver, individueller Stil einer gleichsam narrativ-sozialkonstruktivistischen Industriegraphik war mir zuerst an einem von ihm gestalteten Werbeplakat für eine Star-Lokomotive der Pennsylvania Railroad (PRR), die von Raymond Loewy designte gigantische Duplex-Schnellzuglok,[34] aus dem Jahr 1945 aufgefallen. Daher wollte ich wissen, wer dieser C. G. Evers war. Allzu viel lässt sich biographisch über ihn nicht ermitteln.[35] Carl G. Evers (1907–2000), geborener Deutscher, erhielt seine künstlerische Ausbildung und London und arbeitete längere Zeit in Schweden als Illustrator in der Autobranche. Später wanderte er in die USA aus und begründete dort seinen Ruf als Marinegraphiker u. a. für Cunard, Grace Line, Farrell Lines, United Fruit und Moran Towing. Für 13 Jahre war er dann bei der Philadelphia Electric Light Company als Illustrator tätig. Seine Arbeiten erschienen in *Yachting*, der *Saturday Evening Post* sowie *Argosy* und mehrmals auf dem Cover des *Readers' Digest*.[36] Seine Bilder erzielen auch heute noch ansehnliche Preise, waren aber meines Wissens noch nicht Gegenstand historischer Analyse. Für weitere Hinweise zu Evers und seinem Werk, aber auch für Interpretationen seines Schaffens sowie Korrekturen an meiner eigenen, bin ich dankbar.

Im folgenden möchte ich einige Aspekte von Evers Darstellung Philadelphias als mobilitäts- und energietechnisches Urbanotop vorstellen, um die Eigenarten dieser soziotechnischen Konstruktion besser verstehen und in den historischen Kontext des soziotechnischen Wandels der 1950er und 1960er Jahre in den USA einordnen zu können. Dies ist zugleich ein Beitrag der Anwendung der *social construction of technology* auf die von Evers geschaffenen Quellen in der Form des *close reading* von Bildquellen.[37]

34 Vgl. http://en.wikipedia.org/wiki/PRR_T1 [14.5.2011].

35 Für den Hinweis auf die folgende Website danke ich Dr. Klaus Eisele, KIT: http://www.jrusselljinishiangallery.com/pages/evers-pages/evers-thumbs.htm [26.5.2011].

36 Diese Angaben nach ebd.

37 Zum Forschungsstand des iconic turn vgl. Silvia S. Tschopp, Wolfgang E. J. Weber, Grundfragen der Kulturgeschichte, Darmstadt 2007, S. 99–111.

Abbildung 24[38]

C. G. Evers gelingt es in seiner Graphik, die besondere Dynamik des T1-Designs gleichsam aus der großindustriellen Landschaft herausschießen zu lassen. Die Kontrastierung der Geschwindigkeiten spielt dabei eine Rolle: Im Hintergrund rechts hinter dem rasenden Vektor des T1-geführten Schnellzuges produziert eine konventionelle, vierfach gekuppelte Güterzuglokomotive eine hohe Rauchsäule, die auf langsames Tempo schließen lässt. Der Rauch der T1 aus dem nicht sichtbaren Schornstein legt sich lediglich wie eine Geschwindigkeitsaura über Lokomotive und Zug. Als Kraftwerk auf Schienen und konsequente Weiterentwicklung der Montanindustrie im Hintergrund erscheint die T1 als ein modernes, extrem leistungsfähiges Symbol amerikanischer Innovations- und Produktionskraft, die, zumal unter Kriegsbedingungen, so schrittgebend für die Gestaltung der Zukunft ist, dass der begleitende Werbetext dieser Geschwindigkeit nur durch Auslassungszeichen gewachsen zu sein scheint. Wir sehen Kriegspropaganda: Die USA werden den Krieg gewinnen, weil sie militär-, energie- und mobilitätstechnisch den Weltstandard definieren.[39]

38 Quelle: http://www.fulltable.com/vts/aoi/e/evers/e12.jpg [14.5.2011].

39 Vgl. Thomas P. Hughes, Die Erfindung Amerikas: Der technologische Aufstieg der USA seit 1870, München 1991 (zurst New York 1989).

So weit die Graphik. Die Geschichte der PRR-T1 in der grauen Wirklichkeit verlief anders – dies dem Werbegraphiker C. G. Evers aus der sicheren Rückschau vorzuhalten, wäre allerdings ziemlich absurd. Das mächtige Industrietechnotop, das er gestaltet hat, war die Grundlage für den amerikanischen Wohlstand und die amerikanische Weltgeltung im 20. Jahrhunderts. Doch die ‚altindustrielle' Dynamik der eindrucksvoll Feinstaub und CO2 emittierenden Stahlwerke von Bethlehem, Pennsylvania und der stromlinien-, genauer gesagt: U-Bootförmigen Spitzendampflok ging bereits an den Erwartungshaltungen für hochwertigen Eisenbahnfernverkehr vorbei. Der im Vordergrund auf den offenen PRR-Güterwaggons zu sehende fossile Energieträger Kohle – die Grundlage des Wohlstands im hochindustriellen Pennsylvania – wurde zunehmend mit der Vergangenheit assoziiert, die u. a. durch den Einsatz der technisch überlegenen und über schier unerschöpfliche Ressourcen verfügenden USA im Zweiten Weltkrieg endgültig überwunden werden sollte: Am Ende dieses Krieges stand der erste Einsatz der Atomwaffe und der Beginn des Atomzeitalters. Die ebenfalls mit Fossilbrennstoff betriebenen Dieselloks galten als ‚saubere' Technologie – ganz unabhängig davon, dass sie im Hinblick auf ihr Leistungsprofil, im Vergleich zur komplexen späten Dampfloktechnologie noch ‚low tech' waren. Auch die fachmännische Tracht des Lokführers in Evers Graphik ist suggestive, dekorative Vergangenheit. Das „drama that comes off a drawing board", von dem das Werbeplakat erzählt, wurde schneller als erwartet zum Desaster der größten Eisenbahngesellschaft der USA, deren Innovationswahrnehmung nicht in die Zeit passte. Die Pennsylvania Railroad hatte sich der Traktionsinnovation gegenüber stets abwartend verhalten. Die letzte Innovation setzte dann auf die Hybridisierung einer bewährten Traktionstechnologie, deren Akzeptanzhorizont beim Verbraucher überschritten war. Die technologisch fortschrittlichste Dampflok ihrer Zeit wurde als Musterfall einer *failing innovation* zum bald abgeschriebenen Denkmal des Dampflok-, ja des Eisenbahnzeitalters. Nicht ein einziges Exemplar ist der Nachwelt erhalten geblieben.

Evers hat mit seiner Werbegraphik ein Leitartefakt darstellen wollen, aus dem eine kulturgeschichtliche Ikone für das Eisenbahnzeitalter in den USA wurde. Auch für seine anderen hier zu besprechenden Arbeiten lässt sich beobachten, dass ihre Neigung zu einer normativen Darstellung der technikzentrierten amerikanischen Moderne kurz nach der Mitte des 20. Jahrhunderts die Grenzen des Idealtypischen, bisweilen sogar des Abstrakten streift. Er ist nicht ‚nur' ein handwerklich versierter und besonders inspirierter Graphiker, der Konventionelles auf Bestellung produziert. Die Eigenwilligkeit seiner Darstellungen, ihre Ober- und Untertöne, die Härte seiner Zentralstellung des Technischen lassen vermuten, dass Evers mit dem künsterlerischen Geschehen seiner Zeit und vertraut war – auch wenn ich weit davon entfernt bin, dies berurteilen zu können.[40]

40 Für Hinweise zu Bildaufbau und Komposition vor dem Hintergrund kunst- und technikgeschichtlicher Mehrfachkompetenz danke ich PD Dr. Kurt Möser, KIT.

Abbildung 25
Ein PRR Vorserien-T1 führt im Februar 1943 den Manhattan Limited aus der Union Station in Chicago, Illinois in Richtung New York City. So suggestiv das Bild und der Name des Zuges auch ist: eine Dampflok ist eine Dampflok, und deren Rauchfahne ist nicht so dekorativ wie bei C. G. Evers.[41]

Abbildung 26
Maß und Form der PPR-T1 als Spitzenmodell im Modellbahnmaßstab H0. Evers Graphik von 1945 wäre die ideale Verpackungsillustration, da sie die Faszination abbildet, die von diesem Artefakt ausgehen kann.[42]

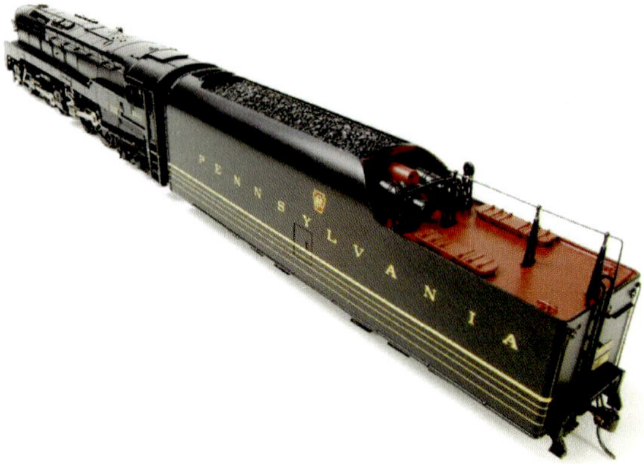

Abbildung 27
Das Artefakt zur Weltsicht von C. G. Evers ist allerdings wohl keine Modell-Lokomotive, sondern ein Modell-Schiff.[43]

41 Quelle: http://en.wikipedia.org/wiki/File:PRR-T1.jpg [15.5.2011].
42 Quelle: http://www.broadway-limited.com/5142bluelineprrt14-4-4-45511bluelinesounddccreadyho.aspx [16.5.2011].
43 Quelle: http://www.broadway-limited.com/5142bluelineprrt14-4-4-45511bluelinesounddccreadyho.aspx [16.5.2011].

Abbildung 28[44]

Penn Center, Philadelphia, 1957: Das große *urban renewal*-Projekt der 1950er Jahre auf dem Gelände eines vormaligen zentralen Bahnhofs der Pennsylvania Railroad,[45] erscheint bei C. G. Evers in der Schwebe zwischen Urbanotop und belebtem Modernitätsalltag. Die Infrastruktur der alten Mobilitätsepoche, verkörpert durch die Eisenbahn, macht Platz für ein lichtdurchflutetes, lichttransparentes Geschäfts- und Konsumzentrum. Nichts könnte den Prioritätenwechsel in der amerikanischen Gesellschaftsgeschichte besser zum Ausdruck bringen. An die Stelle der Dynamik der PRR-T1 ist der automobile Individualverkehr getreten, dessen Formensprache den Bildvordergrund beherrscht und gliedert. Die Plaza mit A- und B-Ebene wird von dem Leuchten der Rasterfassaden mild taghell erleuchtet: better than real, das Abendlicht füllt nur den Raum zwischen den Bürotürmen im Hintergrund. Vor so viel elektrischer Erhellung müssen sich die Schatten der eingetopften Bäume sehr einschränken: den Passanten, Konsumenten und Geschäftsleuten soll nichts im Weg stehen, sie garantieren den Wohlstand. Die Betrachterperspektive ist eigenartig: eine Art Zoom aus einer erhöhten Position, ein Blick in die tiefe Flucht einer sogförmigen Modernisierung. Das Gebäude am Ende der Plaza wirkt mit seinen teilweise erleuchteten Fensterbändern wie ein IBM-Großrechner dieser Jahre.

44 Quelle: http://www.fulltable.com/vts/aoi/e/evers/e.htm [15.5.2011].

45 Vgl. http://en.wikipedia.org/wiki/Penn_Center,_Philadelphia,_Pennsylvania [15.5.2011].

Abbildung 29[46]

Es ist beachtlich, wie wenig Sinn Evers für das 1682 von William Penn gegründete historische Philadelphia hat, immerhin einen der wichtigsten Orte in der Entstehung der USA aus den neuenglischen Kolonien.[47] Das Historische ist für ihn nur die Kulisse der dynamischen Fließprozesse der Modernisierung, die in ihrer funktionalen, ästhetischen und wirtschaftlich-konsumgesellschaftlichen Eigenwürde sichtbar gemacht werden. Die identitätsstiftenden Symbole der USA sind für Evers nicht Liberty Bell und Independence Hall,[48] sondern die Formen interdependenter Mobilität und der Verfügung über Energie *to get things going*. Die Werte der Declaration of Indpendence und der Verfassung werden in diesen Bereichen der soziotechnischen Konstruktion amerikanischer Werte realisiert, nicht in ihrer musealen Präsentation. Die Skyline einer der ältesten Städte der USA wird zum Ausschnitt unter einer von unten in ihren technischen Details gezeigten, das Bild durchschneidenden Stahlträgerbrücke, über der am Himmel ein Verkehrsflugzeug zu sehen ist, wahrscheinlich eine DC 6. Das Flugzeug ist das Symbol für die Eroberung des Himmels als des letzten Rückzugsraums des Natürlichen: auch er ist Technotop. Bei der Brücke, die durch Evers exzentrische Perspektive als Verkehrsinfrastruktur des Himmels erscheint, handelt es sich um die 1926 fertiggestellte Benjamin Franklin Bridge über den Delaware River, die Philadelphia mit New Jersey verbindet.[49]

46 Quelle: http://www.fulltable.com/vts/aoi/e/evers/e.htm [16.5.2011].

47 Vgl. http://en.wikipedia.org/wiki/History_of_Philadelphia [16.5.2011].

48 Quelle: http://en.wikipedia.org/wiki/Independence_Hall [16.5.2011].

49 Vgl. http://www.ushistory.org/franklin/philadelphia/bridge.htm [16.5.2011].

Abbildung 30
Die Benjamin Franklin Bridge bei Sonnenaufgang und ohne technikzentristische Blicke unter die Kulissen.[50]

Die Zukunft bei Evers ist schnell von gestern: Selbst das in seiner Zeit hochmoderne Philadelphia Saving Fund Society Building, das 1932 als erstes Hochhaus internationalen Stils in Philadelphia fertiggestellt wurde,[51] tritt in den tiefen Hintergrund zurück, ebenso die in ihrer Zeit noch berühmtere schmaltürmige City Hall aus dem Jahr 1901.[52] Den Vordergrund füllen schon surrealistisch genau festgehaltene *present day*-Schiffsdeck-Details und das nahe Off von Pieranlagen, auf denen PRR-Vierachser und LKW die Logistik in Bewegung halten. Pietät gegenüber der historischen Überlieferung ist nicht Sache des radikalen Technokonstruktivisten Evers: entgegen gewohnten Darstellungskonventionen staucht er die historisierenden Brückenpfeiler mit ihren Art-Déco-Formen zugunsten der nackten Brückenfläche. Wiederum ist die perspektivische Bildtiefe eigenartig. Der Betrachter wird in das Bild hineingezogen und verharrt zugleich in einer Schwebe außerhalb der vor ihm ablaufenden Bewegung. Die Bildteile wirken collageartig. Von einem Technoidyll kann vielleicht gerade deshalb nicht die Rede sein, da sich wesentliche Teile des Dargestellten in Bewegung befinden. Die Brückenpfeiler sind verwittert: die Komponenten des Mobilitäts-Urbanotops haben ihr eigenes soziales Leben, das authentischer wirkt als das in den randständigen Resten von Natur. Das Flusswasser spiegelt die Wolken über Philadelphia und macht zugleich den Eindruck eines vollkommen in das Technotop integrierten Befahrstoffes für Wasserfahrzeuge, so wie die eindrucksvollen Wolkengebirge nicht für sich stehen, sondern zum Luftraum für Starts und Landungen gehören. Der Mensch ist in diesem Lebensraum so klein wie der Matrose auf dem Deck am Geländer rechts vorn: seine Artefakte überragen ihn nicht nur, sie führen auch ein Eigenleben und haben ihre eigene Schönheit.

50 Quelle: http://en.wikipedia.org/wiki/File:2009-09-02_06-08-46philabenfranklinsunrise4w.JPG [16.5.2011].

51 Vgl. http://en.wikipedia.org/wiki/PSFS_Building [16.5.2011].

52 Vgl. http://en.wikipedia.org/wiki/Philadelphia_City_Hall [16.5.2011].

Abbildung 31[53]

Ein Bild außerhalb von Philadelphia: Conowingo Hydro Electric Plant der Philadelphia Electric Company am Susquehenna River in Conowingo, Maryland.[54] Der Conowingo Dam schneidet das Bild in zwei Hälften und macht das Wasser des Susquehenna, auch wenn es perspektivisch aus dem Himmel zu kommen scheint, zu einem technischen Nebenprodukt der Energiegewinnung, dessen wellenschlagende Ästhetik gleichsam erst durch die Stromgewinnung möglich wird. Über dem Turbinenhaus mit seinen Strommasten brechen die Wolken auf, als ob die grell auf den Beton der geöffneten Schleusen strahlende Sonne Zustimmung signalisieren wollte. Aber darauf kommt es nicht an. Denn hier ist nicht auftragsgemäße Naturbeherrschung das Thema, sondern Schöpfung durch Technik: Der weiße Wasserqualm belegt das mächtige Wirken des Homo faber, der vor allem anderen Energie für das großindustrielle und großtechnische Programm benötigt, dessen operative Voraussetzungen in den ersten sieben Tagen von anderer Seite bereitgestellt wurden. Und genausowenig wie Gottvater tritt der Mensch hier sichtbar in Erscheinung: seine Werke sprechen für sich. Ob Evers auch Kernkraftkraftwerke und die ihnen gerade in dieser Zeit eingeschriebene Utopie der Lösung des Energieproblems[55] gezeichnet hat? Er würde wohl gesehen haben, dass alles gut war.

53 Quelle: http://www.fulltable.com/vts/aoi/e/evers/e.htm [16.5.2011].

54 Vgl. http://en.wikipedia.org/wiki/Conowingo_Dam [16.5.2011].

55 Kritisch dazu Rolf-Jürgen Gleitsmann, Der Vision atomtechnischer Verheißungen gefolgt: Von der Euphorie zu ersten Protesten – die zivile Nutzung der Kernkraft in Deutschland seit den 1950er Jahren, in: *Journal of New Frontiers in Spatial Concepts* 3 (2011), S. 17–26, http://ejournal.uvka.de/spatialconcepts/archives/1232 [16.5.2011].

Abbildung 32[56]

Was Evers hier bietet, kann man so nicht sehen. Er visualisiert in einer perspektivischen Verkürzung und mit dem Effekt der Relativierung von Nähe und Ferne, die sich bei einzelnen Objekten unterschiedlich zu gestalten scheint, das schematische, fast der Gebrauchsanleitung nahekommende Bild eines Kraftwerks unter Berücksichtigung seiner Logistik. Die Energieerzeugung ist mobilitätsgestützt und fließt wiederum in die Mobilität. Lange Ganzzüge mit schweren Kohlenwaggons stellen den Rohstoff bereit, dessen freigesetzte Energie dann u. a. die Oberleitung der Bahnstrecke im Hintergrund speist. Über der Stadt am Bildrand steht das obligatorische Flugzeug am Himmel. Der Fluss im Vordergrund spendet Kühlwasser und trägt den riesigen Baggerponton. Sein Ufer ist Spundwand oder symmetrisch abgegraben.

56 Quelle: http://www.fulltable.com/vts/aoi/e/evers/e.htm [16.5.2011].

Abbildung 33[57]

Evers ist nicht Hopper. Ihn interessiert nicht die Tristesse der Technotope, die wenig glänzende und vereinsamende Seite der industriellen Moderne des Massenkonsums und der Massenmobilität. So sehr diese Graphik ein idealtypisches Idyll des *suburban America* zu bieten scheint, so deutlich steht auch hier die Formensprache und Linienführung der Artefakte und Artefaktensemble weitgehend für sich. Offensichtlich ist diese nach der Höhe der Begrünung beurteilt noch sehr neue Vorstadtwelt gegendert, aber die Frauen mit Kindern, die sie bevölkern, stehen nicht im Mittelpunkt. Sie halten die Tür eines Sedan auf, arrangieren ein Kind für den Transport und stützen sich auf Rasenmäher, in lockerem Gespräch begriffen. Zu der hellen, freundlichen, farbigen Zugänglichkeit dieser Sozialkonstruktion gehören nicht nur Bürgersteige, auf denen niemand geht, sondern auch viele Implikationen, die das Verhältnis von Wandel und Kontinuität im *Amercian Way of Life* betreffen. Der amerikanische Songwriter und Komponist Randy Newman, Jahrgang 1943, wird in einem von ihm geschriebenen Song zu der US-Fernsehserie ‚Weeds', [58] die das Leben im kalifornischen Suburbia zum Teil beißend verspottet, singen:

> „Little boxes on the hill side, little boxes made of ticky tacky.
> Little boxes, little boxes, little boxes all the same.
> There's a green one and a pink one and a blue one and a yellow one,
> And they're all made out of ticky tacky, and they all look just the same.
>
> And the people in the houses all went to the university
> Where they were put in boxes, little boxes, all the same.
> And there's doctors and there's lawyers, and there's business executives
> And they're all made out of ticky tacky and they all look just the same.
>
> And they all play on the golf course and drink their martini dry
> And they all have pretty children and the children go to school
> And the children go to summer camp and then to the university
> Where they all get put in boxes and they all come out the same.

57 Quelle: http://www.fulltable.com/vts/aoi/e/evers/e.htm [16.5.2011].

58 Vgl. http://en.wikipedia.org/wiki/Weeds_(TV_series) [16.5.2011].

And the boys go into business and marry and raise a family
In boxes, little boxes, little boxes all the same.
There's a green one and a pink one and a blue one and a yellow one
And they're all made out of ticky tacky and they all look just the same."[59]

Genau dies sind die sozialen Leitbilder, die in diese Vorstadt eingebaut sind: Wohlstand mit Vorzeigereichweite auf der Grundlage sozialer Positionsbehauptung, die Lebensläufe zwangsläufig formatiert und entindividualisiert. Fast ist man geneigt zu sagen, dass die Artefakte individueller sind als die sozialen Erwartungen an das Soziotop, in das sie gehören. Der Sedan, der durch die Länge seiner Heckflossen aussieht wie ein Convertible, ist eben nicht „made out of ticky tacky".

Abbildung 34[60]

Die Individualitäten im Morgenlicht sind Schiffe vor der bekannten Silhouette Philadelphias. Deren Bedeutung liegt vor allem darin, die Länge des weißen Frachters im Hintergrund zu dimensionieren, dessen Formensprache für eine zu Ende gehende Epoche im Schiffbau steht. Elegante Schwünge geben dem Bild Kontur, dessen Linienführung sich ohne weiteres in ein abstraktes Gemälde übersetzen ließe. Evers bevorzugt Bewegungsbilder. Auch wenn in diesem Ausschnitt kein Flugzeug zu sehen ist, weiß der Betrachter, dass es da ist. Nicht die Natur oder der Mensch geben der Welt Maß und Form, sondern seine Technik. Der goldene Schnitt ist die Position des aerodynamisch wirkenden Schornsteins auf dem Frachter. Wasser und Himmel sind formlos, vielgestaltig ist das Frachterdeck rechts im Vordergrund.

Abbildung 35[61]

Auf dieser Großbaustelle wird am Konstruktivismus gebaut. Das Stahlskelett wirkt wie eine 3-D-Form von Mondrian, nur dass hier nicht niederländische Entwässerungsgräben die Polder überziehen – das ist die ältere Vari-

59 Quelle: http://www.lyricsondemand.com/soundtracks/w/weedslyrics/littleboxeslyrics.html [17.5.2011].
60 Quelle: http://www.fulltable.com/vts/aoi/e/evers/e.htm [17.5.2011].
61 Quelle: http://www.fulltable.com/vts/aoi/e/evers/e.htm [18.5.2011].

ante des Technokonstruktivismus: die Eroberung der Fläche. Hier wird in den Raum und über den Bildrand gebaut. Dabei geht es gar nicht um Wolkenkratzer, sondern um nüchterne Geschäftsgebäude mäßiger Höhe oder industrielle Anlagen, wie man sie im Bildhintergrund erkennen kann. Evers zeigt die technische Grundlage der Architektur, ihren Baukasten. Die Rasterfassade, die Oberfläche, wird bei dem hinteren Gebäude gerade erst aufgehängt. Stahl ist für Evers das wichtigste Material überhaupt. Seine Profile, Oberflächen und Übergänge bildet er teils surrealistisch, teils detailversessen genau ab. Der Stahl lebt, er ist nicht nur Konstruktionsmittel, sondern hat sein eigenes soziales Leben. Um die Mitte des 20. Jahrhunderts ist eine solche, eher zu Brückenbauingenieuren im letzten Drittel des 19. Jahrhunderts passende Stahlreligiosität exzentrisch: Evers ist ein Steel punk. Die 1890 fertiggestellte Firth of Forth-Eisenbahnbrücke von John Fowler und Benjamin Baker könnte für ihn das Leitartefakt abgeben. Hier wird ein eigenartiger Zug in Evers Modernitätsverständnis erkennbar: Evers Moderne ist eine späte Moderne, die mehr mit der viktorianischen Industriegesellschaft als mit dem Kommunikationstechnotop der 1960er und 1970er Jahre zu tun hat.

Abbildung 36
Evers at his best: lebender Stahl.[62]

Abbildung 37
Konstruktion der Forth-Brücke.[63]

62 Quelle: http://www.pbs.org/wgbh/buildingbig/wonder/structure/images/firthofforth2_bridge_1.jpg [18.5.2011].
63 Quelle: http://www.engineering-timelines.com/why/forthRailBridge/forthRailBridge_02.jpg [18.5.2011].

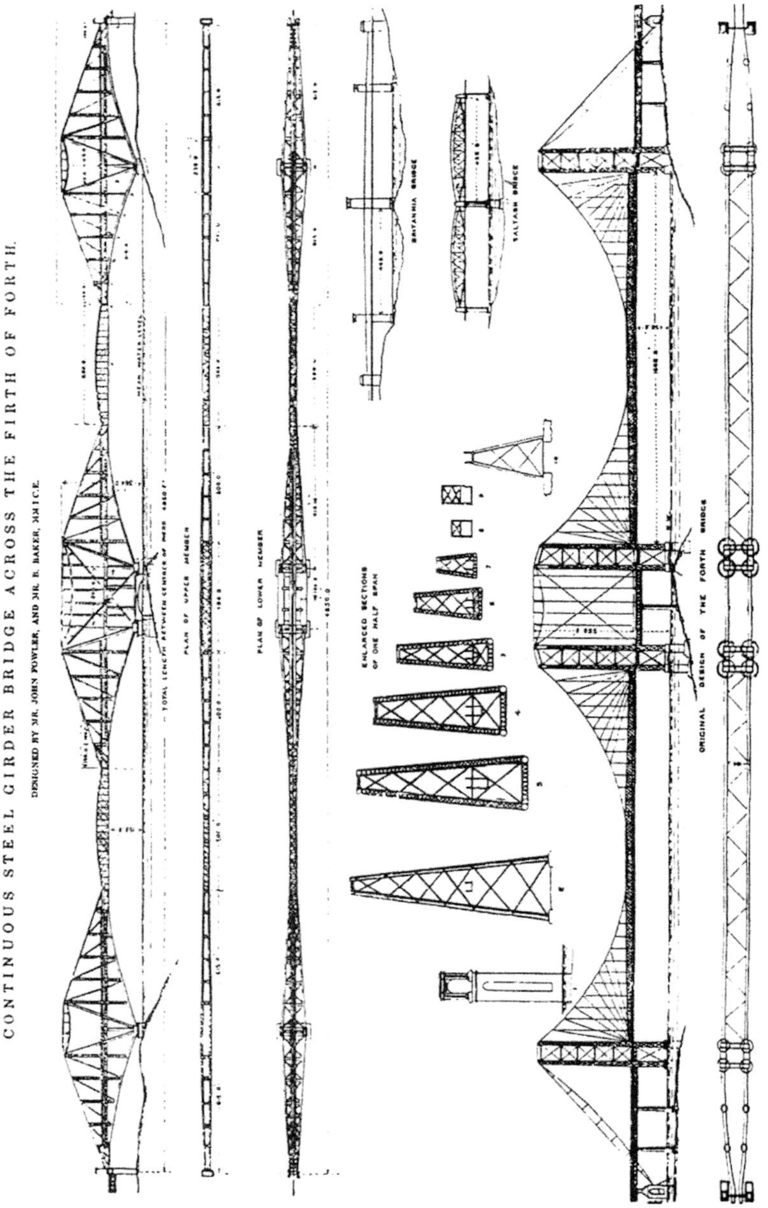

Abbildung 38
Entwürfe zur Forth-Brücke, 1881.[64]

64 Thomas Bouch, [Entwürfe zur Forth-Brücke], in: The Engineer 52 (1881), vol. 2, S. 368.

Abbildung 39[65]

Eine sonderbare Karte von Philadelphia, die Evers hier entwickelt hat, an der zunächst auffallen kann, dass sie dem Betrachter in seiner Höhe – der einer Flugzeugperspektive – entgegenzurollen und am rechten vorderen Bildrand näherzukommen scheint als am linken. Nicht der Delaware gliedert den dargestellten Raum, sondern die strenge Symmetrie des Straßenrasters, deren Blocks sich immer weiter in die grüne Landschaft Pennsylvanias schieben und aus denen Downtown Philadelphia organisch hervorwächst. Urbanisierung wird als Überführung der Landschaft in Stadtlandschaft hier sichtbar gemacht. Wiederum gilt Evers besondere Aufmerksamkeit nicht den touristischen Landmarks der historischen Architektur, die nur als winzige Logos erkennbar sind, sondern den Einzelheiten der Industrie- und Hafengebiete am Fluss. Ähnlich wie auf frühmittelalterlichen Karten wird durch den optischen Trick der perspektivischen Verzerrung das größer dargestellt, was wichtig ist: nur sind es hier nicht Klöster, sondern Kraftwerke und Fabriken. Aber die zum Horizont gleitende Gegend ist, sieht man sehr genau hin, von Straßen und Schienen überall durchzogen.

65 Quelle: http://www.fulltable.com/vts/aoi/e/evers/e.htm [18.5.2011].

Abbildung 40[66]

Das Stahlwerk, die Kathedrale des Industriezeitalters, in der aus Rohstoffen, angeliefert auf Schiene und Schiff, durch Energie das Basismaterial für die Konstruktion der amerikanischen Moderne erzeugt wird. Selbst der Himmel wirkt als dramatischer Kommentar zu diesem grundlegendsten aller Produktionsprozesse. In seiner eigenartigen Mischung aus Detaillierung und Hervorhebung einzelner Funktionselemente gelingt es Evers, den Puls der großtechnischen Anlage darzustellen, die sich selbst zu steuern scheint: auch in diesem Bild ist kein Mensch erkennbar. Die riesige Stahlgitter-Kranbrücke rechts rahmt einen Frachter ein: auch hier verzichtet Evers nicht auf mindestens ein selbständiges Mobilitätsmotiv, auf ein Technotop im Technotop. Nichts an diesem Bild ist zufällig, alles ist Komposition, und darin liegt auch der Unterschied zur Industrie- und Eisenbahnfotographie, wie man an Abbildung 41 erkennen kann. Evers stilisiert die Autonomie und Sakralität insbesondere der alten Schwerindustrie, deren Aura in der Fotographie annäherungsweise eingefangen, aber nicht erzeugt werden kann.

66 Quelle: http://www.fulltable.com/vts/aoi/e/evers/e.htm [18.5.2011].

Abbildung 41
1970er Jahre, vor einem Hochofen in Gelsenkirchen-Mitte. Auch hier ein hochindustrielles Zusammentreffen von Stahlproduktion, Mobilität und Energie, letztere u. a. hier in Form des Oberleitungsnetzes, das auf das Ende der Dampflokzeit hinweist.[67]

Abbildung 42
Hüttenwerk und eine BR 39 im Reichsbahn-Kalender vom Dezember 1942: nahe an Evers.[68]

67 Dietmar Beckmann u. a., Dampflokomotiven im Ruhrgebiet. Der Dampflokbetrieb in den Jahren 1972 bis 1977, Stuttgart 1979, S. 60.
68 Alfred Gottwaldt, Reichsbahn-Kalender. Die 300 schönsten Blätter aus dem Deutschen Reichsbahn-Kalender 1927–1943, Stuttgart 1978, S. 303.

Abbildung 43[69]

Im Innern der Kathedrale, beim entscheidenden Moment der Liturgie: der miniaturisierte Mensch ist nur Beobachter, der sich vor der Gewalt des Schöpfungsprozesses schützen muss. Evers spielt mit Licht und Schatten, aber das beschönigt nicht, sondern beleuchtet nur die Macht und Größe der industriellen Apparatur. Der Gegensatz zu Adolph von Menzels berühmter Bildikone der deutschen Industrialisierung, ‚Eisenwalzwerk' aus den 1870er Jahren, könnte größer nicht sein. Menzel zeigt eine Form der industriellen Fertigung, die nicht nur das intensive Eingreifen des Menschen jederzeit erfordert, sondern ihn selbst zu einem Teil eines mythischen Fertigungsprozesses werden lässt. Der zweite Teil des Titels von Menzels Bild, „Moderne Cyclopen", bringt das zum Ausdruck. Evers' Stahlwerker sind keine modernen Cyklopen mehr. Sie schmieden keine Waffen im Innern eines Vulkans, sondern beobachten einen wie von selbst ablaufenden, alles andere als mythischen, gleichwohl ästhetischen industriellen Akt etwa so wie man auch einen Vulkanausbruch beobachten würde. Menzels Gegenstand ist der industrielle Mensch, Evers Gegenstand die Industrie an sich.

69 Quelle: http://www.fulltable.com/vts/aoi/e/evers/e.htm [18.5.2011].

Abbildung 44
Adolph von Menzel, Eisenwalzwerk (Moderne Cyklopen), 1872–1975.[70]

Abbildung 45[71]

70 Quelle: http://de.wikipedia.org/w/index.php?title=Datei:Adolph_Menzel_-_Eisenwalzwerk_-_Google_Art_Project.jpg&filetimestamp=20110216074947 [18.5.2011].

71 Quelle: http://www.fulltable.com/vts/aoi/e/evers/e.htm [19.5.2011].

Abbildung 46
Ludolf Backhuysen, Am Hafen von Amsterdam, 1700 (Städel Museum Frankfurt am Main).[72]

Für Evers sind die Übersetzungen der Mobilitätsformen besonders interessant. Bildgegenstand ist die Transportbewegung, vermittelt über Gabelstapler, Kräne und Containerbrücken, vom Frachter auf die Bahn und den LKW. Die Darstellung von Warenumschlagsplätzen, insbesondere Häfen, ist ein traditionelles Motiv in der Malerei. Dabei geht es, wie die Szene aus dem Amsterdamer Hafen von Ludolf Backhuysen aus dem Jahr 1700 zeigt, um die Faszination des Ortes, an dem sich Nähe und Ferne, das Eigene und das andere begegnen, Aufbruch ins Unbekannte und Rückkehr in das bekannt Geglaubte nebeneinander stattfinden und sich Biographien verändern. Häfen sind transitorische Orte, die Veränderung sichtbar machen. Evers gehört aus meiner Sicht nicht in diese Kontinuität, und das hat nichts mit der Verschiedenheit von Vormoderne und industrieller Moderne in wirtschaftlicher und technischer Hinsicht zu tun. Evers Häfen sind Mobilitätsinstallationen, deren Bezug zur sozialen Realität ebenso dunstig ist wie die Skyline Philadelphias im Hintergrund. Für ein Evers-Bild kommen hier erstaunlich viele Menschen vor, und wie stets sind sie winzig im Vergleich zur Großtechnik. Sie haben Bedienfunktionen im Umgang mit der Hafenlogistik, fahren Stapler oder koordinieren den Be- oder

72 Quelle: http://bib.gfz-potsdam.de/pub/wegezurkunst/backhuysen [19.5.2011].

Entladevorgang eines offenen Güterwagens. Und auch hier kann man ein Evers-typisches Motiv entdecken: Figuren, die wie der Bildbetrachter und nur aus anderer Perspektive ihren Blick auf die Größe der vor ihren Augen ablaufenden Technik richten.

Evers unterscheidet sich durch seinen radikalen Technozentrismus aber auch vom Mainstream der Marinemalerei:

Abbildung 47
Ernst Volbrecht, Hamburger Hafen mit Dampfschiff und Kehrwiederspitze, um 1930.[73]

Abbildung 48[74]

73 Quelle: http://www.auktionshaus-stahl.de/301/items/hamburger-hafen-mit-dampfschiff-und-kehrwiederspitze-230.html [19.5.2011].

74 Quelle: http://www.fulltable.com/vts/aoi/e/evers/e.htm [19.5.2011].

Abbildung 48 ist eine Provokation. Evers hätte auch das Weiße Haus an den Rand eines Bilds rücken können, während er einen Chevy-Kotflügel in den Vordergrund stellt, da es schwerfiele, einen Frachter durch D. C. fahren zu lassen.— Die Independence Hall von Philadelphia steht hier wahrlich nicht im Mittelpunkt. Durch die gewählte Perspektive wirkt sie zudem wie geschrumpft: ein Rathaus in der Provinz. Der Traditionsort der amerikanischen Verfassungsordnung ist Teil eines urbanen Ensembles, an dessen rechtem Rand Franklin Bridge, Hafenindustrien und, zwingend bei Evers, Schiffe erkennbar sind. Der große Gebäudekomplex rechts und bis gegen die Bildmitte wird mit allen technischen Einzelheiten der Dachaufbauten gezeigt. Die Dachlandschaft dieses ästhetisch eher trivialen Blocks nimmt mehr Bildraum in Anspruch als die Erinnerungsstätte der amerikanischen Unabhängigkeit. Vielleicht liegt darin die politische Sprengkraft von Evers Sichtweisen: Das neue Manifest Destiny, die neue Frontier Mitte des 20. Jahrhunderts, verkörpern die Standards industrieller amerikanischer Technik in allen Bereichen: Architektur, Mobilität, Energie. Sie lösen das Versprechen von Unabhängigkeit und *individual pursuit of happiness* zeitgemäß ein. Deshalb wirkt der große Park, der dem Bild Tiefe gibt, wie ein technisches Artefakt, die amerikanische Antwort auf die Avenue des Champs-Élysées.

Abbildung 49
Avenue des Champs-Élysées, Paris, zwischen 1890 und 1905.[75]

75 Quelle: http://de.wikipedia.org/w/index.php?title=Datei:Paris_Avenue_des_Champs-%C3%89lys%C3%A9es_um_1900.jpg&filetimestamp=20060320195025 [19.5.2011].

Die Abbildungen 50 und 51 führen vor, wie stimmungsvoll das beleuchtete Technotop sein kann. Mächtig schiebt sich die Brückenkonstruktion in Abbildung 50 schräg durchs Bild, den Gegensatz zwischen wuchtigem Stahlträger und filigranem Gitterwerk betonend: Evers Stahlreligiosität färbt hier auf alles ab. In der blauen Dämmerung wirkt selbst das Flusswasser stählern. Auf dem Kraftwerk links hinten findet man ein Motto: „Philadelphia The Electric City". Die elektrische Beleuchtung lässt die sich zum Horizont verlierende Stadtlandschaft im Kontrast zu den Schattierungen von Stahlblau warm und belebt erscheinen, und sie spiegelt sich im Wasser. Der Tanklastzug auf der Brücke reflektiert das Scheinwerferlicht. Die Brückenbeleuchtung bringt den Lack der Raupe auf dem Sattelschlepper zu dunkelmetallischem Glanz. Evers Szenen sind oft so jahreszeitenlos wie Science-Fiction-Bilder.

may 1953

Abbildung 50[76]

Abbildung 51[77]

76 Quelle: http://www.fulltable.com/vts/aoi/e/evers/e.htm [20.5.2011].

77 Quelle: http://www.fulltable.com/vts/aoi/e/evers/e.htm [20.5.2011].

may 1952

Abbildung 52[78]

Immer wieder sind es Schiffe, die bei Evers die Linienführung bestimmen, so auch in den Abbildungen 52, 54 und 55. Sie sind für Evers die Grundform der Mobilität. Zwei Besatzungsleute des links gerade noch zu sehenden Frachters stehen gelassen an der Reling und spielen hier die Rolle des Betrachters im Bild. An die Stelle des Flugzeugs sind Möwen getreten, die als Fliegerstaffel eine Formation über der Skyline von Philadelphia fliegen. Evers schätzt nicht die spektakulären Linienschiffe und ihre Formensprache wie in Abbildung 56, sondern biedere, bullige Transportschiffe mit vielen Aufbauten, stumpfnasige Schlepper und Barkassen.

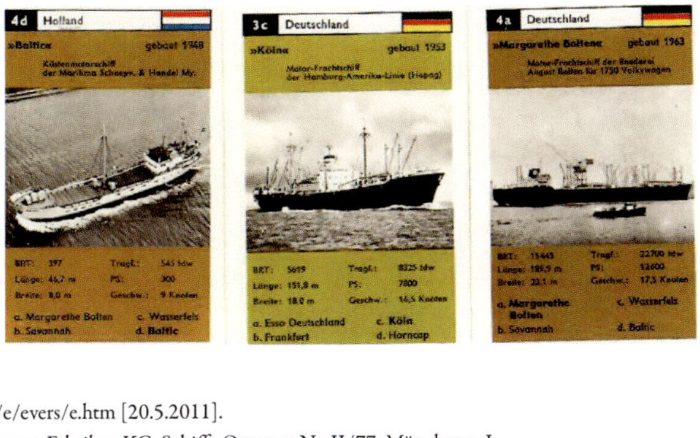

Abbildung 53
Evers-Schiffe aus einem Schiffsquartett der 1960er Jahre.[79]

78 Quelle: http://www.fulltable.com/vts/aoi/e/evers/e.htm [20.5.2011].

79 F. X. Schmidt, Vereinigte Münchner Spielkarten Fabriken KG, Schiffe Quartett Nr. II/77, München o. J.

Abbildung 54[80]

Abbildung 55[81]

80 Quelle: http://www.fulltable.com/vts/aoi/e/evers/e.htm [20.5.2011].

81 Quelle: http://www.fulltable.com/vts/aoi/e/evers/e.htm [20.5.2011].

Abbildung 56
Werbeplakat der Holland-America Lijn, 1930. Kein Evers-Motiv.[82]

Abbildung 57
Ms. Rijndam der Holland America Lijn auf ihrer Jungfernfahrt im Hafen von New York City, Juli 1951. Schon eher ein Evers-Motiv.[83]

Abbildung 58[84]

Die Bildsequenz zeigt, aufsteigend vom unten nach oben, eine Annäherung an Philadelphia aus drei Perspektiven. Das untere Bild feiert die mobilitätserschlossene Industrie im Umfeld der Stadt, die man im Hintergrund erkennt. Riesige Flachdächer und Hallen *under construction*

82 Quelle: http://www.museumtv.nl/images/D03433231_1_HollandAmerikaLIjn_tcm4-853.bmp [20.5.2011].
83 Quelle: http://www.ssmaritime.com/rijndam-maasdam.htm [20.5.2011].
84 Quelle: http://www.fulltable.com/vts/aoi/e/evers/e.htm [20.5.2011].

schieben sich so in die Aufmerksamkeit des Betrachtenden wie sonst die Schiffe bei Evers. Die Landschaft ist vor allem in den Auf- und Abfahrtschleifen des Highways auf farbige Flächigkeit abstrahiert. Im mittleren Bild blicken wir auf eine neue Wohnsiedlung, die neben dem Highway entstanden ist und noch entsteht. Die kleine Kirche liegt eindeutig nicht in der Bildmitte, sondern ist in den rechten Hintergrund gerückt. Ganz rechts sind ebenfalls neue öffentliche Gebäude zu vermuten, wahrscheinlich *public schools*. Auf dem oberen Bild erkennt man die I-76 neben dem Schuykill River und den Blick auf das Philadelphia Museum of Art am linken Bildrand. Der Verkehr wird dichter, ist aber für Evers Verhältnisse geradezu vernachlässigenswert, zumal auch nur noch eine andere Verkehrsform erkennbar ist. Oberhalb der Interstate winden sich die PRR-Gleise in die Stadt hinein. Typischer für Evers ist ein Bild, das ich bewusst an den Schluss stellen möchte, da es die Eigenarten seines Stils gleichsam bündelt: eine Werbegraphie für die Grace Lines aus dem Jahr 1951.

Abbildung 59[85]

85 Quelle: http://www.fulltable.com/vts/aoi/e/evers/BB02.jpg [20.5.2011].

Und was will uns der Graphiker-Künstler C. G. Evers sagen – sofern er etwas sagen will? Haben wir es hier mit Fortschrittspropaganda zu tun? Eigentlich nicht, denn sämtliche Artefakte , die wir hier sehen konnten, stehen um die Mitte des 20. Jahrhunderts nicht mehr für atemberaubende Innovationen, sondern für soziotechnische Normalität. Evers macht sichtbar, wie diese Innovationen von gestern in der Breite ankommen und eine Gesellschaft technotopisch durchformen. Aber das ist zu gegenwartsbezogen, um Modernisierungslyrik zu sein. Zugleich liegt genau der besondere Quellenwert der Bilder. Sie machen die formatierende Wirkung technischer Lebenszusammenhänge verständlich. Diese Formatierung ist nicht nur ein *top-down*-Diffusionsprozess von Technik in alle Bereiche des Alltags, der Arbeit und der Wahrnehmung. An Evers Bildern kann man zwei scheinbar widersprüchliche Befunde festmachen: erstens, in welchem Ausmaß wir uns nicht nur der ‚kleinen' Konsum- und Alltagstechnik, sondern selbst der Großtechnik gegenüber als Benutzer und Bediener anpassen und auf diese Weise Einfluss auf sie nehmen; zweitens, wie weitgehend autonom und selbstreferentiell technische Systeme interagieren und eine Wirklichkeit, eine ‚Natur' anderer und höherer Ordnung konstituieren, deren Teil wir sind, ohne das Ganze steuernd beeinflussen zu können. Der Widerspruch löst sich auf, wenn man sich klarmacht, wie vollständig unser Leben durch die Wellen der Industrialisierung technotopisch geprägt wird. Auf der Makroebene der Industriegesellschaft laufen ständig ‚große' Prozesse der Produktion und Diffusion ab, die von uns etwa so weit entfernt sind wie nationale Regierungspolitik, uns gleichwohl in ihren Auswirkungen aber betreffen. Viel direkter berührt uns die unmittelbare *hands-on*-Interaktion mit allen Formen der Technik auf der Mikroebene des Lebens im Gesamttechnotop. Um im Bild des Vergleichs der Ebenen der Technik mit denen der Politik zu bleiben: Evers bildet gewissermaßen einen Verfassungsrahmen der durchtechnisierten Industriegesellschaft ab. Wie die Verfassungspraxis des Umgangs mit Technik aussieht, wie Anwender und Konsumenten Technik *bottom-up* gestalten, zeigt Evers Technozentristik nicht. Dies als „Kultur individueller Maschinen"[86] und *social construction of technology* zu verstehen und zu beschreiben, ist die wohl größte Herausforderung der Technikgeschichte im Moment, die von Evers ‚normativem' Rahmen viel lernen kann, vor allem das genaue Hinsehen.

86 Vgl. Kurt Möser, Fahren und Fliegen in Frieden und Krieg. Kulturen individueller Mobilitätsmaschinen, 1880–1930, Heidelberg 2009 (Technik + Arbeit. Schriften des Technoseum. Landesmuseum für Technik und Arbeit in Mannheim; zugl. Habil.-Schr. Universität Karlsruhe (TH) 2008), S. 35–42; zum mobilitätsgeschichtlichen Forschungsstand siehe ebd. und ferner Gijs Mom, Colin Divall, Peter Lyth (Eds.), Mobility in History: The State of Art in the History of Transport, Traffic and Mobility, Neuchâtel 2009, (T^2M Yearbook 2010); Gijs Mom, Peter Norton, Gerogine Clarsen, Gordon Pirie (Eds.), Mobility in History. Themes in Transport, Neuchâtel 2010 (T^2M Yearbook 2011).

Exkurs: Vergleichsbilder zu C. G. Evers

Abbildung 60
Wassili Kupzow: ANT 20 Maxim Gorki, 1934.[87]

Abbildung 61
Bethlehem, Pennsylvania, November 1935, fotographiert von Walker Evans. Die rauhe Seite der alten Schwerindustrie.[88]

87 Quelle: http://upload.wikimedia.org/wikipedia/de/0/02/Kupzow2.jpg [18.5.2011].

88 Quelle: http://en.wikipedia.org/wiki/File:Bethlehem_Pa_1935_LOC_fsa_8c52905.jpg [20.5.2011].

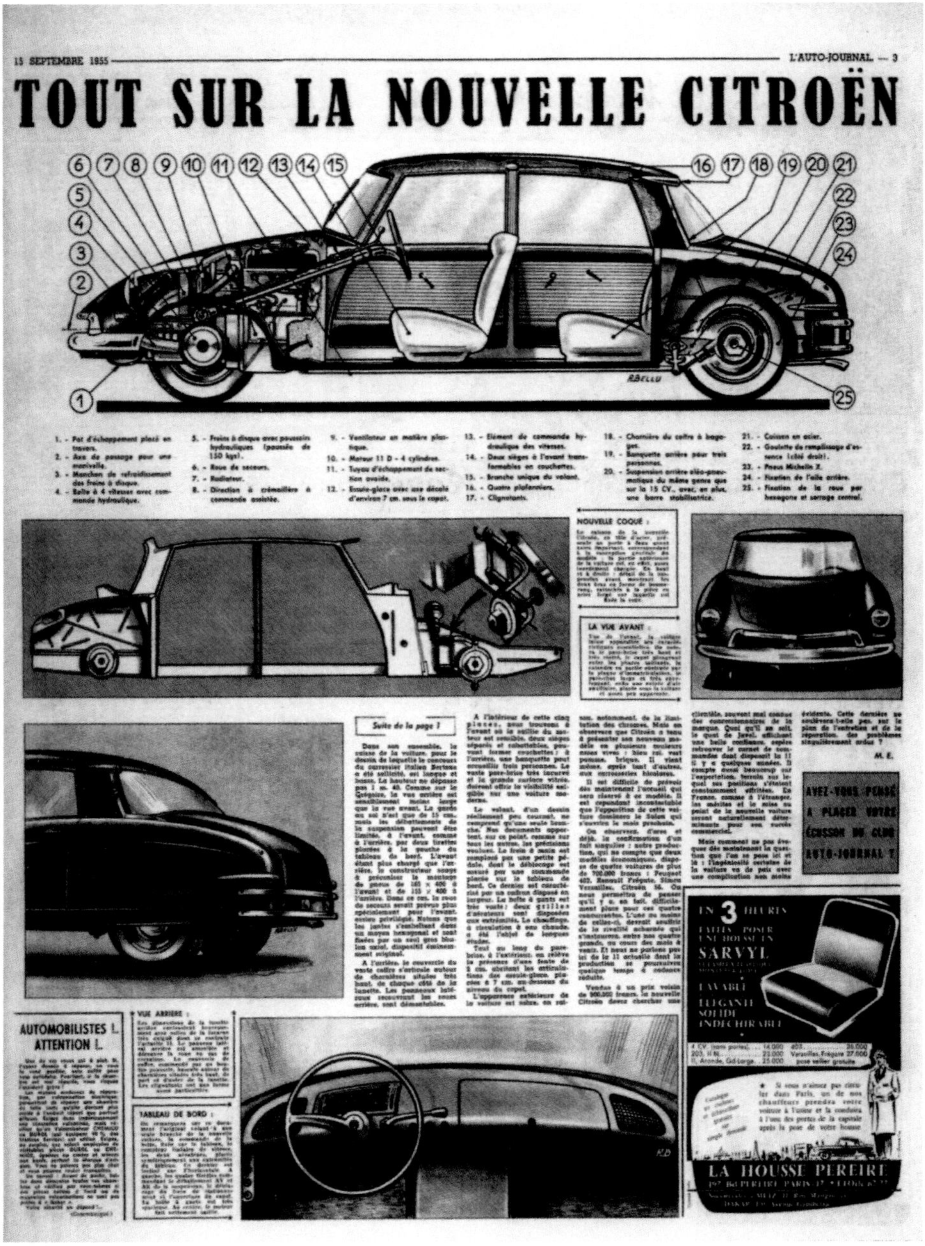

15 SEPTEMBRE 1955 — L'AUTO-JOURNAL — 3

TOUT SUR LA NOUVELLE CITROËN

1. - Pot d'échappement placé en travers.
2. - Axe de passage pour une manivelle.
3. - Manchon de refroidissement des freins à disque.
4. - Boîte à 4 vitesses avec commande hydraulique.
5. - Freins à disque avec poussoirs hydrauliques (poussée de 150 kgs).
6. - Roue de secours.
7. - Radiateur.
8. - Direction à crémaillère à commande assistée.
9. - Ventilateur en matière plastique.
10. - Moteur 11 D - 4 cylindres.
11. - Tuyau d'échappement de section ovoïde.
12. - Essuie-glace avec une décale d'environ 7 cm. sous le capot.
13. - Elément de commande hydraulique des vitesses.
14. - Deux sièges à l'avant transformables en couchettes.
15. - Branche unique du volant.
16. - Quatre plafonniers.
17. - Clignotants.
18. - Charnière du coffre à bagages.
19. - Banquette arrière pour trois personnes.
20. - Suspension arrière oléo-pneumatique du même genre que sur la 15 CV., avec, en plus, une barre stabilisatrice.
21. - Caisson en acier.
22. - Goulotte de remplissage d'essence (côté droit).
23. - Pneus Michelin X.
24. - Fixation de l'aile arrière.
25. - Fixation de la roue par hexagone et serrage central.

NOUVELLE COQUE :

LA VUE AVANT :

Suite de la page 1

AVEZ-VOUS PENSÉ À PLACER VOTRE ÉCUSSON DU CLUB AUTO-JOURNAL ?

AUTOMOBILISTES ! ATTENTION !

VUE ARRIÈRE :

TABLEAU DE BORD :

EN 3 HEURES ... SARVYL ... LAVABLE ÉLÉGANTE SOLIDE INDÉCHIRABLE

LA HOUSSE PEREIRE

Abbildung 62

Bericht vor der Präsentation der Citroën DS im Oktober 1955 im *l'auto journal* vom 15.9.1955, S. 3. Evers Stil verdankt sich auch der technischen Konstruktionszeichnung und Betriebsanleitung.[89]

89 Zit. nach: Hans Otto Meyer-Spelbrink, Citroën DS. Das ungewöhnlichste Serienautomobil aller Zeiten, Brilon [2]2003, S. 25.

Abbildung 63
Illustration zum Begriff ‚Stahl' in einem populären Sammel-Nachschlagewerk der 1960er Jahre.[90]

90 Wissen. Die große Enzyklopädie des Wissens unserer Zeit, allgemeinverständlich dargestellt und farbig illustriert, Bd. IV, Stuttgart/Zürich 1969 (zuerst Mailand 1967), S. 597.

Abbildung 64
Industriegraphik aus der DDR, späte 1980er Jahre.[91]

91 Perfektion auch im Detail. PIKO-Modellbahn, hg. v. Volkseigenen Außenhandelsbetrieb der DDR, Berlin (Ost) o.J. [ca. 1988], Cover.

Abbildung 65[92]

92 The International Journal for the History of Engineering & Technology 79 (2009), Cover Image: de Havilland DH98 Mosquito production line.

Weitere Bilder von C. G. Evers

Abbildung 66
Carl G. Evers, Bild für Scania, ohne Datum.[93]

Abbildung 67
Carl G. Evers, Surf and Orange Sky, Wasserfarbe, ohne Datum.[94]

93 Quelle: http://www.jrusselljinishiangallery.com/pages/evers-pages/eversimage-scania-vabis.htm [27.5.2011].

94 Quelle: http://www.jrusselljinishiangallery.com/pages/evers-pages/eversimage-surf-orange-sky.htm [27.5.2011].

Abbildung 68
Carl G. Evers, Single Racing Sloop, Wasserfarbe, Entwurf, ohne Datum.[95]

Abbildung 69
Carl G. Evers, Ambrose Light Ship, Bleistiftzeichnung, ohne Datum.[96]

95 Quelle: http://www.jrusselljinishiangallery.com/pages/evers-pages/eversimage-sloop-sketch.htm [27.5.2011].
96 Quelle: http://www.jrusselljinishiangallery.com/pages/evers-pages/eversimage-ambrose-lightship.htm [27.5.2011].

Abbildung 70
Carl G. Evers, Shrimper Fleet at Sunset, Acryl, ohne Datum.[97]

Abbildung 71
Carl G. Evers, Aircraft Carrier/The Big E, Wasserfarbe, ohne Datum.[98]

97 Quelle: http://www.jrusselljinishiangallery.com/pages/evers-pages/eversimage-shrimper-fleet.htm [27.5.2011].
98 Quelle: http://www.jrusselljinishiangallery.com/pages/evers-pages/eversimage-the%20big%20e.htm [27.5.2011].

Abbildung 72
Westchester, Wasserfarbe, ohne Datum.[99]

99 Quelle: http://www.jrusselljinishiangallery.com/pages/evers-pages/eversimage-westchester.htm [27.5.2011].

Building America

H0-Modellbau als soziale Konstruktion im *Railroad Model Craftsman* 1990/91

Wer könnte bestreiten, dass es sowohl amerikanische Technik[100] wie auch einen nationalen amerikanischen Technik-, Techniker- und technischen Innovationsstil[101] gibt? Wie aber verhält es sich mit amerikanischen Modelleisenbahnen? Lassen sich charakteristisch amerikanische Züge im Umgang z. B. mit dem H0-Modellbau identifizieren und in einen soziotechnischen Kontext stellen? Aus der so etablierten wie weithin neugierfreien deutschen Technikgeschichte, mit Sachlichkeitspathos betrieben von routinierten Verwaltern der Makroperspektivik wie Wolfgang König,[102] würde schon die Frage allein nur Hohn und Spott ernten. Das mag vor allem damit zu tun haben, dass diese Sorte deutscher Technikgeschichte über der Gewissheit, die richtigen Antworten zu kennen, das Fragen weitgehend aufgegeben hat. So gesehen, ist Technikgeschichte, solange die Welt sich dreht, Rekonstruktion der harten großtechnischen oder konsumgesellschaftlichen Innovations-, Produktions- und Diffusionszyklen. Sie ist zu schreiben mit einem Schuss ingenieurswissenschaftlichem Insiderjargon bei gleichzeitiger Markierung der Diskurshegemonie der Historiker gegenüber den Ingenieuren. Wer es anders macht, hat keinen Sinn für Relevanz und Methode, ist Exzentriker, faszinationskrank und/oder Angloamerikaner. Vielleicht sind Technikhistoriker wie Wolfgang König die letzten deutschen Historisten, die aus der einstmaligen Exklusivität der Staats- und Politikgeschichte die Exklusivität eines bestimmten Verständnisses von Technikgeschichte gemacht haben. Wer Alternativen zu diesem wohlverwalteten Ennui sucht, sieht sich vor allem der Aufgabe gegenüber, neue Quellen zu erschließen oder alte auf neue Weise zu befragen. Nicht die Endlosschleife einer theoretischen Debatte über den Technikbegriff oder Innovations-Theologie führen hier weiter. Vonnöten ist der Mut, dort Quellen zu suchen, wo bislang noch niemand Quellen vermutet hat, und das heißt auch jenseits kulturell eingeübter Ekelschwellen. Zu diesen bis heute außerhalb der Historiographie stehenden, den außerwissenschaftlichen Enthusiasten und ihren Kommunikationsformen überlassenen Bereichen gehört auch die Modelleisenbahn.[103]

---

100 John William Oliver, Geschichte der amerikanischen Technik, Düsseldorf 1959, Kap. 5, S. 56–68 (zuerst engl. u. d. T. History of American Technic, New York 1956).

101 Thomas P. Hughes, Die Erfindung Amerikas. Der technologische Aufstieg der USA seit 1870, München 1991 (zuerst engl. u. d. T. American Genesis. A Century of Invention and technological enthusiasm, 1870–1970, New York 1989).

102 Z. B. Wolfgang König, Technikgeschichte. Eine Einführung in ihre Konzepte und Forschungsergebnisse, Stuttgart 2009.

103 Versuche, dies zu ändern: R.-U. K., Kleine Welten oder wie deutsch kann man in HO sein? Modellbahnnostalgie zwischen Markt und Identität an deutsch-deutschen Beispielen, in: Andreas Böhn, Kurt Möser (Hg.), Techniknostalgie und Retrotechnologie, Karlsruhe 2010 (Karlsruher Studien Technik und Kultur, Bd. 2), S. 49–72; http://digbib.ubka.uni-karlsruhe.de/volltexte/1000015575; R.-U. K., Spurweiten. Technik, Geschichte, Identität u. a. in H0, Normalspur und 1000 mm, Karlsruhe 2011 (Technikdiskurse. Karlsruher Studien zur Technikgeschichte, Bd. 4) [Download als E-Book: http://digbib.ubka.uni-karlsruhe.de/volltexte/1000021812].

Im folgenden geht es mir allerdings nicht um amerikanische Modelleisenbahngeschichte im allgemeinen, sondern vielmehr um einige konkrete Fragen: Welche Kompetenzen werden von einem amerikanischen Modelleisenbahner erwartet und wie werden sie ausgebildet? Wie wird dieser Kompetenzerwerb thematisiert und kommuniziert? Welche soziokulturellen Bezüge sind in dem Ensemble von Fähigkeiten präsent? In dem Wissen, damit lediglich einen Stein in einen von vielen möglichen Teichen zu werfen, habe ich mich entschlossen, bei der amerikanischen Fachzeitschrift *Railroad Model Craftsman* (künftig: *MRC*) des 59. Jahrgangs 1990/91 zu beginnen. Gemessen am Alter und an der Verbreitung ist die Wahl dieses Organs begründbar. Der Rückgriff auf einen Jahrgang zu Beginn der 1990er Jahre hat seinen Grund darin, dass nach meiner Einschätzung der zu diesem Zeitpunkt erst anlaufende Trend zur totalen Digitalisierung des Modellbahnbaus noch überschaubar und insofern das seit den 1950er/60er, in einigen Aspekten – vor allem im Bereich des Gebäudebaus *from scratch* – seit den 1930er Jahren etablierte Themenspektrum gerade noch in Kraft ist, hinter dem wiederum ältere Traditionslinien stehen, die ihrerseits bis zur Volletablierung der amerikanischen industriellen Massenkonsumgesellschaft zurückreichen. Eine weitere thematische Beschränkung liegt in der Konzentration auf H0-Beispiele, die nur damit zu tun hat, dass ich mich selbst in dieser Welt orientieren zu können glaube: Die Spurweiten-Konfessionen existieren nebeneinander, zelebrieren aber in verschiedenen Sakralräumen. In einem Satz: mich interessiert die Zusammensetzung des Kompetenzportfolios des amerikanischen H0-Modelleisenbahners.

Methodisch orientiere ich mich dabei an Kurt Mösers grundlegender Studie ‚Fahren und Fliegen in Frieden und Krieg. Kulturen individueller Mobilitätsmaschinen 1880–1930',[104] vor allem an seinem Kapitel ‚Körper und Mobilitätsmaschinen', das eine Rekonstruktion der Entwicklung von Bedien- und Multitasking-Kompetenzen durch die Anpassung an die Anforderungen der Mobilitätsbeherrschung auf der Grundlage eines neuen Blicks auf Bild- und Textquellen enthält.[105] Möser gelingt es, ein Set von Kompetenzen in der Beherrschung individueller Mobilitätsmaschinen wie Fahrrädern, Autos, Kanus und Flugzeugen herauszuarbeiten (Maschinenbedienungskompetenz, Fahrkompetenz, Verkehrsteilnahmekompetenz und Navigationskompetenz), das ich mir für die Beschreibung der Fertigkeiten eines amerikanischen H0-Modellbahners zum Vorbild nehmen möchte.

104 Kurt Möser, Fahren und Fliegen in Frieden und Krieg. Kulturen individueller Mobilitätsmaschinen, 1880–1930, Heidelberg 2009 (Technik + Arbeit. Schriften des Technoseum. Landesmuseum für Technik und Arbeit in Mannheim; zugl. Habil.-Schr. Universität Karlsruhe (TH) 2008).

105 Ebd., S. 151–238.

Scenes & Trackside Scenery

Abbildung 73[106]

Der *MRC* präsentiert regelmäßig gut fotographierte Vorbilder gelungener Modellbauanstrengungen. Das wirkt trivial, ist aber bereits voraussetzungsreich und gewährt einen Einblick in das Mindset des Modelleisenbahners. Was wird zur Norm und zum Vorbild erhoben? Was muss man können und wissen, um zu solchen Ergebnissen zu gelangen? Die obere Abbildung zeigt eine dezent gealterte und perfekt detaillierte F10-Diesellok, die aus dem Umbau eines F7-Massenmodells entstanden ist. Der Begleittext beschreibt in knappen Worten die wesentlichen Schritte, die dafür erforderlich waren. Der Betrachter und Leser wird hier nicht nur für spezialistische Details sensibilisiert. Nicht wenige Modelleisenbahner fangen mit einfachen Startpackungen an und landen irgendwann beim Selbstbau von komplexen Bausätzen, der Werkzeug, Erfahrung und Geduld voraussetzt. Hier soll suggestiv vorgeführt werden, wie weit man durch die Modifikation von Serienprodukten kommen kann. Die Bearbeitung der immer ziemlich teuren Modelle erfordert die Überwindung einer Hemmschwelle gegenüber dem ‚Kaputtmachen' und dem handwerklichen Scheitern. Gleichwohl wirkt die Attraktivität des vorbildlichen Ergebnisses für die intensiv am Modellbahnbau Interessierten so stark, dass der Weg zum Umbau irgendwann durch die vorsichtige Ergänzung von Griffen, Lüftern oder Klappen, also das ‚Mastern' der Modelle, beschritten wird. Dieser setzt Werkzeug- und eine gewisse Materialkenntnis voraus: beides zentrale Themen in der Modellbahnfachliteratur und auch im *MRC*. Vor allem bedarf es einer nicht aussetzenden, die Objektphantasie anregenden Flut von Bildern, die Begehrlichkeiten wecken, etwas Außergewöhnliches und Selbstgestaltetes zu besitzen. Das wird nicht gleich ein nahezu neu aufgebauter Güterzugbegleitwagen wie im Bild rechts sein, dessen Umsetzung kein Einsteigerprojekt ist. Die Lust zu solchen schwierigen Arbeiten resultiert aus der Sogwirkung, die von der Erlernbarkeit und Beherrschbarkeit – *they*

106 Railroad Model Craftsman 59 (1990), September, S. 65.

can, I can, too – des kleinen großtechnischen Systems H0-Eisenbahn ausgehen kann. Der Besitzerimpuls wird um den des Gestaltenkönnens erweitert, der Konsumakt in eine konstruktive Performanz überführt, an deren Ende eine ausgeprägte soziotechnische Identität steht. Wer die Formensprache des Vorbilds kennenlernt – allein darin liegt ein wichtiger und dauerhafter Lerneffekt – und sich die auch im Modell vorkommende Standardisierung – auf der Basis von Marktbeobachtung – geschickt zu eigen macht, um durch handwerkliche Optimierung industrieller Produkte Varianten zu produzieren, hat sich bereits auf den Weg der Selbstprofessionalisierung begeben. Bilder und Anleitungen wie die des *MRC* unterstützen das nicht nur, sie unterstreichen, dass der Modelleisenbahner erst Ernstzunehmendes leistet, wenn er die Rolle des passiven Konsumenten verlässt und die Erzeugnisse der Modellbahnindustrie als eine Art Rohmaterial zu sehen und zu bearbeiten lernt. Eine Modellbahn als stimmige soziale Konstruktion kann man sich nicht zusammenkaufen. Allerdings wird diese auf vielfältige Weise in Bild und Text transportierte Wert- und Antikonsumbotschaft auf Luxusniveau nicht als Teil eines exklusiven Elitendiskurses zur Affirmation einer In-Group durch Abwertung anderer Zugänge zur Modelleisenbahn, schon gar nicht des spielerischen, thematisiert. Die spielorientierte Spur 0 und die für den amerikanischen Markt hergestellten LGB-Modelle in Spur G sind breit und nicht nur durch Werbung präsent. *Individual pursuit of happiness* gibt es nicht nur in H0. Entscheidend ist die Mobilisierung zum aktiven Umgang mit der Modelleisenbahn. Der spielende Umgang mit der Modellbahn mag sogar – ohne dass diese These hier weiter verfolgt werden kann – wichtige Voraussetzungen im Bereich von Größenordnungsplausibilität, System- und Epochensensibilität für eine spätere Modellbahnerkarriere legen. Gar nicht zu überschätzen ist wie bei jedem Lernen die Wiederholung. Ein so gut gestalteter Boden zwischen und neben den Gleisen wie in Abbildung 73 links unten provoziert geradezu die Frage, wie man soetwas macht und wie man den Weg vom Konfektionsgleis auf der Platte zu realistischen Einbettung der Schienen findet, ohne die Funktionalität zu gefährden.

Abbildung 74[107]

Und was ist daran spezifisch amerikanisch? Fachinteressen- und Professionalisierungsdiskurse dürften wohl überall so ähnlich verlau-

107 Gleise bei Ft. Stockton, Texas, in: Wim Wenders, Sam Shepard, Paris, Texas, hg. v. Claus Sievernich, Nördlingen 1984, S. 168 f., 169.

fen. Modellbau setzt das Interesse am Selbermachen voraus. Da sind zunächst die Motive und ihre Wirkung, die von der suggestiven Authentizität von Maß und Form lebt, von stimmigen Farbigkeiten und der narrativen Objektdramaturgie im Kontext. Amerikanische Großdieselloks erzählen Geschichten und animieren zur virtuellen Ergänzung eines Vorstellungsraums, in dem endlose Güter- und hochrangige Personenzüge mit Stromlinienwaggons ein großes, weites Land durchschneiden und dem Flugzeug in ihrer Erdgebundenheit etwas voraus haben: Sie machen die ewige *frontier* sichtbar. Amerikanische Modelleisenbahnen sind ihre kulturell-symbolische Repräsentation und insofern ein plausibler Teil der amerikanischen Identität. Zu ihr kann vieles gehören: die sprechenden Namen der Eisenbahngesellschaften mit ihrem charakteristischen Landschafts- und Klimabezug, die Formen und Farben der typischen und regional so unglaublich verschiedenen Streckenhintergründe, die Macht des amerikanischen Modernisierungspfads in den urbanen Ballungsräumen wie die Einsamkeit weit draußen jenseits von allem.

Boxcars wie in Abbildung 75 sind die erzamerikanische Antwort auf die Standardisierung des Massentransports auf der Schiene vor dem Container. Zu sehen sind hier große Vierachser für den gekühlten Fruchttransport aus Kalifornien in den Rest des Landes – ein tief verwurzeltes Thema der Transportgeschichte in der amerikanischen Literatur, z. B. in John Steinbecks ‚East of Eden' aus dem Jahr 1952.[109] Steinbeck lässt einen seiner Protagonisten vor dem Ersten Weltkrieg mit der Realisierung der *ahead-of-time*-Innovation technisch scheitern, eisgekühltes Gemüse aus dem Salinas Valley in Mittelkalifornien per Bahn nach New York City zu bringen. Der Zug wird auf der langen Strecke über die Rocky Mountains und durch den Mittleren Westen zu

PFE in the late 1950's meant 40-foot ice reefers, and, after reading Tony Thompson's articles on that company's cars, Maynard Priest, Roy Platt and Bob Smaus built a bunch in a frenzy that they called "Reefer Madness." These cars choking the yard on Bob's small switching layout are just a portion of their production. The ice house, loading platform and engine servicing facility were in RMC articles written by Bob.

GOING BACK IN TIME with modeling, Lou Sassi reminds us that urban railroading means tracks nestled against retaining walls and a constant parade of switchers working local industries. The B&A S1 is a Custom Brass import and was photographed on Paul Delasco's layout. A completely different view of the industry is seen at the Hoosac Valley R.R.'s coaling tower, the work of Dick Elwell in HO scale, as well as on Lou's own B&M-based railroad, which admirably recreates the harmony of steam trains and the New England countryside years ago. Rich Cobb scratchbuilt the depot and Bill McChesney painted the Overland Ten-Wheeler.

66 SEPTEMBER 1990

Abbildung 75[108]

108 Railroad Model Craftsman 59 (1990), September, S. 66.

109 John Steinbeck, East of Eden, London 1992 (zuerst New York 1952).

oft aufgehalten, die Waggons entsprechen noch nicht den Anforderungen.[110] Ironischerweise werden in der berühmten Hollywood-Verfilmung von ‚East of Eden' durch Elia Kazan mit James Dean in einer der Hauptrollen aus dem Jahr 1955[111] zur Darstellung ebendieses Motivs Vierachser verwendet, die bereits über Kühlungsschächte für Stangeneis verfügen, die in Abbildung 75 auf den hochdetaillierten, im Eigenbau entstandenen Boxcars zu sehen ist. Abbildung 76 zeigt die Grundbauform des nicht für Spezialgüter ausgelegten Boxcar.

Abbildung 76[112]

Die Spuren des sozialen Lebens der Dinge werden farblich auf die Modelle übertragen. Auch dies muss man lernen und immer wieder in Bildern wie Abbildung 77 gesehen haben. Das ist gängige Modellbahnpraxis. Hier möchte ich eine weitere steile These wagen: Der amerikanische Modellbau hat ein besonderes Verhältnis zu den Gebrauchsspuren, zur Abnutzung, zum Verschleiss und sogar zur technischen Ruine. Rost, der im Westen zum

Abbildung 77[113]

110 Ebd., S. 430–438.

111 Elia Kazan, East of Eden, nach dem Roman von John Steinbeck, Warner Brothers 1955, Premiere 9.3.1955.

112 Quelle: http://en.wikipedia.org/wiki/File:Boxcar_(PSF).jpg [27.5.2011].

113 Jim Providenza, Modelling PFE 57-foot mechanical refrigerator cars, in: Railroad Model Craftsman 59 (1990), September, S. 57–63, 57.

Leben gehörende Staub, von der Sonne weggebrannte Farbe, Farbüberlagerungen von Lackschichten, überhaupt: Farbunterschiede auch und gerade dort, wo die *corporate identity* der großen Gesellschaften Farbeinheitlichkeit erwartet, Beulen, Dellen, Kratzer, Reparaturen derselben, verbogene Leitern und Laufgriffe, marode und schiefe Schwellen, eine allen Reichsbahn-Normierungen hohnsprechende Gleisbettung und Schotterung, Schienen in vielfarbigem Schlamm und im Sand, extrem reduzierte Ausstattung mit Signalen: all dies steht für die wache Wahrnehmung der Eisenbahn als Infrastruktur der *frontier*, nicht einer kleinteiligen europäischen Realität. Die Bilder im *RMC* sprechen für eine Auffassung von künstlicher Alterung der H0-Welt, die nicht sanft und milde dekorativ ist, sondern manchmal brutal. Ich werde bei den Gebäudemodellen und der Landschaftsgestaltung darauf noch zurückkommen. Amerikanischer Modellbau bildet seine Authentizitätsmaßstäbe an einer Ästhetik der *heavy duty*. Dies geht über die allgemein eisenbahntypischen Blicke in Hinterhöfe und industrielles Off hinaus, indem der Pioniercharakter und die Härte des amerikanischen industriellen Modernisierungsprozesses zur *hidden agenda* des Dargestellten wird. Das schließt ein Nebeneinander von glänzendem Stromlinienblech an den Personenzügen der Starlinien und offenem Verfall keineswegs aus.

Werbung und große Logos auf Güterwagen prägen das Bild des amerikanischen Frachtverkehrs. Der Modelleisenbahner soll ein Auge für Varianten und Variationen erwerben, das Formen- und Farbmaterial deklinieren können. Er soll auf diese Weise lernen zu fragen, was er in H0 darstellen will. Darin liegt die Wiedergewinnung der Autonomie gegenüber den Herstellern von Massenware, die unterschiedlich bedruckte Boxcars in großer Zahl bereithalten, um bunte Güterzüge zu gestalten, sich aber nicht für Fragen der korrekten Schiebetürgröße interessieren. Das Detail ist immer konkret.

Abbildung 78[114]

114 Paul Faulk, Four SAL boxcars, in: Railroad Model Craftsman 59 (1990), December, S. 83–87, 85.

Abbildung 79[115]

Aus amerikanischer Sicht wirkt das untere der drei Bilder in Abbildung 79 vollkommen naheliegend. In einem Land der Freiwilligkeitskirchen, das zutiefst durch den *cultural code* rigider protestantischer Dissenterkulturen geprägt wurde, hat die Kirche ihren festen Platz im Alltag und daher auch in H0. Die USA als neues Jerusalem, als *Community upon the Hill*, verwirklichen ihre Mission von Demokratie und Marktwirtschaft u. a. durch ihr Mobilitätssystem, insofern fährt der Güterzug nicht zufällig an der Kleinstadtkirche vorbei: *Praise the Lord!*

Die Abbildungen 80 bis 82 und 84 zeigen die Umgebung, in der Steinbecks ‚East of Eden' spielt, nur etwa vierzig Jahre später, in den 1950er Jahren. Das Jalama des Motivs einer mittelkalifornischen Nebenbahn zur Southern Pacific könnte auch Steinbecks Salinas sein. Terrainkenntnis und die Beschränkung auf ein plausibles Thema, die Verladung von Obst und Gemüse für den gekühlten Transport, ist hier das Thema. Die Bilder artikulieren die Fähigkeit zur realistischen Darstellung von Einzelheiten im Kontext. Jalama liegt, die gemalte Hintergrundkulisse von Abbildung 84 zeigt es, am Rand des Küstengebirges in den Hügeln des Anbaugebiets.

115 Railroad Model Craftsman 59 (1990), September, S. 67.

Abbildung 80[116]

Abbildung 81[117]

Der Straßenraum und die Haltestelle mit ihrer Infrastruktur – Icehouse, eis- und noch nicht generatorengekühlte Lagerschuppen, die Ladegleise mit hohen Holzbrücken für die Einbringung der Eisstangen durch die Dachluken der Vierachser wie in Abbildung 81 oben und 82, wenige

116 Railroad Model Craftsman 59 (1990), June, Cover.

117 Tony Thomson, Visiting the Lompoc & Cuyama. A 1950s-era shortline interchanging with the SP, in: Railroad Model Craftsman 59 (1990), June, S. 64–69, 64.

Läden an der Straße in der unmittelbaren Nähe des Bahnhofsgebäudes, die kleiner wirken als das Billboard neben ihnen, die Wasserkräne für die Dampftraktion – sind betrieblich nicht getrennt, sondern gehen ineinander über, so dass der Auto- durch den Zugverkehr im Straßenbild regelmäßig eingeschränkt wird. Der Erhaltungszustand der Gleisanlagen ist mäßig gut, der der Straßen schlecht, wie Abbildung 83 deutlich macht. Es geht der agrarischen kalifornischen Überschusslandschaft nicht besonders gut, die dargstellte Transporttechnik, abgesehen von der neuen Diesellok in Abbildung 83 oben, ist alt und längst abgeschrieben. Der Wohlstand Kaliforniens wird andernorts erwirtschaftet, eine Aura von Verfall liegt über allem. Der Hauptkonkurrent dieser Art von Transportgeschehen, der schwere Kühllastzug, der Ost und Gemüse direkt beim Produzenten abholt und über den Highway in die großen Kettensupermärkte der nahen Agglomerationen Los Angeles und San Francisco, aber auch ins gesamte Land bringt, ist noch nicht zu sehen. Der Ton zum Bild kommt von der vierfach gekuppelten Güterzuglok mit profanem Öltender bei ihrer Verschubarbeit auf den erheblichen Steigungsstrecken Jalamas.

Abbildung 82[118]

Bernard, Iowa, 1933, zeigt eine Kleinbahnszene, die für einen bestimmten Punkt der Maschinendurchdringung der weiten amerikanischen Fläche steht, aber das ist nur ein Aspekt. Schöner als an diesem Bahnübergang lässt sich das alltägliche Nebeneinander von Mobilitätsformen nicht darstellen, aus der die retrospektive Technikgeschichtsschreibung zu oft ein innovationsverliebtes teleologisch-idealtypisches Entweder-Oder stets auf der Seite des Neuen und meistens in der Artefaktform des Automobils macht: Pferd, Kleinbahn und Auto gehören nicht nur in Bernard, Iowa, 1933 zum Mobilitätsalltag, in dem jede Mobilitätsform spezifische Aufgaben erfüllt. Die vom Gebrauch stark gezeichnete Kleinlokomotive pauschal mit Innovation

118 Ebd., S. 67.

Abbildung 83[119]

Abbildung84[120]

119 Ebd., S. 69.

120 Railroad Model Craftsman 59 (1990), July, Cover.

gleichzusetzen, dürfte schwerfallen und würde der Bildaussage auch widersprechen. Die Mobilität vernetzt sich und verbindet unterschiedliche Geschwindigkeiten. In diesem Prozess spielt die handwerkliche Anpassung industrieller Produkte, wie man an der Lok gut erkennen kann, eine wichtige Rolle. In gewisser Weise bildet die H0-Umsetzung genau diese Seite der Mobilitätsgeschichte durch ihre konstruktivistische und Handarbeit an allen Bestandteilen des Mobilitätstechnotops besonders treffend ab. Der Erfolg der größten und normativen Konsumgesellschaft der Welt beruht in der ersten Hälfte des 20. Jahrhunderts maßgeblich auf derjenigen Kompetenz, die der erfolgreiche Modellbau schult: der Umnutzung und Kontexteinordnung von industriellen Fertigprodukten *bottom-up*, der kreativen Einbindung von Technik in die eigene Biographie.

Abbildung 85[121]

Rolling hills of Iowa: Im Zuge der durch Fahrrad und Automobil ausgelösten Dynamik wird auch das Fuhrwerk Gummibereifung erhalten und damit effizienter werden. Das Auto ist präsent und ein selbstverständlicher Teil des *American home* geworden, richtiger gesagt: es hat manche seiner Eigenschaften übernommen. Mobilität ist auf neue Weise zu einem wichtigen Teil der amerikanischen Identität geworden und setzt das Land auf neue Weise in Bewegung. Der Erbauer der oben gezeigten Anlage hat das auf seine Weise äußerst treffend umgesetzt, indem er ein Bild mit einem Straßenband über rollende Hügel als Hintergrundkulisse verwendet

121 Chick Curtis, Bernard. Imagination and history team up to give us a glimpse of the Bellevue & Cascade R.R. in On3, in: Railroad Model Craftsman 59 (1990), July, S. 48–51, 48.

und so den Anschluss von Bernard, Iowa an das Verkehrsnetz zeigt. Was eigentlich ist das H0-Bernard, Iowa in diesem Netz? Die Abbildungen 85 bis 88 zeigen einen Mobilitätswerkhof, in dem alle Arten der Fortbewegung und die Arbeit an ihnen zentralgestellt sind. Der winzige Ort besteht aus der Umgebung eines Bahnübergangs, eines Haltepunkts und eines Abstellgleises. An das Auto vor der offenstehenden Garage in Abbildung 87 wird erkennbar Hand angelegt. Dabei kann der Gedanke aufkommen, dass mit demselben Werkzeug und derselben *doing-it-yourself*-Einstellung an den Schmalspurfahrzeugen auf dem Abstellgleis (Abbildung 86) daneben ausgebessert wird. Der vierachsige Pritschenwagen ist die zeitgemäße Weiterentwicklung des Pritschenfuhrwegs mit großen Holzspeichenrädern im Bildvordergrund und damit desjenigen Fahrzeugs, mit dem der Westen erobert wurde. Gegenüber den Entwicklungspotentialen wirken die Behausungen rückständig und wie aus einer anderen Zeit: sie sind im Wortsinn Immobilien.

Abbildung 86[122]

Iowa ist mehrfach mobil: Hinter dem Haus trocknet die Wäsche auf der Leine, aber Gleisanschluss und Auto stehen für die vernetzte Zugänglichkeit. Wie die Siedler den Westen erobert haben, erobert die Verkehrsinfrastruktur das Land von Küste zu Küste.

Zu den Besonderheiten amerikanischer Verkehrstechnotope gehört die für Modelleisenbahner ideale, gering ausgeprägte Trennung der Bereiche von Schiene, Straße und Produktion, wie die Anlage in Abbildung 89 deutlich macht. Der Fabrikhof ist zugleich Betriebshof der Eisenbahngesellschaft und vom Straßenraum nicht deutlich abgegrenzt. Das Eisenbahngeschehen gehört zum öffentlichen Raum. Produktionstakt, Verladezeit und Fahrplan bestimmen in hohem Maß den Rhythmus des Lebens und die Befahrbarkeit der schienenkreuzenden Straßen. Wie gut es der Wirtschaft geht, kann man auf diese Weise ganz unmittelbar er-fahren und auch hören: die Ger äuschkulisse ist hinzuzudenken. Gerade weil dies so ist, gehört die Gestaltung des Bodens der

122 Ebd., S. 49.

Abbildung 87[123]

Abbildung 88[124]

Abbildung 89[125]

123 Ebd., S. 50.

124 Ebd., S. 51.

125 Art Daehler, Art Daehler's modular adventure, in: Railroad Model Craftsman 59 (1990), October, S. 82–86.

Gleisanlagen zu den großen Herausforderungen. Die Gleise müssen so eingebettet werden, wie es hier zu sehen ist: weder zugeschüttet noch auf einem richtigen Bahndamm oberhalb des Straßenniveaus. Im Westen befahren selbst hochrangige Personenzüge bis in die 1950er Jahre die Straßen wie Straßenbahnen. Bis zum heutigen Tag verläuft in Südkalifornien die Amtrak-Küstenstrecke direkt am Strand und teils parallel zum Pacific Coast Highway. Unverzichtbar ist die Andeutung oberirdisch geführter Stromleitungen, deren Holzmasten erkennen lassen, wie jung und fragil die Energie- und Kommunikationsinfrastruktur noch ist. Über allen amerikanischen Eisenbahnsettings liegt eine Aura des Transitorischen und Provisorischen. Insofern ist der Niedergang des Eisenbahnnetzes und der Siegeszug des highwayfähigen Truck konsequent. Vielerorts liegen die nicht mehr genutzten Schienen bis zum heutigen Tag auf solchen Gebieten, wie sie in Abbildung 90 nachgebaut worden sind.

Großstadtszenen sind für Modelleisenbahner durch ihre Verdichtung so reizvoll wie schwierig umzusetzen. Abbildung 90 steht für zwei Strategien des Umgangs mit dieser Herausforderung: die Verlegung des Straßenverkehrs auf ein höheres Niveau über der Bahn, wobei die Null- und Eins-Ebene durch Gebäude miteinander verbunden sind, und die Beschränkung des Großstädtischen auf das Großindustrielle als Hintergrundkulisse vor einem bahnbetrieblichen Gelände mit (noch) stehengebliebener Restbebauung. Wer dort wohnt, hat keine Alternativen.

Zu den USA gehören die grandiosen großen Strecken in den Rocky Mountains ebenso wie die kleinen Städte an diesen Strecken. Die Landschaftsdarstellung erfordert einen genauen Blick für Proportionen und Materialien: der mit einem Betonsockel aufgefangene Bahndamm und die Brückenkonstruktion in Abbildung 91 weisen die Richtung. Gerade das, was einfach aussieht, erfordert ein Maximum an Vorbildkunde, um nicht zum Edelkitsch zu werden.

Abbildung 90[126]

126 Doug Geiger, The Granite Mountain Railway – Part I, in: Railroad Model Craftsman 60 (1991), February, S. 56–62, 59.

A leased CB&Q F7 A-B set pulls out of Eagle Tunnel heading eastbound to Mesa. The single track route is controlled by working searchlight signals for ISS. Tom Johnson did the F's. Farther along the line, one of the remaining steam engines drifts downgrade at Big Slide. The Mercantile business, at Colton is served by the Rio Grande; D&RGW interchanges at Colton with the AT&SF and GMRy. Colton also has a large Purina plant; the local switcher is spotting a covered hopper for loading.

Abbildung 91[127]

127 Ebd., S. 60.

Abbildung 92[128]

Hier kann man etwas über Gestein lernen. Wer solche Szenen baut, muss eine Sammelleidenschaft für Steine und ihre Bearbeitung entwickeln und sein Naturotop noch genauer planen als das im Vergleich dazu überschaubare Technotop. Viele Felsbrocken werden ihre Position gewechselt haben, ungezählte Stunden in das Design der Felswand im Hintergrund des unteren Bildes gegangen sein. Wahrscheinlich gab es Kontrollfotos des Baufortschritts zum Vergleich mit Vorbildfotographien.

128 Doug Geiger, The Granite Mountain Railway – Part II, in: Railroad Model Craftsman 60 (1991), March, S. 48–53, 51.

Abbildung 93[129]

Die Verbindung mit dem Medium Fotograpahie ist im Modellbau so eng, dass man den Eindruck gewinnen kann, manche Anlagen seien in erster Linie gebaut worden, um so wie in den Abbildungen 93 und 94 fotographiert werden zu können: hier soll die Grenze verwischt, das Illusionsspiel auf die Spitze getrieben werden. Die Abstraktion und Distanzierung des Kameraobjektivs holt Dimensionen aus der Dreidimensionalität, die diese für den Betrachter nicht unbedingt oder nur vorübergehend hat und haben kann. Insofern schließt sich hier ein Kreis: von der zweidimensionalen Planung unter Verwendung von Fotos zum räumlichen Objekt zur wiederum zweidimensionalen Aufnahme, die zeigt, worum es ‚eigentlich' geht. Die Vorzeigereichweite des Fotos konkurriert mit der des Artefakts.

Abbildung 94[130]

129 Railroad Model Craftsman 60 (1991), May, S. 68.

130 Don Mitchell, Cris Hollinshead's Southern Pacific ballast hoppers, in: Railroad Model Craftsman 60 (1991), February, S. 63–66, 65.

Buildings

Abbildung 95[131]

131 Railroad Model Craftsman 59 (1990), June, S. 11.

Das Sears Roebuck Catalog House aus dem Jahr 1908[132] – siehe Abbildung 98 – als H0-Modell anzubieten, ist in mehrfacher Hinsicht bemerkenswert: sowohl, was die kaum zu überschätzende Bedeutung des *Catalog order* über Sears Roebuck für die Verfügbarkeit von Waren auf dem nationalen Markt der USA bedeutet als auch im Hinblick auf die Geschichte des sozialen Lebens dieser Waren in amerikanischen Biographien. Abbildung 96 aus dem Katalog verweist mit einem ähnlichen Haustyp zugleich auf zwei weitere typische Sears Roebuck-Produkte, die das Land geprägt haben: Windrad-Halbzeug und Autoteile.

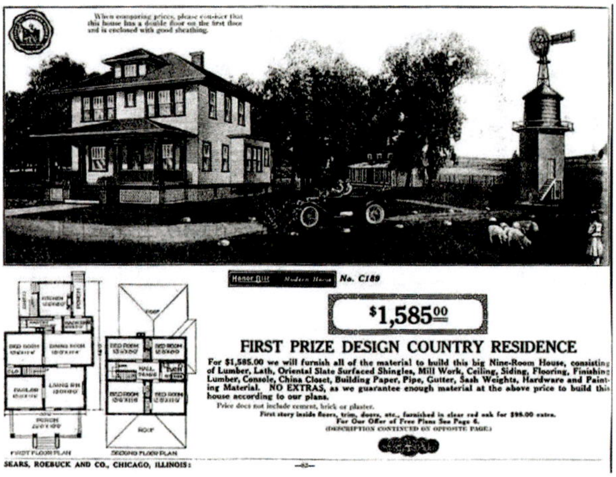

Abbildung 96[133]

Abbildung 97[134]

Das Haus auf Abbildung 98 steht nicht nur für eine hocheffiziente standardisierte Produktions- und innovative Distributionsform, sondern für bestimmte populäre Erwartungen an den privaten Wohnraum und für ein spezifisches Familienbild, das der sozialen Pluralisierung nicht so lange standgehalten hat wie manche Exemplare des Modern Home. Es ist zweifellos ein Leitartefakt amerikanischer Modernisierung im 20. Jahrhundert, dessen soziale Relevanz man mit dem Ford Model T vergleichen kann.

132 Vgl. http://en.wikipedia.org/wiki/Sears_Catalog_Home [30.5.2011].

133 Quelle: http://www.pushpullbar.com/forums/attachment.php?attachmentid=37018&stc=1&d=1201484318 [30.5.2011].

134 Quelle: http://therogue.co.uk/the-1908-sears-roebuck-co-catalogue/ [30.5.2011].

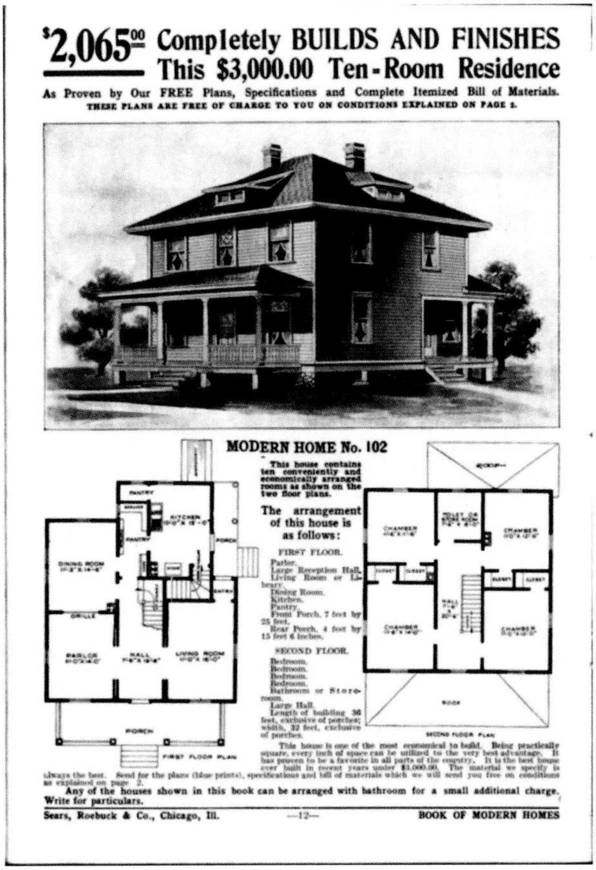

Abbildung 98[135]

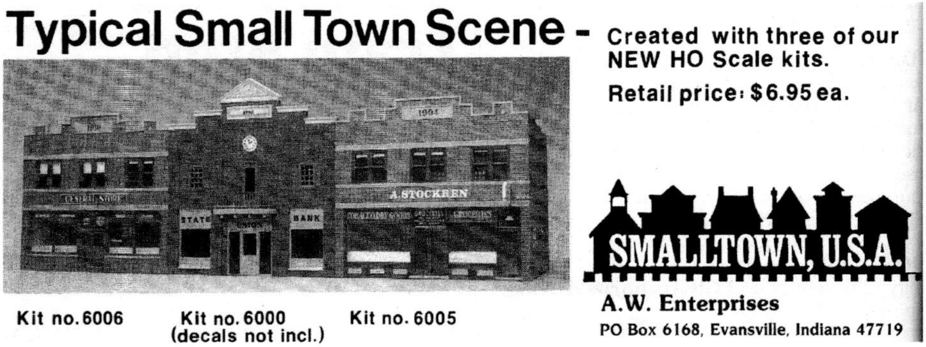

Abbildung 99[136]

135 Quelle: http://cdn2-b.examiner.com/sites/default/files/styles/image_full_width/hash/99/6a/2-Sears-%20plan1908.jpg [30.5.2011].
136 Railroad Model Craftsman 59 (1990), June, S. 32.

Das Sears Roebuck Modern Home steht in Smalltown, USA, wie sie in Abbildung 99 beworben wird: verhältnismäßig einfache, aber signifikante Basisbausätze, die epochenübergreifend von den 1860er Jahren bis heute und für Settings von Boston bis San Diego, von Tampa bis Seattle eingesetzt werden können. Über Smalltown wölbt sich ein ganzer Werte- und Vorstellungshorizont in den Farben der amerikanischen Gesellschaftsgeschichte, der das Attribut „typical" erst erzeugt: Konsum- und Kirchgangsgewohnheiten, Familienbilder, politische und wirtschaftliche Überzeugungen, Vorurteile und Liberalität, Leistungsbereitschaft und zivilbürgerliches Engagement, Jingoismus und Integrationsbereitschaft – letzteres schon deshalb, weil die meisten Amerikaner viele Smalltowns in ihrer Biographie erleben: Smalltown, New Jersey, Smalltown, Texas und das Smalltown, das zwar innerhalb der City Limits von Los Angeles liegt, aber in vielen Aspekten nach den Gesetzen von Smalltown, USA funktioniert.

Abbildung 100[137]

Das Gebäude-Ensemble mit Anleger nach neuenglischem Vorbild in Abbildung 100 ist komplett *from scratch* im wesentlichen aus Holzteilen gebaut. Der *RMC* präsentiert über mehrere Ausgaben hinweg eine detaillierte Bauanleitung, die aus praktischen *step-by-step*-Hinweisen aus der Erfahrung des Erbauers besteht. Im Unterschied zur deutschen Modellbahnfachliteratur z. B. im Eisenbahn- und Modellbahnmagazin[138] handelt es sich dabei nicht um eine streng regulierende Arbeitsordnung im Geist der Facharbeiterprofessionalisierung, sondern um einen bebilderten und mit Bauskizzen versehenen Essay im Stil von *I did it that way and it worked.* Während in deutschen Fachblättern den Anfängern im Modellbau bestenfalls überschaubare

137 Jim Auman, Scratchbuilding New England buildings, Part II, in: Abb.: Railroad Model Craftsman 59 (1990), June, S. 52–56, 52.

138 Vgl. http://www.alba-publikation.de/oxid.php/sid/x/shp/oxbaseshop/cl/alist/cnid/105 [31.5.2011].

Weihnachtsanlagen weitgehend im Rückgriff auf standardisierte Großserienmodelle zugetraut werden, betont der *RMC* das exemplarische und recht komplexe Einzelmodell, dessen Entstehung begleitet wird. Die ironische Selbstrelativierung im Blick auf die eigenen handwerklichen Grenzen und vielfältigen Erfahrungen des Scheiterns gehören ebenso zum Habitus wie ein anerkennender Sportsgeist gegenüber den Modellbauleistungen anderer: beides, vor allem aber ersteres ist eine der deutschen Fachkommunikation fremde Haltung. Deutsche Texte über Modellbau sind bierernst, autoritär im Ton und auf In-group-Bestätigung angelegt. Die einzige mir bekannte Ausnahme von dieser Regel ist der österreichische Schriftsteller und Modellbahnautor Herbert Eisenreich (1925–1986).[139] Eisenreich, selbst ein leidenschaftlicher Modelleisenbahner, veröffentlichte 1968 im Salzburger Residenz-Verlag einen mit literarischer Ambition geschriebenen Modellbahnratgeber unter dem Titel ‚Große Welt auf kleinen Schienen. Das Entstehen einer Modellanlage'.[140] Der Anspruch des Titels wird eingelöst. Zugleich spiegelt Eisenreich in ironischer Ich-Erzählform aber auch die teils beglückenden, teils frustrierenden Erfahrungen mit der Modellbahn in die Perspektive der Beratung des direkt angesprochenen Lesers hinein.

Die Erfolge des vollständigen Neubaus ohne vorgefertigte Teile sollen für sich sprechen; Abbildung 100 bestätigt das einmal mehr: Die Farbigkeit und Eigenart der Formensprache – in diesem Fall der angelehnte Schuppen über mehrere Etagen zur Wasserebene – ist etwas völlig anderes als ein vorsichtig farblich gealtertes Gebäude aus der Bausatzpackung, bei dem der Bastelprozess selbst mit der Beseitigung der Reste industrieller Fertigung in Form der Plastikgrate an den Einzelteilen beginnen muss.

Abbildung 101[141]

139 Vgl. Juliane Köhler, Janusköpfige Welt. Die Kurzgeschichten Herbert Eisenreichs. München 1990; Slawomir Piontek, Der Mythos von der österreichischen Identität. Überlegungen zu Aspekten der Wirklichkeitsmythisierung in Romanen von Albert Paris Gütersloh, Heimito von Doderer und Herbert Eisenreich, Frankfurt am Main u. a. 1999.

140 Herbert Eisenreich, Große Welt auf kleinen Schienen. Das Entstehen einer Modellanlage, Salzburg 1968.

141 Railroad Model Craftsman 59 (1990), June, S. 82.

Tief in der amerikanischen literarischen Schauerromantik verwurzelt ist die Tradition des Unheimlichen und Gespenstischen. Geisterstädte gehören zur Normalität im Westen, aufgegebene, verfallende Gebäude zum Straßenbild in den Städten im ganzen Land. Wer sie im Modell darzustellen versucht, gelangt schnell in die Grenzbereiche des Modellbaus. Der Verfall des Vorbilds in Sonne, Wind und Regen folgt anderen Gesetzen und Geschwindigkeiten als der *indoor*-Alterungsprozess des Modells durch Staub, nachlassende Klebebindung und verblassende Oberflächenfarben. Daher muss die Ruine konzipiert und auf passende Weise in Szene gesetzt werden. Holz ist im Unterschied zu Plastik dafür gut geeignet, weil es leichter formbar ist und Farbe anders aufnimmt als eine Plastikoberfläche. Für manche konstruktiven Teile werden jedoch in erster Linie Plastikfertigteile in Frage kommen, weil ihre Detaillierung aus Holz selbst den pathologischen Miniaturhandwerker überfordert. Puristen sehen das anders und bleiben beim Holz, das dann mit Zahnarzt- und Optikerwerkzeug bearbeitet wird.

Abbildung 102[142]

Abbildung 103[143]

142 Ebd., S. 83.
143 Ebd., S. 130.

Unterhalb der Ästhetik des Spukhauses als Inszenierung einer Gegenwelt zum properen *Suburbia* liegt die harte, nicht nur symbolische Alterung von Bauwerken wie in Abbildung 103, die auf die Anforderungen des Geländesettings, in dem sie stehen, sichtbar zu reagieren scheinen. Der *dirt*, auf dem die Lastwagen hier stehen, liegt als Schleier auf dem Warenhaus und hat seine Wände sandgestrahlt. Häusern, die so aussehen, ist das widerfahren, was John Steinbeck in seiner einleitenden Charakteristik der *dustbowl* Oklahoma in den 1930er Jahren in den ‚Grapes of Wrawth' beschrieben hat:

> „The dust from the roads fluffed up and spread out and fell on the weeds beside the fields, and fell into the fields a little way. Now the wind grew strong and hard and it worked at the rain crust in the corn fields. Little by little the sky was darkened by the mixing dust, and the wind fell over the earth, loosened the dust, and carried it away. The wind grew stronger. The rain crust broke and the dust lifted up out of the fields and drove gray plumes into the air like sluggish smoke. (...) The wind grew stronger, whisked under stones, carried up straws and old leaves, and even little clods, marking its course as it sailed across the fields. The air and the sky darkened and through them the sun shone redly, and there was a raw sting in the air. During a night the wind raced over the land (...). The dawn came, but no day. In the gray sky a red sun appeared, a dim red circle that gave a little light, like dusk; and as that day advanced, the dusk slipped back toward darkness, and the wind cried and whimpered over the fallen corn."[144]

Detaillierung gibt es auch kommoditisiert, als Spitzenbausatz. Abbildung 104 lässt erkennen, was hier im Hochpreisniveau möglich ist. Der habitusgerechte Umgang mit diesem Modell ist der modifizierte Nachbau aus Holz. „ultra-thin urethane wall and roof castings" gehören nicht zu den identitätsstiftenden Baumaterialien, so sehr sich die Abbildung auch bemüht, die Legitimität des Werkstoffes Holz zumindest durch seine symbolische Präsenz auf den Plastikbausatz zu übertragen. Das Motiv der Holzmühle gehört zu den Ur-Bildern der Besiedlung des Landes, aber auch zur modern-konsumgesellschaftlichen Durchformung der amerikanischen Gesellschaft.

Abbildung 104[145]

144 John Steinbeck, The Grapes of Wrath, London 2000 (zuerst New York 1939), S. 4 f.

145 Railroad Model Craftsman 59 (1990), December, S. 19.

Abbildung 105[146]

Abbildung 106[147]

146 Patrick Lawson, CP's Mission, B.C. station, in: Railroad Model Craftsman 60 (1991), February, S. 67–73, 67.

147 Jack Dreibus, The Gold King: Scratchbuilding for the beginner, in: Railroad Model Craftsman 60 (1991), February, S. 92–97, 93.

Das in ‚Wickett's Mill' bearbeitete Holz ist als Werkstoff überall in den USA präsent. Abbildung 105 zeigt ein *from sratch* errichtetes typisches Empfangsgebäude nach einem Vorbild aus dem Bundesstaat Washington. Die Grundform einer langgezogenen Empfangs-, Schalter- und Gepäckhalle mit weit überstehendem, fast bahnsteigartigem Dach mit und ohne Hauptgebäude in der Mitte gehört zu den vielfach variierten, logo-fähigen Grundformen amerikanischer Bahnhofsarchitektur im gesamten Land, die für jeden erkennbar ist.

Ein weiteres Zentralmotiv aus der Geschichte der USA: das H0-Modell einer Goldmine im Westen als Komplettnachbau aus Holz: Er ist das Gegenstück zu dem teuren Mühlenbausatz in Abbildung 104, bis hin zur Foto-Aufstellung in einer ‚natürlichen' Landschaft. Gut erkennbar ist die im Vergleich zum Plastik gute optische Wirkung der Holzoberflächen.

Details

Abbildung 107[148]

Geländeartefakte genießen im amerikanischen Modellbau eine Wertschätzung besonderer Art, unten zwei Beispiele von der Homepage des Ausstattungsherstellers Woodland Scenics.

148 Dick Shapiro, Harry Bonham, On the right track. Make flexible track look more realistic, and reduce the sound, too, in: Railroad Model Craftsman 59 (1990), June, S. 57–60, 57.

Abbildung 108a[149]

Abbildung 108b[150]

In dem *RMC*-Artikel auf Abbildung 109 erläutert der Autor in der Rubrik für Modellfotographie, wie man authentische Bilder inszeniert, in denen Gebäudemodelle ungefähr so spektakulär in die Luft gejagt werden wie beim großen Vorbild der Traumfabrik, deren Praxis hier auch motivierend gewirkt hat. Im Bewussteins des ironischen Zugs der gesamten Unternehmung bietet auch dieser Beitrag praktisches *How-to*-Wissen, an dessen Ende das ‚Kaboom' stehen kann. Was aus europäischer Modellbauperspektive abseitig, ja provozierend wirkt, weist einmal mehr auf den in den USA besonders ausgeprägten interaktiven Zusammenhang von Modellbau und dem Medium Fotographie und Film hin. Der amerikanische Modellbau hat einen starken anti-idyllischen Zug, der hier mit den Mitteln perfekter Illusionstechnik zum Tragen kommt.

Neben avancierten Tricks zur medialen Darstellung bietet der *RMC* auch Praxistipps, deren Sitz im Leben auf den amerikanischen Alltag verweist. Der Text in Abbildung 110 rät dazu, aus den Stäben zum Umrühren von Kaffee, die es an jedem Kaffeeautomaten und zu jedem *coffee to go* gibt, Markierungen für die elektrischen Schaltungen auf der Modellbahnanlage herzustellen. Defizite der Vorbildlichkeit – „slightly oversize for H0" – räumt der Autor ein, gibt aber der Praktikabilität den Vorzug.

149 Quelle: http://woodlandscenics.woodlandscenics.com/index.cfm [1.6.2011].
150 Ebd.

"Kaboom!"

A different type of special effect/**Dwayne Easterling**

Did you ever get the idea that Hollywood is the biggest customer of dynamite in the world? It always amazes me that a car could just start to go over a cliff no steeper than my driveway and blow itself to smithereens. If nothing else, it makes for exciting footage. Now, I'll admit that a photo of a dynamite blast is not going to be needed all that often in the world of model railroad photography, but ever since Jim Wild and I "blew up" the town of Helper on his old HOn3 Colorado & Northern layout (RAILROAD MODEL CRAFTSMAN, October, 1986), we have been asked many times how it was done.

I believe that one of the first modelers to indulge in whimsey like this was the late E.L. Moore. E.L. was a very prolific author who introduced many ideas that are widely used in the hobby today. For one of his humorous offerings, he constructed an HO scale dynamite factory, then placed a lit firecracker inside the building, set the camera on motor drive, and got a sequence of photos of the building actually blowing up.

When I brought up the idea of blowing up his layout to Jim, he became quite stuffy. Real powder was out (the kind with XXXX on the barrel in old movies and cartoons), he said, so we had to resort to a special effect to simulate the blast.

The smoke and dust cloud created by the detonation was provided by three cotton balls. The cotton was stretched out into the basic explosion shape in much the same way that the cloud of mist that contained the rainbow was done for "Rainbows in the mist" in the February, 1990, RMC. The actual "blast" was done by cutting out a starfish-shaped piece of aluminum foil. The irregularly-shaped foil was about an inch and a half in diameter at the center, with radiating arms an inch or so long. The blast center was glued with contact cement to the center of the cotton. A black thread was glued behind the whole prop; the thread is needed to move the cotton during the exposure.

We found it was impossible to hold the cotton in the upright position required so we glued a three-inch piece of stripwood to its back vertically. The thread was tied to the top of the wood, allowing the cotton to hang straight up and down.

Next, two studio lights were set up. The main light was very near the camera. Normally, I like to have the light at least several feet away from the camera and models and have it angle more or less downwards onto the scene to represent sunlight. The other light was pointed at the ceiling of the layout room. Light reflecting from the ceiling provided a nice fill light.

The special-effect "blast" was lowered into place in front of the target building and the main light was adjusted to reflect directly off the shiney aluminum foil. Normally, we do not want any part of a special effect to reflect light, but in this case, the reflection is what gives the effect.

Once the light was set, the "blast cloud" was removed from the scene and an exposure reading was taken. It is important to avoid taking a reading from the aluminum, since it would lead to everything else in the scene being very underexposed. The buildings and scenery must be correctly exposed, and the dynamite blast has to be overexposed; that's what gives the "flash of light" effect we are after.

One more thing. We set up a figure in the foreground with a dynamite plunger so people could figure out what was supposed to be happening. He was a little close to the explosion, but we only needed his services once.

Jim operated the special effect. He vibrated and danced the cotton for about a second and a half of a three-second exposure. The streaks of flying shrapnel and sparks were caused by the reflections on the foil as Jim pulled the cotton up and out of the picture.

The result is that we got to blow up a town, but Jim still had buildings to sell at a swap meet. The town of Helper helped him in his switch to Sn3.

What could you do with this technique? How about staging a spectacular wreck? Remember the 1952 Paramount movie called *Denver and Rio Grande*? It starred Edmund O'Brien. The Hollywood folks tied dynamite to the pilots of two narrow gauge engines and ran them into each other on the Silverton Branch. Both engines had to be scrapped. You could do the same thing, but without the sinful waste of two perfectly good engines.

Or, you could build a model of the place you work. . . .

Going, going, gone. It's not done with mirrors, but with shiney aluminum foil and cotton. Moving the blast prop during a time exposure simulates a giant explosion.

RAILROAD MODEL CRAFTSMAN 107

Abbildung 109[151]

151 Dwayne Easterling, "Kaboom!" A different type of special effect, in: Railroad Model Craftsman 59 (1990), July, S. 107.

Making switch markers

Coffee stirrers from a fast food restaurant can be used to mark turnouts/**Charles Hague**

One of the drawbacks of remotely-controlled turnouts is remembering which lever operates which switch. In a congested area like Thorne Yard on the Blue Island Terminal, where many switches are adjacent to each other, the situation can be very confusing. Anyone who has ever stood at a strange control panel pulling knobs, flipping toggle switches or pushing push buttons until he found the right one will agree.

I solved this problem by labeling each switch in the yard with its lever number. The markers are made from the coffee stirrers handed out by a certain well-known fast-food restaurant. These have a shape that resembles the concrete posts used by prototype railroads for whistle boards, mileposts and so forth.

Start by collecting stirrers—the hard white plastic kind that have a flat blade 1/4″ wide. The server will usually give you a few extra if you ask, and you can collect them from friends.

If you want markers with numbers on both sides, file down the extension of the handle that overlaps the stirring paddle so that both of its sides are flat. Then cut off the end of the paddle, leaving a piece about 1/4″ long, and shape it to your individual taste. The top of the sign can be flat, slightly curved, round, or pointed.

After shaping, apply a 3/16″-high press-on letter or number to one or both sides. Then spray lightly with "Concrete" or "Grime" to kill the stark white plastic look. Finally, cut off the handle, leaving about an inch for mounting the sign in the roadbed.

The resulting marker looks pretty good and is readable from a distance, although it is slightly oversize for HO. Still, this is certainly a small price to pay for the improvement in operations the markers provide.

MODEL PHOTOS BY CHARLES HAGUE

Quickly relating the turnouts on the layout to the push-buttons, toggles or choke cables on the track diagram of a control panel can be difficult. The author recycled coffee stirrers and made numbered markers which could be placed by the switch points.

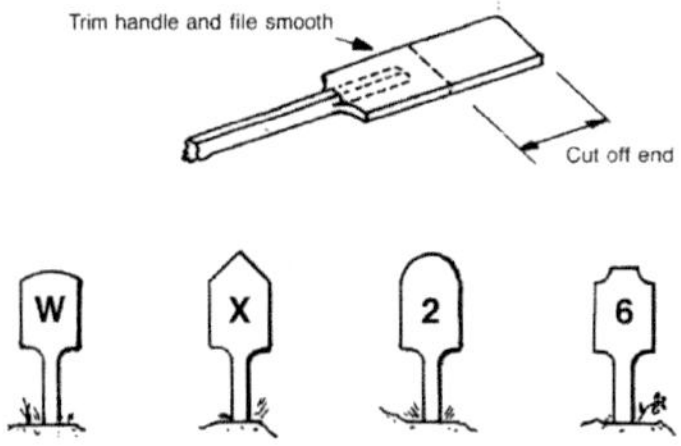

72 SEPTEMBER 1990

Abbildung 110[152]

152 Charles Hague, Making switch markers, in: Railroad Model Craftsman 59 (1990), September, S. 72.

Abbildung 111a[153]

153 Railroad Model Craftsman 59 (1990), September, S. 10.

Abbildung 111b[154]

Diese Werbung für *Christmas cards* aus dem *RMC* schöpft aus dem Formen- und Motivkanon amerikanischer Eisenbahnen: Großstadtszenen und Reminiszenzen typischer Landschaften, berühmte Züge mit klingenden Namen und *Hillbilly*-Bahnen präsentieren die Weihnachtsbotschaft in eisenbahngeschichtlicher Codierung. Dieser dekorative Illusionismus ist nicht der Pfad, für den der *MRC* steht, so graphisch anspruchsvoll einige Bilder auch sind.

154 Ebd., S. 10.

Abbildung 112[155]

Hier sehen wir das reduzierte, nur den Fachmann ansprechende Formenalphabet amerikanischer Eisenbahn aus einer *RMC*-Werbeanzeige, die viel Information auf geringem Raum bietet. Es ist das anspruchsvolle Rohmaterial, dessen vereinfachte Minimalpräsentation daran erinnert, dass das Eigentliche und das Kreative auf seiner Grundlage erst noch zu leisten ist.

155 Railroad Model Craftsman 60 (1991), March, S. 14.

Kompetenzen des amerikanischen H0-Modelleisenbahners?

Dieser Bildessay ließe sich leicht fortschreiben, was hinsichtlich der schönen Bilder immer, im Verhältnis zum Erkenntnisgewinn nur bedingt wünschenswert wäre. Lassen sich nun vor dem Hintergrund des Gezeigten und im Ansatz Diskutierten oberhalb trivialer zirkelschlüssiger Bestätigung von Raum- und Zeitbezogenheit allen Modellbaus allgemeine Aussagen über die Kompetenzen des amerikanischen H0-Modelleisenbahners treffen, die sich in Bild und Text des *RMC* spiegeln? Ich meine ja, und möchte, orientiert an Kurt Mösers ‚Fahren und Fliegen', einige Stichpunkte festhalten.

- Selbstartikulationskompetenz: Die besondere Wertschätzung im amerikanischen Modelleisenbahnbau gilt dem Selbermachen und Selbstgestalten. Wer sich dieser *frontier* im Fahrzeug-, Gebäude- und/oder Landschaftsbau stellt und darin seinen individuellen Weg zu einer sozialen Konstruktion in H0 findet, genießt die Wertschätzung der *peers* und kann an der thematischen, nicht: Fachkommunikation partizipieren. Erforderlich ist dafür eine genaue Wahrnehmung des Vorbilds und eine vorurteilslose Bereitschaft zur Entwicklung eigener handwerklicher Routinen – *craftsmanship* – durch *learning by doing* und *trial and error*. Gerade darin artikuliert sich der Ego-Aspekt.
- Thematische Kommunikationskompetenz: Die Beschreibung des eigenen Wegs im Modellbahnbau respektiert die Pluralität der Zugänge und Interessen zu diesem Thema und präsentiert sich ohne Scheu vor Ironie vor dem lockeren Erfahrungsbericht mit dem Tenor *I did it that way and it worked.* Besonders wichtig ist die allgemein akzeptierte, gleichsam sportlich zu verstehende Voraussetzungslosigkeit und die Prämisse, jedem alles verständlich erklären zu können. Dabei geht es nicht um exklusive Fach-, sondern integrierende Kommunikation. Die Qualitätsverschiedenheiten erschließen sich durch den Anforderungsgrad des Geleisteten und – wie in jedem guten Essay – durch den Esprit der Darstellung.
- Symbolische Repräsentationskompetenz: Amerikanische Modelleisenbahner senden nicht nur Ego-Signale, sondern bewirtschaften auch ein Feld symbolischer Repräsentation spezifisch nationaler Zugänge u. a. zu Technik, Mobilität und sozialem Wandel. Dafür gibt es ein Bewusstsein oberhalb lokaler und regionaler Identitäten. Dargestellt werden nicht irgendwelche, sondern charakteristische Landschaften und Technotope der USA. Die Repräsentationskompetenz liegt im dem Bereich der Fähigkeit zur Dechiffrierung sozial-historischer Kontexte eines Epochenstils und ihrer symbolischen Reproduktion und Reduktion im Modell. In diesem Gesichtspunkt liegt ein gewichtiges Argument gegen den oft von Europäern gegenüber Amerikanern geäußerten Vorwurf der ‚Geschichtslosigkeit'. Im

Entstehungsprozess einer amerikanischen H0-Modelleisenbahn steckt der Musterfall des hermeneutischen Prozesses des historischen Verstehens und Einfühlens, dessen Resultate in Form der dreidimensionalen Narratio mindestens so aussagekräftig sein können wie Texte.

- Mediale Inszenierungskompetenz: Dieser Bereich wäre noch intensiver auszuleuchten. Mir scheint festzustehen, dass amerikanische Modelleisenbahner ein besonders enges Verhältnis zur bildlichen Inszenierung ihrer Anlagen haben, das über die Orientierung an Vorbildfotos hinausgeht. Die (Rück-)überführung des Modells ins Bild hat einen besonderen Wert für die Erkennbarkeit des Plots einer 3-D-Erzählung in Modellanlagenform.

Viele weitere Aspekte sind denkbar, einer sei hier zumindest bildlich angesprochen, da er allen anderen zugrunde liegt: die bleibende, generationenübergreifende Faszination dieses Feldes der sozialen Konstruktion.

Einzelbild mit Auto, 1968–1987

Wenn ich im Fotoalbum richtig zähle, ist es das vierte erhaltene Foto, das mein Vater von mir gemacht hat. Ein Schwarzweißbild, in der Grundschullehrerinnenhandschrift meiner Mutter datiert auf den 2. Advent 1968. Ich bin ungefähr vier Wochen alt, mein älterer Bruder hält mich auf dem Arm. Er steht im Erker unseres Osnabrücker Wohnzimmers, dessen Sprossenfensterscheiben innen angelaufen sind, während der nasskalte Dezemberregen von außen an ihnen herunterläuft. Die Kastenbrille meines gerade zwölf Jahre alt gewordenen Bruders spricht die Formensprache der 60er Jahre und ist einer der wenigen Anhaltspunkte, die eine zeitliche Einordnung des Fotos ermöglichen, das in seiner Genrehaftigkeit irgendwann zwischen 1950 und 1980 hätte aufgenommen worden sein können. Hinter dem Regenvorhang sieht man die unspektakuläre 50er-Jahresbebauung auf der anderen Straßenseite, die ein variiertes Spiegelbild des Vierfamilienhauses ist, in dem wir seit den frühen 1960er Jahren wohnen. Die Straße ist noch recht breit. Sie wird seit den späten 70er Jahren zugunsten eines auf beiden Seiten verbreiterten Bürgersteigs mit Fuß- und Fahrradweg schmaler werden, obwohl hier eine Stadtbuslinie verläuft. Dieser Neumöblierung des Straßenraums fallen auch die letzten Straßenbirken zum Opfer. Vor dem Nachbarhaus gegenüber parkt ein dunkler, wahrscheinlich schwarzer VW 1200.

Abbildung 113
Ein Siku-VW 1200 im Gebrauchtwagenzustand.[156]

Bereits das vierte, von mir gemachte Bild ist eines mit Auto. Mein Säuglingskopf entspricht, abgesehen von einigen Unwilligkeitsfalten, ziemlich genau der Linienführung des Käfers. Eine Fotoalbumsseite weiter hält mich mein Bruder immer noch, die Erkerscheiben sind noch stärker beschlagen, und dieses Foto dokumentiert nicht nur den ruhenden Verkehr auf der Ameldungstraße: ein neuerer VW 1300 begegnet einem 190er Mercedes, der Regen und die Unschärfe des Bildes verwischen die Bewegungslinien der Fahrzeuge. Mein Lehrervater war kein Kunstkenner, aber er hat durch das dargestellte Arrangement instinktiv eine Bildtradition getroffen: die Präsentation des Neugeborenen in seiner sozialen Welt, und diese Welt ist 1968 in hohem Maß automobil. Die Dokumentation der Taufe ist autofrei, da nur Gruppenensembles in geschlossenen Räumen festgehalten wurden. Im charakteristisch nordwestdeutschen, schneefreien Januar 1969 kommt meine Mutter mit der Belichtung der gar nicht so schlechten DDR-Kame-

156 Quelle: http://img1.classistatic.com/cps/bln/101106/687r7/6715g3m_23.jpeg [19.7.2011].

ra nicht zurande. Mein Bruder und mein Vater stehen mit dem hochbeinigen Kinderwagen vor dem Vorgarten, der Blick geht die Ameldungstraße westlich entlang. Ein VW 1500 Variant ist gerade vorbeigefahren, neben dem nächsten Haus steht der BMW 1500 des Nachbarn, eines freundlichen bürgerlichen Herren, von dem ich später nur wusste, dass er etwas mit der freien Wirtschaft zu tun hatte und besser nicht an die NS-Zeit erinnert werden sollte.

Abbildung 114
Ein BMW 1500, annähernd in H0, von Schuco.[157]

Die winterlich kahlen Birken geben der Straße eine schöne Gliederung, ihr filigranes Geäst trifft sich mit dem der Vorgartenbäume. Passanten sind nicht zu sehen, wahrscheinlich ist das Bild um die Mittagszeit aufgenommen, und die ist in Osnabrück heilig. Einige Geburtstage, Urlaube und Familienfeste laufen jetzt durch, bis im November 1969 ein Blick in die andere, die östliche, Straßenrichtung festgehalten wird. Es ist einer dieser hintergründig beleuchteten Spätherbsttage im westlichen Niedersachsen, bei denen das Licht aus dem Boden selbst zu kommen scheint. Das Farbfoto hat das gut getroffen. Meine Mutter hält mich an der Hand. Sie trägt einen braunen dreiviertellangen Mantel mit Pelzbesatz im Schnitt der frühen 60er Jahre, den meine Freundin und spätere Frau bei einem Besuch vom Dachboden herunterholen wird. Im Bildhintergrund rechts parkt vor der Aula meines späteren Gymnasiums, das damals noch eine Oberschule für Mädchen mit Hauswirtschaftszweig ist, eine weiße Ford-Badewanne. Die Verkehrsschilder entsprechen noch der alten StVO und wirken winzig an den Straßenlampen. Der Straßenzustand ist schlecht: der Belag wirkt rissig und rauh und lässt unterschiedliche Bearbeitungsstände erkennen. Die Bordsteinkanten und Fahrbahnränder spiegeln noch nicht die Standardisierung seit den 70er Jahren, was dem Straßenraum ein zeitloses Flair gibt. Die Einheitlichkeit ist immer zeitgebunden.

Langeoog ist nicht nur fester Teil des Jahresgangs, es gehört einer eigenen, parallellaufenden Zeitrechnung an, die mindestens zweimal jährlich in Kraft tritt. Die Insel ist autofrei, aber ihr Strand ist für ein Kind die schönste Verkehrsfläche überhaupt. Im August 1971 hält ein Schwarzweißbild den an sich orange-grünen Zweiachs-Kipper nach amerikanischem Mack-Vorbild fest, der ein wenig über das Ende seines sozialen Lebens hinaus auf die Insel mitgenommen wird. Die gefühlten Tonnen trockenen und festen Sands sowie die an der Schnur gezogenen Kilometer am Wasserrand sind nicht in realen Maßen quantifizierbar, sondern mit dem Kontinuum der Kindheit identisch. Über die Jahre machte das Nordseewasser das Plastik sprö-

157 Quelle: http://www.trutzel.com/tipp/artikel.php?pfad=2&offset=0&order=es_artikel.bezeichnung&liste=kategorie&artikel=227 [19.7.2011].

de und blass, aber an der Funktionalität änderte das nichts. Mein Vater beugt sich über den Strandkorb, den eine wenig ambitionierte, lediglich angedeutete Strandburg umgibt: er hatte in elf Jahren sowjetischer Kriegsgefangenschaft genug symbolische körperliche Arbeit verrichtet, um dafür noch empfänglich zu sein. Seine Schwiegermutter, Jahrgang 1899, und stets betonend, dass sie im bürgerlichen Charlottenburg, nicht im proletarischen Berlin, geboren wurde, sitzt neben ihm: in der Urlaubs- wie in der Alltagsrealität, als zweite und eigentliche Patriarchin, wo und was immer auch der junge Mann ihrer Tochter sein mochte. Von ihr wird erzählt, dass sie sich als Wahlbürgerin in einer unangenehmen Klemme befand. Sie hätte so gern Adenauer und seine Partei gewählt, wäre der Mann nur eines nicht gewesen: nicht katholisch oder nicht Rheinländer. Deshalb wählte sie seit 1956 gegen alle ihre unerschütterlichen bürgerlich-konfessionellen Überzeugungen SPD. Helmut Schmidt erleichterte ihr das.

Abbildung 115
Der Ford 17M von Siku.[158]

Weihnachten 1971, ich bin gerade drei Jahre alt geworden, bringt mir die erste Form eigener Automobilität in Form eines roten Tretautos. Sein Äußeres ist eine gefällige, suggestive Mischung des frühen amerikanischen 70er-Jahresautobaus mit einer Kühlergrillanleihe beim Ford Mustang. Das kindliche Auge stört sich noch nicht am viel zu großen weißen Lenkrad, das zudem ebenso schwergängig ist wie der Pedalantrieb. Große Geschwindigkeiten lassen sich nicht erreichen, die teureren KettCars sind wesentlich schneller – dafür sehen sie allerdings auch nicht wie ein richtiges Auto aus. Die Witterungsbedingungen im Nordwesten verhindern meistens einen Einsatz im Freien. Hinter dem Haus und vor den Gärten jeder Mietpartei gibt es einen Plattenweg, auf dem ich selten genug hin- und herfahren kann, zudem ist der Lärm durch die Hartplastikreifen nicht gering und dürfte die Hausmitbewohner gelegentlich so gefoltert haben wie mich Jahrzehnte später das schwer erträgliche Fahrgeräusch von Bobby-Cars, die

Abbildung 116
Ein Mack-Kipper von Matchbox, ungefähr 1968–70, ein anderes kulturelles Abbild des Vorbilds für meinen Plastik-Kipper.[159]

158 Quelle: http://www.diecastlovers.com/normale/Siku_Ford_17M_Wrcf.jpg [19.7.2011].
159 Quelle: http://cgi.ebay.de/No-28-MACK-DUMP-TRUCK-Kipper-Matchbox-Lesney-1968-1970-/250823717525 [19.7.2011].

heute zur kleinkindlichen Mobilitätssozialisation gehören. Der Bürgersteig vor dem Haus gilt wegen des städtischen Verkehrsaufkommens als zu gefährlich. Auf anderem als ebenem Untergrund, im Gras oder auf Waldboden, ist das Auto kaum zu bewegen. Für abschüssige Strecken taugt es nicht, da jede Bremse fehlt. Schon bald haben die Wände und weißlackierten Türen unserer Wohnung deutliche Benutzungsspuren von rotem Plastikabrieb, und die Erwachsenen klagen über blaue Flecken, da mein Fahrverhalten intuitiv die für den frühen Automobilisten charakteristische möglichst effektive Fußgängerjagd imitiert. Dazu passt ein überdimensioniertes Hupenhorn.

Ostern 1972, schwarz-weiß. Ich sitze auf der Rückbank des VW 1200 meiner Mutter und werde durch das schön geschwungene Rückfenster, das in diesem Ausschnitt flugzeughaft wirkt, fotographiert. Das Familienauto, die hellblaue DS Baujahr 1957 mit weißem Dach, war dem Familienoberhaupt vorbehalten. Meine Mutter hatte für die nahen Ziele innerhalb der Stadt ihren schwarzen Käfer Baujahr 1956. Mit leicht fragendem Blick halte ich den in zweiter Generation in Gebrauch befindlichen Teddy Conny im Arm, ein etwas räudiges, tatsächlich mit Strohhecksel gefülltes Geschenk der Ost-Berliner Verwandtschaft an meinen Bruder. Wahrscheinlich steckt in der Namensgebung Conny eine Art des antibolschewistischen Exorzismus. Jedenfalls hatte meine Mutter für Conny eine jankerartige Bekleidung gehäkelt, die ihm trotz, oder: wegen seiner armseligen Substanz eines gewisse bajuwarische Noblesse verlieh – und ihn angenehmer in der Handhabung machte, denn das Ost-Stroh ragte gelegentlich aus Connys Bauch. Übrigens hat er die Systemgrenze mehrfach überquert, so bei Besuchen in Ost-Berlin. Kurz vor dem Abitur – die DDR gab es noch – fand ich es schick, ihm eine rote Papiernelke an seinen Janker zu heften. Heute sitzt Conny im Olymp diffuser familien- und musikgeschichtlicher Memorabilien auf einer Fensterbank im Studio meines Bruders, und ich muss und darf kritisch anmerken, dass ich ihn nie so habe verstauben lassen.

Abbildung 117
Das Familienfahrzeug, 1957–75, allerdings in anderer Farbgebung von Siku in Plastikausführung. Unsere DS war hellblau mit weißem Dach, aber die Linienführung stimmt.[160]

Im Juni 1972 hält mein Vater in Farbe die Teilnahme an einem Osnabrücker Schützenfest teil, jenem eigentümlichen Ritual neuerfundener Traditionen in Deutschlands Nordwesten, um dem gar nicht so sanften Modernisierungsdruck ein Stück Identität entgegenzusetzen. Wir müssen nicht weit lau-

160 Quelle: http://i13.ebayimg.com/02/i/001/07/3b/a1b3_35.JPG [19.7.2011].

fen, die traditionell Kostümierten in ihren Phantasieuniformen ziehen durch die Iburger Straße in unserer Nähe. Mit weißem Hemd, weißer, kurzer Hose und weißen Socken stehe ich an der Hand meiner schon recht ergrauten Mutter – sie war so alt wie ich heute, 43, als ich geboren wurde – vor einem mittelblauen NSU Prinz. Blechbläser und Bratwursthauch muss man sich dazudenken. Meiner Erinnerung nach hat es keine Wiederholung eines Schützenfestbesuchs gegeben, sie ist jedenfalls nicht bildlich nachweisbar. Meine Eltern aus der HJ- bzw. BDM-Generation kultivieren einen sie unter ihren Altersgenossen isolierenden körperlichen Ekel vor Uniformierung, der ihnen den Spaß an solchen Vergnügungen nimmt. Heute bilde ich mir ein, dass man das sehen kann. Irgendetwas in mir wird später gegen ihre allzeit liberale Linksbürgerlichkeit und ihren notorischen EKD-Pazifismus der zeitgeschichtlich gebrannten Kinder rebellieren. Vielleicht schockiere ich meine Eltern genau deshalb später so vorübergehend wie effektiv mit dem Wunsch, als Berufsoffizier der Bundeswehr Jura zu studieren. Mein Vater ist indigniert, meine Mutter treffe ich damit tief. Sie kommt über das Trauma eines älteren Bruders nicht hinweg, der 1944 als Luftwaffenoffiziersanwärter in Frankreich mit einer HE-111 abgestürzt ist.

Abbildung 118
Die Nachfolge-DS von Siku mit charakteristischer Bereifung, bei uns in Gebrauch von 1975–2001, allerdings ohne Beule in der Fahrertür und in einem dezenteren metallic-blau.[161]

Im September 1972 sitzen mein Vater, seine Schwiegermutter und ich auf einer der neuen in Beton gefassten, etwas unmotivierten Sitzecken am Ende der Johannisstraße und mit Blick über den Neumarkt in die Große Straße, Osnabrücks Einkaufsparadies. Osnabrück führt die Fußgängerzone ein, daher ist die innerstädtische Haupteinkaufsstraße eine abgesperrte Großbaustelle, vor der hinter uns die Kühlerhaube eines neuen VW 1300 sichtbar wird. Konsum und Automobilität gehen von nun an getrennt regulierte Wege, aber das ist wohl nicht der Anlass für den grimmigen Gesichtsausdruck meines Vaters, der sich im hellen Sommeranzug mit übergelegtem Hemdkragen und doppelspitzigem Einstecktuch nicht am

Abbildung 119
Zwei NSU-Prinz in H0.[162]

161 Quelle: http://farm6.static.flickr.com/5249/5291071385_57f337dd80.jpg [19.7.2011].
162 Quelle: http://www.stummiforum.de/viewtopic.php?f=51&t=42457&start=225 [19.7.2011].

Platz zu fühlen scheint. Dafür mag es manchen Grund geben: das Zwei-Frauen-Regiment, der nie verwirklichte Berufswunsch des Rundfunk-Entertainers, der Alltagsfrust in Schule und PH in einer Zeit brutaler Bildungsreformen, vielleicht ja auch die bange Frage, was aus seinen Söhnen einmal werden kann, zumal aus dem älteren mit seinen musikalischen Neigungen. Mein Vater macht tapfer mit, lebt den pädagogischen Impetus, und fährt den Älteren zu Rockkonzerten in die Halle Münsterland, u. a. zu einem Auftritt von The Who. Das Zerstören von Gitarren irritiert ihn nachhaltig, aber er versucht, eine Lektion zu lernen. Um seine Schüler besser zu verstehen.

Auch in meine Kindheit gehört ein Parkhaus für Matchbox- und ähnliche Autos in den Maßstäben 1 : 100, 1 : 80 und 1 : 60, das im März 1973 in Farbe festgehalten wird. Es dürfte Weihnachten 1972 in unsere Familie getreten sein. Das Artefakt, seinerzeit ein Standard in der Spielwarenabteilung jedes Kaufhauses, ist heute selten geworden. Seine Infrastruktur ist stets ähnlich. Auf einer Grundplatte befindet sich im Vordergrund eine Tankstelle mit mehreren, unmaßstäblichen Zapfsäulen. Deren Beschriftung wie die des gesamten Spielzeugs ist internationales Autofahrer-Englisch und national nicht zuzuordnen: Garage, Parking, Lift, Service Station, Stop. Über eine Rampe können die Autos der Matchbox- und Siku-Größe auf eine um 90 Grad drehbare Hebebühne geschoben werden, die durch einen Hebel bedient wird und die Fahrzeuge in einen Autoaufzug rollen lässt. Dessen Bedienung erfolgt über eine Kurbel auf dem Gebäudedach und bringt die Parkhausbenutzer auf eines von zwei Parkdecks und auf die Höhe eines dritten Geschosses. Dort kippt der Aufzug die Fahrzeuge seitlich herunter, damit sie in der Folge die abschüssige Rampe bis zur Bodenplatte von selbst herunterrollen. Meistens funktioniert das jedoch nicht, weil die Räder nicht optimal aufgehängt, die Achsen verbogen oder die Fahrzeugkörper zu leicht sind, was vor allem für alte Matchboxmodelle gilt. Mein metallic-dunkelblauer Opel Admiral A war für die engen Kurven zu lang und blieb in den Plastikbahnen hängen. Die

Abbildung 120
Mein Opel Admiral A von Siku mit Wohnwagen, leider nur ist das Blau hier nachlackiert.[163]

163 Quelle: http://www.opelparty.de/Berichte/b20.htm [19.7.2011].

wichtigste Spielfunktion des Parkhauses ist also nicht das Parken, sondern eine merkwürdige Variante des Fahrens. Auf dem Vorplatz des Parkhauses hält das Bild einen schrottplatzartigen Berg von erheblich zerspielten Autos fest, darunter manche, die ich heute unter Glas stellen würde: ein gelber VW T1 von Siku, ein französischer Container-LKW von Majorette im Maßstab 1 : 100, der auch im Hintergrund einer H0-Modellbahn hätte verkehren können.

Abbildung 121
Ein überirdisch WC-fliesenblauer VW T1 von Siku, ca. 1963/64.[164]

Pfingsten 1973 werden meine Mutter und ich auf dem Parkplatz des Sportflugplatzes in Atter bei Osnabrück in Farbe festgehalten. Wir fahren gern dorthin, um die Starts und Landungen der Cessnas und Pipers aus der Nähe zu sehen. Meine Mutter trägt eine Sonnenbrille und der Schwung ihrer Haare in Verbindung mit ihrem Gesichtsausdruck scheint mir migräneverdächtig: zeitlebens ließ sie diese Geißel nicht los, die Reisen in das alpennahe Föhngebiet für sie zum Horror machte. Der Himmel ist grau-bedeckt, unsere Bekleidung nicht sommerlich. Ich trage einen janker-artigen Strickanzug über dem Hemd und ein Tirolerhütchen, das offenbar den Erwachsenen gefiel. Eine gewisse Neigung zum alpenländischen Zitat war in der Familie endemisch, wahrscheinlich stand das nur für das interessante Fremde an sich. Wie gern hätte mein Vater fünfzehn Jahre später gesehen und bezahlt, dass ich in München studiere, aber das wird für mich nicht in Frage kommen. Arrogant ziehe ich eine gedachte Linie von Hamburg nach Berlin, unterhalb derer ich für mich und an sich interessantes Leben ausschließe, beginne dann in Frankfurt am Main zu studieren und werde bis heute nicht mehr nördlich des Mains wohnen: teleologischer Autopilot oder eben doch genetisch. 1973 stehen wir vor dem Jägerzaun, der die Graspiste vom Parkplatz trennt. Eigentlich ist der kleine Flugplatz ein Drive-in, und bei schlechtem Wetter bleiben auch wir einfach im Auto sitzen und folgen von dort dem Geschehen. Hinter uns parken ein dunkelblauer R4 und zwei weiße Käfer unterschiedlicher Baujahre.

Abbildung 122
Ein Majorette-R4 mit Kastenaufbau, erheblich zerspielt.[165]

164 Quelle: http://www.sikuner.de.tl/V-211-VW_Bus.htm [19.7.2011].
165 Quelle. http://urun.gittigidiyor.com/Majorette-Renault-4-L-Fransiz-yapimi_W0QQidZZ40066368#aciklama [19.7.2011].

Irgendwann im Sommer 1973 stehe ich im Osnabrücker Zoo unter anderen Kindern etwas ratlos vor einem Kinderwagen, in dem ein junger, wirr behaarter Schimpanse sitzt und vorgeführt wird. Ich habe meistens ein Matchboxauto in der Hand, hier halte ich es dem glubschäugigen Affen hin. Es ist ordentlicherweise noch in seiner Hotwheel-Pappschachtel und in diesem Moment das Beste, was ich anzubieten habe. Das Tier interessiert sich sichtlich nicht dafür, sondern äugt charmierend zu einem neben mir stehenden blond-bezopften Mädchen. Vielleicht bin ich ja deshalb kein Tierfreund geworden und habe stets Mobilitätsartefakte Tieren vorgezogen. Das Herumtragen von Autos habe ich wohl lange beibehalten. Wo ich bin, ist zumindest ein Auto. Wahrscheinlich geben sie handhabbare, heute zählbare Sicherheit auf meiner Modellbahnanlage.

Abbildung 123
Tatsächlich handelte es sich um dieses Phantasiemodell mit übrigens ausgezeichneten Fahreigenschaften. Das Internet ist ein unerschöpfliches Gedächtnis der materiellen Welt.[166]

Ostern 1974 wird an einem kühl-sonnigen Tag ein Spaziergang in den Schölerberg in schwarz-weiß festgehalten. Der Hemdkragen meines Vaters ist 70er-jahrestypisch lang, die Krawatte ist breit, was im hochsitzenden Ausschnitt des schon älteren Wintermantels kurios aussieht. Stolz war er auf seine lange getragene, starkrandige Brille, die ihn mit dem britischen Premier James Callaghan verband. Wie er sie verlor, ist eine Novelle für sich, zumal ich darin die unrühmliche Hauptrolle spiele. Die Braunbären im Osnabrücker Zoo durften mit Hühnerknochen gefüttert werden, die sie in sonderbare Verzückung versetzen konnten. Trotz entsprechender Ermahnungen zur Mäßigung brachte ich es irgendwann in meiner Grundschulzeit beim Werfen der Knochen fertig, die Callaghan-Brille meines Vaters in das Bärengehege zu befördern: ein weiterer Grund für meine Tierabneigung. Die Wärter taten ihr Möglichstes, aber sie konnten nur noch Bruch bergen. Vorwurfslos und um so effektiver trug mein Vater einige Zeit eine 60erjahres-Brille, deren Stärken sicherlich nicht passten. Die Botschaft kam an. Der weiße VW 1500 Variant, an dem wir Ostern 1975 vorbeigehen, hat in seinem automobilsozialen Leben schon mehr erlebt als ich.

Abbildung 124
Ein Siku-VW 1500 Variant in grün.[167]

166 Quelle: http://www.hood.de/img1/full/1820/18207822.jpg [19.7.2011].
167 Quelle: http://www.toycar-shop.de/Siku-V200/Fahrzeuge/Siku-V247-VW-1500-Variant-OVP.html [19.7.2011].

Am 3. Mai 1975 verabschiedet mich der evangelische Kindergarten, den ich nur sporadisch besucht habe. Meine Mutter hatte das genötigt, ihre Grundschullehrerinnentätigkeit nach meinen Launen zu organisieren. Mit meiner Einschulung gab sie ihre Berufstätigkeit ganz auf. Ich sitze auf einem unförmigen, nassen Pony, gerade eben hat es noch Bindfäden geregnet, und ich drehe auf der Wiese vor dem Gemeindegrundstück Kreise, ein Papierhütchen auf dem Kopf. Das Frühjahr ist Anfang Mai 1975 noch nicht sehr fortgeschritten, und das passt zu der grauen Tristesse des Siedlungsbaus aus den 50er Jahren. Vielleicht kommt mir aufgrund solcher Anschauung die neue Plattenbausiedlung in Ost-Berlin, in der meine Tante mit ihrer Familie wohnte, begehrenswert vor. Der Kindergarten ist rundherum eingeparkt, von der bescheidenen Höhe des Ponys kann ich gerade über die Autodächer sehen. Am Bildrand ist das ein bleichblauer Ford 15M, ein weißer Käfer 1300, ein weißer VW 1600 Fließheck, ein neuer VW Golf in moosgrün. Bei irgendeinem Wettbewerb habe ich ein Modellauto, einen weinroten Audi 80, gewonnen. Er hat in den unübersehbaren Jahrzehnten seither seine Türen verloren, aber er ist noch da. Wahrscheinlich hat die graumelierte Kindergartenleiterin, die immer ein liebendes Auge auf mich wirft, dem Zufall etwas nachgeholfen, denn auch in ihrem Kindergarten ist immer ein Auto in meiner Hand. Für Gruppenspiele war ich nicht zu gebrauchen, die Spielzeugausstattung hätte ich mit anderen teilen müssen. Bilde ich mir ein oder ist es mir so vorgekommen, dass das gemeinsame Essen mit vielen anderen Kindern eine unerfreuliche Sache ist? Nur selten wird meine Mutter mich dort zum Essen gelassen haben: weil sie weiß, was ich denke, oder weil ich weiß, dass sie das vermutet? Jedenfalls bekomme ich, was ich will.

Abbildung 125
Ein Ford 15M von Siku, den ich genau in dieser Farbe auch in meinem Parkhaus hatte.[168]

Abbildung 126
Ein Audi 80 in sehr zeittypischer Farbe von Schuco, 1 : 66.[169]

Mein erster Schultag, der 8. August 1975, ist alles andere als glücklich. Ich stehe in weißem kurzem Hemd, kurzer grauer Hose und weißen Strümpfen ziemlich gequält zwischen meinen Eltern auf der Kindergartenwiese, auf der ich vor noch gar nicht so langer Zeit auf dem Pony saß. Die Sonne blendet und erzeugt Glanzlichter auf dem Metallic-Lack eines R4 hinter mir. Bei zwei Lehrer-Eltern ist die Schule die Fortsetzung eines familiären Musters, das den gesam-

168 Quelle: http://www.hood.de/img1/full/1662/16624826.jpg [19.7.2011].
169 Quelle: http://www.hood.de/img1/full/2386/23860206.jpg [19.7.2011].

ten Lebensalltag im Griff hat. Insofern ist es auch ein unvermeidlicher Initiationsritus, dass ich nicht einen 70er-jahresbunten Tornister, sondern das liebevoll aufpolierte Lederfossil meines Bruders auf dem Rücken habe. Auch die ansehnliche Zuckertüte ändert daran nichts, obwohl sie ein schönes, großes Matchboxmodell, einen Abschleppwagen, enthält. Die Bildungsreformen der 70er Jahren wirken sich auf meine Grundschulzeit in Osnabrück noch nicht aus, die kulturelle Homogenität ist bemerkenswert: es gibt eine Mitschülerin aus Portugal und einen kleinen Jugoslawen. Das ist allerdings nicht repräsentativ für die Industriestadt Osnabrück, deren Ausländer lediglich in anderen Vierteln wohnen und ihre Kinder dort zur Schule schikken. Ideologische Grabenkämpfe werde ich in der Orientierungsstufe erleben, die seinerzeit in Niedersachsen die Klassen 5 und 6 pflichtgesamtschulartig zusammenfasste, da die flächendekkende Gesamtschule nicht durchsetzbar gewesen war. Dort betreiben einige Lehrer ihren persönlichen antibürgerlichen Klassenkampf, der diese beiden Jahre zu einer finsteren Erfahrung macht.

Abbildung 127
Dieses King size-Matchboxmodell eines Scammell-Abschleppwagens sollte mir den Schulanfang plausibler machen, mich in die Schule schleppen.[170]

170 Quelle: http://modellbahnmarkt24.de/Modellautos/Sonstiges/MATCHBOX-King-Size-No-K-2-Scammell-Abschleppwagen-Esso::14341.html [19.7.2011].

Im August 1976 nutze ich eines der neuen Regale in meinem Kinderzimmer – es ist das überall verbreitete Baumarktsystem von weißen Metalleisten an der Wand mit weißen, einrastbaren Metallhaken für weiße Pressspan-Einlegeböden – um meine Matchbox- und Siku-Autos parademäßig aufzustellen, wo später Bücher folgen: die Artefakte mit ihren Erzählungen sind in ihrer Vorzeige- und Identifikationsreichweite der Narration im Buch noch überlegen, das aus den unteren Regalen aber schon gegen die Autos vorzudringen beginnt.

Ein Lehrerkollege meines Vaters hat in einem Vorort von Osnabrück eine Kutschfahrt organisiert. Im August 1978 stehe ich im tropfenden Ostfriesennerz zwischen einem gelben Opel Rekord aus den 60er Jahren und dem Gaul in der Garageneinfahrt. Das damals schon alte Fahrzeug, in dem ich einige Mal mitgefahren bin, gefällt mir wegen seiner Form und weil er sich von den Alltagsautos um mich herum auf andere Weise genauso unterschied wie unsere DS.

Abbildung 128
Einer der Stars auf dem Regal, ein Matchbox Racing Transporter in King size.[171]

Im Sommer 1979 fotographiert mich meine Mutter auf dem Dachparkplatz von Hertie in Osnabrück neben einem Renault 16. Das Kaufhaus Hertie am Neuen Graben in Osnabrück war für mich schon an sich anziehend, weil ich wusste, dass sich ein Besuch für mich meistens lohnte. Geduldiges, zeitverlorenes Herumstehen in der Wäsche- oder einer Oberbekleidungsabteilung wurde damit belohnt, dass ich in der Spielzeugabteilung einen Griff in die damals noch vorhandenen Schubladen mit einfachstem billigem Plastikspielzeug made in Hongkong tun durfte, das auch als Beigabe bei Geburtstagsgeschenken nicht fehlte: Dampfwalzen, Lokomotiven, Flugzeuge und Auto-Oldtimer in zwei oder drei schreienden Farben; wenn ich längeren Besorgungen standgehalten hatte, war auch ein Matchboxauto drin, bei elterlicher Spendierlaune eine Wikingmodell. In die Innenstadt fuhren wir immer mit

Abbildung 129
Ein Opel Rekord von Siku.[172]

171 Quelle: http://uk.ebid.net/for-sale/matchbox-lesney-king-size-bp-racing-car-transporter-k-5-37845052.htm#pichttp://uk.ebid.net/for-sale/matchbox-lesney-king-size-bp-racing-car-transporter-k-5-37845052.htm#pic [19.7.2011].

172 Quelle: http://www.diecastlovers.com/normale/Siku_Opel_Rekord_e5YR.jpg [19.7.2011].

dem Auto, das war eine so unterhinterfragbare Gewissheit, dass, wenn der Wagen einmal zur Inspektion in der Werkstatt war, man lieber gar nicht fuhr, als den Stadtbus zu nehmen, in dem es „komisch riecht“, wie meine Mutter meinte. Ihr Glaube an den Individualverkehr war unerschütterlich. Fahrradfahren war etwas fürs Wochenende, außerdem hatte sie davon in der DDR genug habt, und nicht nur an Wochenenden, so dass ihr mitgebrachtes, behäbiges Nachkriegsmodell von Simson (Suhl) aufgepumpt und gut geölt im Keller verstaubte. Bei Hertie konnte man deshalb immer parken, weil die Kaufhauskette eine innovative Antwort auf das Knappwerden der zuparkbaren Bombenlücken in der Innenstadt in Form eines großen Dachparkplatzes gegeben hatte, der mit einem Autoaufzug erreicht wurde. Durch Nebenstraßen fuhr man von hinten an das Gebäude heran, stand an Sonnabenden gelegentlich auch einmal in einer kleineren Schlange und konnte das Entladen von Liefer-LKW und alle kleinen Katastrophen beobachten, die dabei passieren: so das Umkippen eines riesigen Pappkartons mit Styroporfüllung, die sich wie Neuschnee in der gesamten Ladezone und auf allen Autos verteilte. Dann öffnete sich das stählerne Aufzugstor mit runden Sichtluken nach oben und unten, ein Wagen fuhr raus, die Ampel sprang auf Grün und meine Mutter rollte langsam in den ziemlich engen Aufzugkasten. An der Wand, auf die man sah, wurde in den drei Muttersprachen der wesentlichen Kontingente Osnabrücker Hertie-Kunden: deutsch, englisch und niederländisch zum Anziehen der Handbremse aufgefordert. Das wohlbekannte ‚Handrem vast!‘ sah ich viel später dann auf niederländischen Autofähren zwischen Harlingen und Terschelling wieder. Oft roch es vom letzten Fahrzeug noch ziemlich nach Abgasen, so dass einem immer etwas leicht übel wurde, wenn sich der Aufzug mit einem sanften Ruck in Bewegung setzte. Die Fahrt im grünlichen Notlicht, das die Struktur der Stahlträger hervorhob, dauerte subjektiv länger als sie war: lediglich ein paar Stockwerke, und jedesmal stellte sich zwanghaft bei mir zweierlei ein: zunächst ein Gefühl der sinnlichen Verwirrung, ob man sich eigentlich nach unten oder nach oben bewege, und dann die Frage, was eigentlich passieren würde, wenn der Aufzug mit uns einmal steckenbleiben würde. Denn anders als bei Personenaufzügen gab es ja nur zwei Möglichkeiten zum Ein- und Aussteigen. Noch bevor man dem Gedanken weiter nachhängen konnte – ich träumte nur manchmal, dass dieser Fall eintrat, wir festsaßen und umständlich geborgen werden mussten – , fiel durch die Luken helles Tageslicht und man war da. Die kurze Fahrt über das mit Betonplatten belegte Dach gefiel mir immer besonders gut. Manchmal hatten wir Glück und bekamen einen Außenplatz, so dass man durch die Windschutzscheibe über einen Teil der Stadt sehen konnte und noch einen Moment sitzenblieb. Hertie verschwand Mitte der 1980er Jahre aus Osnabrück, und ich habe mich noch lange gefragt, was aus dem Dachparkplatz geworden ist.

Abbildung 130
Ein Renault 16 TS von Corgi.[173]

Im Juni 1979 fotographieren mich meine Eltern vor dem Normalspurtraditionszug der Museums-Eisenbahn Minden in Bad Essen im Landkreis Osnabrück. Wir alle tragen gelbe Ostfriesennerze, es gießt in Strömen. Der Regen läuft am Kessel der zweifach gekuppelten Kleindampflok von vor dem Ersten Weltkrieg herunter, die ihren warmen Dampf rhythmisch abbläst. Die aufgearbeiteten, nicht zusammenpassenden Donnerbüchsen des Zuges sind in tadellosem Zustand, ein ganzes Heer von Enthusiasten kümmert sich in den Werkstätten liebevoll um jedes Detail. Einer von ihnen wischt mit dem Ärmel seiner Phantasie-Schaffneruniform liebevoll über ein Dritter-Klasse-Schild, ohne zu wissen, dass dies für immer und alle Zeiten in unserem Fotoalbum festgehalten werden wird. Im Hintergrund hält mein Vater einen DKW F93 von vor 1957 fest: schwarz, mit weißem Dach. Den Nachfolger F94, den es auch als Kombi ‚Universal' gab, besaß ich damals als Wiking-Modell aus den 1960er Jahren.

Abbildung 131
DKW Universal von Wiking, links in meiner Ausführung der 1960er, rechts in einer späteren.[174]

173 Quelle: http://www.diecastlovers.com/normale/Corgi_Renault_16_jBGZ.jpg [19.7.2011].
174 Quelle: http://www.dkw-autounion.de/DKW_Automodelle/DKW_1_87/dkw_1_87.html [19.7.2011].

1979 kauft mein Bruder Heinz Rudolf sein erstes Auto, einen kanarienvogelgelben R4. Im Oktober des Jahres parkt der Renault 4 GTL mit geradezu weiß schimmerndem Lack in unserer Einfahrt in der Ameldungstraße. Bei bedecktem Wetter, das jederzeit in Regen übergehen kann, stehen er, seine Freundin und ich mit Lederlappen in der Hand neben dem blitzsauberen Vorzeigestück, das meinem Bruder das Studium in Münster erleichtert. Ich liebte vor allem den Blechbüchsenton des R4.

Abbildung 132
Ein Renault 4 von 1962, ausgeführt in 1 : 43 von Norev.[175]

Abbildung 133
Ein Opel Diplomat B, eisblaumetallic, von Brekina in H0.[176]

175 Quelle: http://www.capachat.com/description.php?lang=1&id=1207&path=64&PHPSESSID=3f9506e1853eff686ab304d24ad3b4c2 [19.7.2011].

176 Quelle: http://www.mf-modellbau.eu/contents/media/20720.jpg [19.7.2011].

In den Herbstferien 1980 besuchen wir eine Cousine meiner Mutter, die mit ihrer Familie in Rüsselsheim wohnt. Bei Fahrten nach Oberbayern haben wir dort öfter einen Zwischenstop eingelegt, damit die Fahrt nicht so lang wird. Dieter Lanzrath, Lehrer wie man Vater, hat ein Faible für amerikanisch zugeschnittene Autos. Daher fährt er einen zur Opelstadt und seinen Dimensionswünschen passenden Opel Diplomat B in rot mit schwarzem Dach. Das Fahrgefühl ist sensationell, und die Straßen Rüsselsheims passen zu diesem Wagen, auch die Parkplätze in der Innenstadt. Unsere zweite DS wirkt dagegen klein und eng. Für Ausflugsfahrten auf den engen, kurvigen Straßen des Hochtaunus erweist sich jedoch ihre Federung als europäisch gemäßer.

In den Osterferien 1982 fahren meine Eltern mit mir eine weite Tour nicht nur durch die Grafschaft Bentheim oder die Ems entlang, sondern an Amsterdam vorbei durch die gesamte Provinz Noord-Holland, über den Ijsselmeerdamm und auf der friesisischen Seite wieder zurück Richtung Drenthe und Emsland. In sonnig hinterlegtem Nebel über der See und dem Ijsselmeer halten wir am Monument für den Deichschluss am 28. Mai 1932 und essen im überheizten Restaurant Kibbeling. Mein Vater fotographiert mich vor einer Parade älterer DAFs, die Richtung Den Helder fahren.

Abbildung 134
Ein DAF 55 Coupé von 1971, hier in einer 1 : 43-Ausführung von Neo.[177]

177 Quelle: http://modellauto-city.com/images/product_images/thumbnail_images/2696_0.jpg [19.7.2011].

Im April 1983 bekomme ich Besuch von einem englischen Austauschschüler aus Derby, in dessen Familie ich wenige Monate später merkwürdige Wochen verbringen werde. Nordengland de-industrialisiert sich und die sozialen Spannungen eskalieren. Andrew kommt hörbar aus dem Proletariat und amüsiert sich über unsere Lebensgewohnheiten in ihrer Regelmäßigkeit und Berechenbarkeit. Meine Eltern unternehmen einiges mit ihm, bis wir merken, wie sehr wir ihm damit auf die Nerven gehen. „Culture's for them, not for us", sagt er, und wir sind auch ‚them'. Einige Erinnerungsfotos entstehen in der Innenstadt, so auch vor der Stadthalle. Zufällig parkt dort ein himmelblauer Austin Morris 1100 mit britischem Kennzeichen, sehr wahrscheinlich einer der vielen Soldatenwagen aus der großen Osnabrücker Garnison.

Abbildung 135
Ein Austin Morris 1100 in 1 : 43 von Ixo.[178]

In Derby fotographiere ich die Familie Boucher vor ihrer winzigen Doppelhaushälfte aus den 1950er Jahren in der Gaskell Avenue. Der Vater ist Fabrikarbeiter, nachdem die Railroad Works von British Rail ihn im Zuge ihrer weitgehenden Zerschlagung entlassen haben. Andrews ältere Schwester arbeitet bei der Stadt als Parkwächterin, hat eine Girl scout-artige Uniform und sieht aus wie die lebende Illustration zu dem Beatles-Titel ‚Lovely Rita, meter maid'. Vor dem Haus steht ein weißer, ziemlich heruntergewirtschafteter Toyota Celica 1600 GT von 1977 mit schwarzem Dach. Der war noch in besseren Zeiten angeschafft worden.

Im Mai 1985 besuchen wir Familienfreunde in Stade, mit denen wir oft nach Hamburg fahren, um dies und das anzusehen: meistens mit den unendlich langsamen Personenzügen, die zwischen Hamburg Hauptbahnhof und Cuxhaven pendeln, manchmal aber auch mit dem Auto. Schneller als auf der parallel zur Elbe und zur Bahn verlaufenden Bundesstraße geht es allerdings auch nicht. Mein Vater fotographiert mich vor dem Familienauto der Freunde am

178 Quelle: http://cgi.ebay.ch/ws/eBayISAPI.dll?VISuperSize&item=230671699128 [19.7.2011].

Abbildung 136
Ein Toyota Celica 1600 GT von Racing Cars in 1 : 43.[179]

S-Bahnhof Hamburg-Neugraben, einem roten Audi 80. Im Hintergrund steht einer der alten, blauen Baureihen der Hamburger S-Bahn aus den 1930er Jahren.

1985/86 verbringe ich ein High School-Jahr in Texas. Meine Gastfamilie holt mich am Dallas International Airport mit ihrem Chrysler Town & Country ab, der sanft über die Bodenwellen der Interstate nach Osten nachwippt. Ich bleibe nur vier Wochen in dieser Familie, denn ich rede ihnen zu viel, spiele zu schlecht Tennis und kann nicht Wasserschi fahren. Leider bleibt es bei nur wenigen Fahrten mit dem wunderbaren Kombi, den ich im Driveway fotographiere.

Abbildung 137
Audi 80 GTE in orange von Herpa, H0.[180]

179 Quelle: http://www.racingmodels.com/ekmps/shops/arendonk1/images/-center-toyota-celica-1600-gt-1977-blue-1-43-4769-p.jpg [19.7.2011].

180 Quelle: http://www.modellbaustudio-bauer.de/images/product_images/popup_images/k_4787_k_Audi_80_GTE.jpg [19.7.2011].

Abbildung 138
Chrysler Town & Country 1976, von Neo 1 : 43.[181]

Abbildung 139
Toyota Tercel 4 wd, 1 : 43 von Diapet Modelcar.[182]

Abbildung 140
Ein Citroen Visa II von Norev in 1 : 43.[183]

Die nächste Familie, bei der ich das ganze Jahr über bleibe, ist ein Psychologenehepaar, das nicht findet, dass ich zu viel rede. Ich bin in guten fachärztlichen Händen. Leider haben sie ein vollkommen un-texanisches Auto, einen silbernen Toyota Tercel Kombi 4 wd.

Mein Osnabrücker Fahrschulauto 1987 ist ein unkaputtbarer, im dritten Gang an der Kreuzung nicht abzuwürgender Ford Escort '86: ein deprimierendes Stück Knubbel-Design, aber es erfüllt seinen Zweck. Ein Foto von ihm gibt es glücklicherweise nicht. Das erste eigene Auto ist von diesem ästhetischen Elend schon deshalb weit entfernt, weil es

181 Quelle: http://modellauto-city.com/popup_image.php/pID/3311/imgID/0/XTCsid/e95a97dd14c3d0caaa03ed8ee66d3df5 [19.7.2011].

182 Quelle: http://www.modelcar43.ch/images/artikel/1574.jpg [19.7.2011].

183 Quelle: http://modellauto-city.com/images/product_images/thumbnail_images/684_0.jpg [19.7.2011].

den Doppelwinkel von Citroën hat: ein Visa II, Baujahr 1981. Er wird bei vielen Gelegenheiten fotographiert.

Hat diese Autogeschichte etwas zu sagen? Im Hinblick auf die Quellen sicherlich. Es gibt von mir so erstaunlich viele Bilder mit und im Auto, dass die Familien- von der Autogeschichte gar nicht zu trennen ist. Das Auto ist ein Weltwahrnehmungsmittel und sehr oft ein absichtlicher und unabsichtlicher Darstellungsgegenstand. Was das eigentlich für das Verhältnis von individueller und kollektiver automobilkonsumgeschichtlicher Identität bedeutet, darüber dürfte das Nachdenken lohnen. Etwa ab 1978 galt mein eigenes Interesse vor allem der H0-Modelleisenbahn, und zu der passte der Matchbox- und Siku-Maßstab nicht oder bei den 1 : 100-Modellen thematisch nur bedingt. Das bedeutete keineswegs, dass keine Autos mehr in meinen Identitätsfuhrpark kamen, auch solche mit krummen englischen Maßstäben. Die spät hizugetretenen Modelle hatten, anders als ihre Vorgänger, gute Chancen für ein langes soziales Leben, sie wurden nicht mehr zerspielt – jedenfalls nicht von mir. Drei Traumautos gibt es in der Sammlung, zwei davon waren erbettelte Erbstücke von meinem Bruder: ein Magirus-Kugelhaubermüllwagen von Siku aus Plastik und der James-Bond-Aston Martin DB5 von Corgi. Aus meiner Zeit kommen zwei Citroën SM von Siku und Matchbox, die ich wesentlich attraktiver fand als unsere biedere DS. Was für eine Erfahrung, ausnahmslos alle dieser Fahrzeuge mühelos im Internet wiederzufinden und sogar kaufen zu können: trotzdem sage ich mit Entschiedenheit Ich und nicht Wir, wenn ich von der Erfahrung mit ihnen rede.

Abbildung 141
Der Kugelhauber-Magirus mit Müllwagenaufbau, Plastikausführung von Siku aus den 60er Jahren.[184]

184 Quelle: http://s04.trixum.de/upload2/7/n/7nwtLmqv6WR9128878697652P757.jpg [19.7.2011].

Abbildung 142
Der Aston Martin DB5 mit Multifunktionen von Corgi, mit flugfähigem 007.[185]

Abbildung 143
Der Citroën-SM von Siku in suggestivem Orange.[186]

Abbildung 144
Es gab auch einen Matchbox-SM, dessen Linienführung sowohl auf der Packungsabbildung wie beim Modell näher am Vorbild war – aber diese Rennlackierung ...[187]

185 Quelle: http://www.vintagetoysgames.co.uk/images/corgi_aston_vg752/corgi_aston_261_vg752_roof_open.jpg [19.7.2011].
186 Quelle: http://www.toycar-shop.de/bilder/20/10001/200010133_1.jpg [19.7.2011].
187 Quelle: http://images.gittigidiyor.com/132/MATCHBOX-CITROEN-S-M-ORJINAL-UK-1971__1328226_0.jpg [19.7.2011].

Mein großes Buch vom Verkehr

Verkehrsvalorisierung der 1960er Jahre

Abbildung 145
Die Passanten auf der Brücke im Hintergrund zeigen das richtige Einstellungsverhalten: sie winken begeistert. Verkehr soll Freude machen.[188]

188 Mein großes Buch vom Verkehr [Ill.: Helmut Osterlänger. Text: Marianne Böck-Hartmann], Fürth/Bay. 1967, Cover.

Dieses die Welt als Mobilitätstechnotop erschließende Bilderbuch erschien im Jahr 1967. Es steht für die signifikante kulturelle Umcodierung eines Genre. Spätestens seit der zweiten Hälfte der 1930er Jahre waren die hier gleichsam wie im Vorgriff auf eine museale Aufarbeitung oder wie auf einer Modelleisenbahnanlage (überre-)präsentierten Mobilitätstechnologien so intensiv durch soziale Konstruktionen im Lebensalltag verwurzelt und präsent, dass sie selbst für Kinder keiner wirklichen Erklärung und Hinführung mehr bedurften – schon gar nicht einer in betulich-didaktischem, gut auswendig zu lernenden Reimschema a-a-b c-c-b. Was wir hier sehen, erschließt sich möglicherweise weniger gut durch die langen pädagogischen Kontinuitäten aufklärerischer Welt- und Sachkunde, sondern durch den Seitenblick auf Comics und die Ende der 1960er Jahre ubiquitäre Technikpublizistik. ‚Mein großes Buch vom Verkehr' ist eine Antwort auf die Zeitschrift ‚hobby' und auf die technischen Realitäten und Träume der Comicwelt; es führt nicht mehr an eine technotopisch durchformte Realität heran, sondern an den medialen Formenkanon der bildlichen Repräsentation von Technik, den Erwachsene selbst gern sehen und in der kindlichen Wahrnehmung positiv besetzen wollen. Die anschaulich-erfreuliche, auf den Wiedererkennungswert zielende Darstellung von Eisenbahnen, Autos und Flugzeugen ist Teil eines medialen Kampfes um die Valorisierung des Verkehrs nicht nur als funktionelle, sondern vielmehr kulturelle Lebensgrundlage und damit als Bestandteil der kollektiven und individuellen Identität. Die didaktische Aussage hinter dem Bilderbuch lautet: Lerne Ich-Aussagen vermittels Mobilitätstechnik zu treffen und dich selbst durch diese zu beschreiben. Wie jeder Lernvorgang ist allerdings auch dieser nicht vollständig programmierbar. Die Coverabbildung enthält ihre Botschaft bereits in der gewählten Perspektive, aber die ist eine von Erwachsenen: Der Individualverkehr in Gestalt des amerikanisierten Opel Admiral A überholt den Fern-D-Zug, geführt von einer V 200. Die Konsumenten des höherwertigen automobilen Individualverkehrs sind als distinguierte Individuen, Fahrer und Beifahrerin, gut erkennbar. Der Zug transportiert eine anonyme Masse von Mobilitätskonsumenten, die nicht in den Genuss einer solchen privilegierten, straßenbeherrschenden und bequemen Form der Fortbewegung kommen. An der keineswegs allein kindlichen Eisenbahnbegeisterung, die sich stets auf das überschaubare technische Kleinanlage als teilsfunktionsfähiges Modell richtet, dürfte das wenig geändert haben: Der Bilderbuchzeichner gibt sich in seiner Motivwahl, darauf wird noch zurückzukommen sein, selbst als Modelleisenbahner zu erkennen. Für ein Flugzeug war auf dem Cover offenbar kein Platz, dafür wirkt das betriebstechnisch unerklärbare Hauptstellwerk, das dem vormaligen des Frankfurter Hauptbahnhofs ähnelt, ein wenig wie der Tower eines großen Verkehrsflughafens: auch die Symbolik braucht manchmal Kompromisse.

Abbildung 146
Runder als im Bilderbuch: Das alte Hauptstellwerk im Gleisfeld des Frankfurter Hauptbahnhofs.[189]

Das Großstellwerk steht für die Steuerbarkeit der Technik und der Gesellschaft: eine der zentralen technoiden Utopien der 1960er Jahre. Sie gehört zu den Grundlagen der globalen Digitalisierung.

Abbildung 147
Das Gleisbildstellwerk Frankfurt am Main HBF im Sachbuch des Jahres 1970: Heranführung an die Verbindung von Mobilität und elektronischer Steuerung.[190]

189 Quelle: http://www.ganz-gebahnt.de/html/vorbild/9160320301.html [14.6.2011].

190 Quelle: Dietrich Kirsch u. a., Information heute, Bd. 1: Bahnhof, Ravensburg 1970, S. 4.

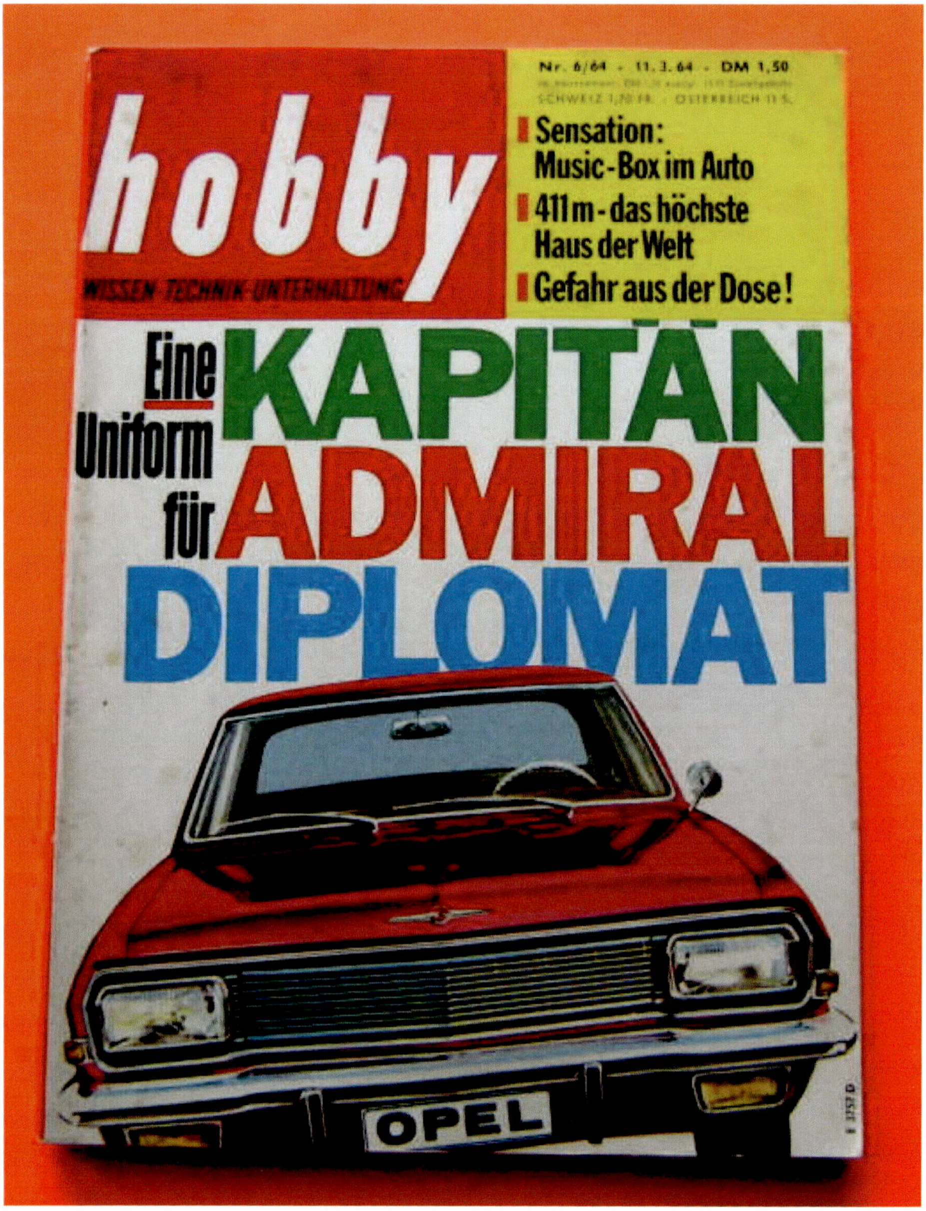

Abbildung 148
Ein symptomatisches hobby-Heft aus dem Juni 1964. benchmark für das Bilderbuch. In hobby rechtfertigt der praktisch-handwerkliche Technikbezug die Medialisierung der Faszination, im Technik-Bilderbuch die Simulation eines didaktischen Zwecks. Um Faszinationsartikulation geht es hier wie dort.[191]

191 Quelle: http://www.oldieweb.de/sammelsurium/produkte/15867.jpg [14.6.2011].

Abbildung 149
Die Roco-V 200 in H0 ist sehr viel präziser ausgeführt: sie muss ja auch mehr leisten und repräsentieren als die V 200 auf dem Cover, die für die überholbare Vergangenheit des Verkehrs steht.[192]

Abbildung 150
Schnellzugwagen 1. Klasse, Bauart A4üm-61 der DB, Roco H0. In Abbildung 145 hinter der V 200.[193]

Abbildung 151
Ein Opel Admiral A, 1964–1968: das Opel-Signet hat man im Bilderbuch verschämt weggelassen: das eckige Design des Admiral ist ein Jahrzehnt moderner als die Rundungen der V 200. Zu ihr passt der Ponton-Mercedes 190 wesentlich besser. Bei der Bilderbuch-Darstellung des Admiral hat sich der Zeichner erheblich mehr Mühe gegeben als bei der Diesellok. Auch daran erkennt man Prioritäten. Autos sind detaillierbare Spitzenmobilität, Eisenbahn war gestern.[194]

192 Quelle: http://www.roco.cc/produkteshop/uebersicht/detail/cat/212/d/3/p/12048%2C212%2C119/pr/diesellokomotive-br-v-2001-der-db.html [14.6.2011].

193 Quelle: http://www.fleischmann.de/uploads/tx_commerce/thumb_m15739_w560.jpg [14.6.2011].

194 Quelle: http://de.wikipedia.org/wiki/Opel_Kapit%C3%A4n/Admiral/Diplomat_A [14.6.2011].

Abbildung 152
Der bürgerliche Mann darf 1967 noch in den besten Jahren sein, immer aber mit Hut.[195]

195 Mein großes Buch vom Verkehr, S. 1.

Das Autorennen ist, wie das Verslein schon dem diesbezüglich offenbar gar nicht so unschuldigen imaginierten kindlichen Leser, eigentlich vor allem aber selbstreferentiell und affirmativ unterstellt, die natürlichste Form der automobilen sozialen Konstruktion. Wettbewerb ist die dem Auto gemäße Form der Selbstrepräsentation, die mit Verkehr nur in agonaler Weise, mit Identität und dem *survival of the fittest* hingegen sehr viel zu hat. Dies ist zugleich das zentrale Leitmotiv der Geschichte der Automobils. Schon in seinem Epochenroman ‚Babbitt', 1922 in den USA erschienen, kam Sinclair Lewis leitmotivisch immer wieder auf die für seinen Protagonisten als typischen Durchschnittsamerikaner identitätsbildende, voll ausgelebte Aggression beim Autofahren zurück: „Für George F. Babbitt bedeutete sein Auto – genau wie für die meisten wohlhabenden Bürger Zeniths – Poesie und Drama, Liebe und Heldentum. Das Kontor war sein Piratenschiff, aber das Auto war die gefahrvolle Expedition nach unerforschten Küsten."[196] Der Kern automobiler Identität ist der Wettbewerb: „Babbitt (…) widmete sich dem interessanten Sport, mit den Trambahnen um die Wette bis zur Ecke zu rasen: erst großer Anlauf, dann Verfolgung, erregtes Jagen im schmalen Raum zwischen der mächtigen gelben Trambahn und der unregelmäßigen Reihe abgestellter Autos, Überholen der Trambahn im Augenblick, wo sie anhielt – ein selten schönes, kühnes Spiel."[197] Selbst das Einparken wird zum abenteuerlichen Kampf:

> „Das Abstellen des Autos vor dem Büro war ein ebenso epochales Drama wie der Start. Während Babbitt um die Ecke von Oberlin-Avenue nach Third Street N.E. einbog, suchte er schon mit den Augen nach einem leeren Raum in der Reihe abgestellter Motoren. Er war ärgerlich, daß er gerade einen Platz verfehlte, in den ein flinker Rivale hineinschlüpfte. Weiter oben verließ gerade ein Auto den Kantstein; Babbitt verlangsamte das Tempo, hielt die Hand hoch, um die Autos zu warnen, die sich hinter ihm herandrängten, winkte aufgeregt einer alten Frau, sich aus dem Wege zu scheren, wich einem Lastwagen aus, der seitlich gerade auf ihn losfuhr. Seine Vorderräder rieben sich an dem stählernen Schutzblech des vor ihm haltenden Wagens, als er stehenblieb, in fieberhafter Erregung das Lenkrad herumriß, hineinglitt in den freien Raum und mit achtzehn Zoll Spielraum manövrierte, bis sein Wagen parallel zum Kantstein stand. Es war ein meisterhaft ausgeführtes kühnes Abenteuer."[198]

Auch wenn die Formen des automobilen Wettbewerbs seit den frühen 1920er Jahren, der ersten Phase individueller automobiler Massenmobilität in den USA, wesentlich sublimer geworden sind, ist das Autofahren ein adrenalinschwangerer Identitätsausdruck geblieben. Die gut gekleideten Herren im Straßenanzug hinter der Leitplanke als Verkörperungen des Kinds im Mann, das, gleichsam auspersonifiziert mit begeistert verschränkten Armen und rotbäckig danebengestellt worden ist, sind hier eigentlich angesprochen und werden in ihrer in Maßen und bürgerlichen Formen statthaften Faszination gepackt. Die feine Alpenkulisse rechtfertigt und überhöht alles, sogar ein gar nicht profanes, sondern für das männliche Gendering im Unter-

196 Sinclair Lewis, Babbitt (1922), Hamburg 1953, S. 20.
197 Ebd., S. 24.
198 Ebd., S. 25 f.

schied zur leicht gelangweilt-genervten Gattin in Rosa am linken Bildrand schlechthin konstitutives Renngeschehen, das bei dieser Gelegenheit als das erkennbar wird, was es ist: Kultur. Bei solchen sportlichen Anlässen mag wie auch beim spannenden Pferderennen die Flegelei angehen, die Hände in den Jackett-Taschen zu vergraben. Dass auf dem Parcours Fahrzeuge der unterschiedlichsten Auto-Klassen ein Rennen geben, muss nicht weiter stören: Automobilität ist dort, wo es um die Erfahrung der Geschwindigkeit, die souveräne Beherrschung der Mobilitätsmaschine und damit des eigenen Ich geht. Und das ist im Formel-I-Wagen ebenso möglich wie im Ferrari 250 GTO, auch wenn der Zeichner aus dessen eleganter Scheinwerferpartie mit Riffelglas verkleidete Bullaugen gemacht hat.

Abbildung 153
Deutsch-britische Wahrnehmungsprobleme: So sähe ein Jaguar E-Type 1967 tatsächlich aus. Der Zeichner ist bei deutschen Modellen genauer.[199]

Der rennsportliche Geist lebt vom Wettbewerbstransfer, und dieser funktioniert wie eine *translatio imperii*: Abbildung 152 zeigt, wie der Gedanke des Sich-Messens vom Segelboot auf das Automobil als Rennmaschine übertragen wird. Das Autorennen ist die härtere Form, der Abstand zwischen den Fahrzeugen ist geringer als zwischen den Booten, die Geschwindigkeit ist höher, das Risiko größer. Die lässige Haltung des matrosenartig verkleideten Seglers auf seinem Boot am Steg ist ein Blick von der alten auf die neue Renntechnik, mit ersterer kann man nur auf dem Alpensee im Kreis herum fahren, mit letzterer um den See herum: die technische Evolution hat das Wasser und den windabhängigen Antrieb hinter sich gelassen. Der neue Typus des Rennfahrers trägt nicht Ringel-T-Shirt und Matrosenhütchen, sondern Renndress, Helm und Schutzbrille: ein Hinweis auf die Gefährlichkeit der Maschinenbeherrschung.

Ein weiterer Schritt des mobilitätskulturellen Transfers bzw. Crossovers fehlt in den Abbildungen 152 und 154: das Fliegen als Weiterentwicklung von Segeln und motorgetriebener Geschwindigkeit.

199 Quelle: http://upload.wikimedia.org/wikipedia/commons/5/5b/Jaguar_E-Type_Coup%C3%A9.jpg [15.6.2011].

Abbildung 154
Die kleine Alpendorfkirche auf der anderen Seeseite ist winzig: Ihr Sinnstiftungsbeitrag muss sich kulturell neu definieren. Nicht grundlos wird der ADAC schon in den 1950er Jahren Auto-Prozessionen organisieren, z. B. in Würzburg 1953 zu Ehren des hl. Christopherus.[200]

200 Mein großes Buch vom Verkehr, S. 2.

Abbildung 155
Verkehrserziehung ist wichtig, denn die Kinder von heute sind die Autofahrer von morgen. Die Befähigung zur Bewegung im verkehrstechnotopischen Raum ist autofahrerzentriert.[201]

201 Mein großes Buch vom Verkehr, S. 3.

Sonnenbeschienener westdeutscher Plattenbau und Nahverkehr mit dem guten Stern: die idealtypische Modernisierungsszenerie einer freundlich-sachlichen nivellierten Mittelstandsgesellschaft, zu der die zeitlose Süßlichkeit der Kinder, gemalt als vollbewegliche Käthe-Kruse-Puppen, nur bedingt passt. Immerhin: der größere Knabe auf dem Zebrastreifen trägt etwas, was eine Jeans sein könnte. Ansonsten obwalten im Verkehr streng die Genderrollen.

Abbildung 156
Eine etwas flottere Variante des MB O 302-Reisebusses als im Bilderbuch. Mit Panoramascheiben.[202]

Die Darstellung in den Abbildungen 154 und 158 reserviert den großen Kraftverkehr im Bereich Personen- und Gütertransport der Premium- und Traditionsmarke Mercedes, deren Kraftfahrzeugidentität hier keine Rolle spielt. Der suggestive Individualverkehr ist dem Opel Kadett Coupé vorbehalten: Volkswagen fehlt auffällig. Die Verbindung aus Opel-Fixierung, Verkehrsgerechtigkeit und demonstrativem Wohnhochhausbau lässt trotz der fränkischen Kennzeichen auf dem Cover und in Abbildung 157 an Rüsselsheim denken.

202 Quelle: http://de.wikipedia.org/w/index.php?title=Datei:Mercedes-O302-Reisebus-k%C3%BCrzere-Version.jpg&filetimestamp=20101021132448 [15.6.2011].

Abbildung 157
Pastellfarbener Himmel über dem idealtypischen Rüsselsheim: Opel-Stadt soll überall sein können.[203]

203 Mein großes Buch vom Verkehr, S. 4.

Abbildung 158
Der amerikanische Opel Admiral ist nicht für jedermann, der europäische Kadett B Coupé aber durchaus auch nicht, erst recht nicht in elfenbein.[204]

Gepflegter Kurzhaarrasen auf der Verkehrsinsel, eine derart makellose Straßenoberfläche, dass sie glänzt wie der Lack des Kadett B Coupé, behindernde Fußgänger werden regelkonform durch den nur vorübergehend nichtfließenden Verkehr gebracht: die Ordnung des Mobilitätstechnotops ist in Deutschland West und Ost ein wichtiger Akzeptanzfaktor.

Abbildung 159
Kubischer Frontlenker-Transportesel der mobilen Marktwirtschaft ab 1963.[205]

204 Quelle: http://upload.wikimedia.org/wikipedia/commons/7/76/Opel_kadett_b_3_h_sst.jpg [15.6.2011].
205 Quelle: http://www.fahrzeugbilder.de/bilder/alle-4734.jpg [15.6.2011].

„Auf der IAA in Frankfurt 1963 präsentierte Mercedes den LP 1620 Frontlenker der neuen schweren Nutzfahrzeug-Generation mit dem völlig neuen, sogenannten „kubischen" Fahrerhaus. Die StVZO begrenzte die Maße und Gewichte zum damaligen Zeitpunkt auf 15 m bei Sattelzügen und 16,5 m bei Lastzügen, das zulässige Lastzuggewicht (zLG) auf 32 t und verlange eine Mindestmotorisierung von 6 PS je Tonne (192 PS bei 32 t). Daher gab es zunächst nur die Kombination aus Zweiachs-Zugmaschine und Zweiachs-Hänger/-Auflieger. Zum 1.5.1965 wurde die StVZO geändert. Das zLG wurde auf 38 t erhöht, Lastzüge durften bis zu 18 m lang sein. Damit konnten Zweiachs-Zugmaschinen wieder mit Dreiachs-Hängern kombiniert werden. Die maximale Länge von Sattelzügen blieb bei 15 m, jedoch war am Auflieger nun eine Achslast von 2 x 10 t möglich, wenn die Achsmitten 2,35 m auseinander waren. Ein entsprechendes Doppelachs-Spuraggregat mit 20 t Achslast wurde von der Firma Schmitz aus Altenberge angeboten und von Wiking bei den Aufliegern für Langpritsche (51a), Großraumkoffer (51b) und Container (52, 52a, 52b, 52c, 52s) nachgebildet. Zusammen mit einer Zweiachs-Zugmaschine wurde so ein zLG von 36 t, mit einer Dreiachs-Zugmaschine mit einer oder zwei angetriebenen Achsen von 38 t möglich. Von der Mindestmotorleistung von 6 PS/t (228 PS bei 38 t) gab es für Lkw mit mehr als 32 t zLG befristet eine Ausnahme. Bei Erstzulassung bis zum 31.12.1965 reichten 5 PS/t (190 PS bei 38 t), bis zum 31.12.1968 5,5 PS/t (209 PS bei 38 t). Zum 1.1.1972 trat eine weitere Verschärfung in Kraft. Alle erstmals zugelassenen Lkw mit mehr als 28,5 t zLG (für die anderen galt dies bereits ein Jahr eher) benötigten nun eine Mindestmotorleistung von 8 PS/t (256 PS bei 32 t ZLG, 304 PS bei 38 t zLG). Diese Verschärfung wurde erst zum 25.4.76 außer Kraft gesetzt. Mercedes reagierte auf die gesetzlichen Anforderungen in dem die Leistung des R6-Motors im Laufe der Zeit von 200 auf 210, 230 bzw. 240 PS gesteigert wurde. Für die ab dem 1.1.1972 geforderten 8 PS/t wurden jedoch neue Motoren benötigt. Mercedes bot einen V8-Motor mit 256 PS und einen V10-Motor mit 320 PS an. Ausschließlich für diese neuen Motoren wurden Änderungen an der Kabine vorgenommen. Das Fahrerhaus war nun kippbar. Das Dach wurde erhöht und quer- statt längsversteift. Die Tür ging nun runter bis zur Stoßstange statt bis zum Kotflügel, so dass die Trittmulden unterhalb der Tür entfielen. Bei den kippbaren Kabinen befanden sich die Blinker nicht mehr gemeinsam mit den Frontscheinwerfern in der Stoßstange sondern separat auf der Stoßstange. Wiking hat die nicht kippbare Kabine jeweils in der kurzen und langen (ab 1965 von Mercedes angebotenen) Variante nachgebildet. Anstelle der nicht kippbaren langen Kabine trat später die Nachbildung der kippbaren Version (anders als beim MAN F 7/8 aber nicht kippbar ausgeführt)."[206]

Abbildung 160
MB LP 1620 von Wiking in H0.[207]

206 Quelle: http://www.wiking-datenbank.de/magic_viewtopic.php?f=24&t=5078 [15.6.2011].

207 Quelle: http://www.wiking.de/de/wikingmodelle/1/pritschenlastzug-mb-lp-1620-mit-3-achsanhaenger-691.html [15.6.2011].

Abbildung 161
Als Flüssiggassattelzug.[208]

Abbildung 162
Und mit Plane von Brekina in H0.[209]

Der Bilderbuchzeichner bevorzugt die schlichte Variante mit Plane ohne Anhänger: so bleibt der Blick auf die große Ladenzeile im Hochhaus frei. Mobilität und Konsum sollen sich nicht ausschließen. Das wird erst in der fortgeschrittenen Mediengesellschaft zum Problem.

Die artige Collage mit Sport- und Verkehrsflugzeugen auf den Abbildungen 163 und 164 zeigt vor allem, dass Fliegen zum alltäglichen Mobilitätskonsum gehören soll. Ganz normale Menschen und sogar Kinder konsumieren diesen Transportweg. Auch hier gewährt ein großer Name Identität und Sicherheit.

208 Quelle: http://www.wiking.de/de/wikingmodelle/1/fluessiggassattelzug-mb-1620-transag-suisse-794.html [15.6.2011].
209 Quelle: http://www.brekina.de/fileadmin/DATEIEN/BILDER/Modellprogramm/LKW/Mercedes-Benz/MB-LPS2224.jpg [15.6.2011].

Abbildung 163
Die Modevorstellungen des Zeichners sind den 50er Jahren verhaftet. 1967 sieht anders aus.[210]

210 Mein großes Buch vom Verkehr, S. 5.

Abbildung 164
Eigentlich würde die Szene ohne Frauen und Kinder besser wirken.[211]

211 Mein großes Buch vom Verkehr, S. 6.

Abbildung 165
Speisewagen und Autotransport: typisch für die Modellbahn, nur bedingt für das Vorbild.[212]

212 Mein großes Buch vom Verkehr, S. 7.

Das uniformierte männliche Flugpersonal sieht so aus, wie man sich bis 1945 den Offizier vorgestellt hat: markant-sozialdominant, souverän, verantwortungsbewusst. Ein Schuss amerikanischer ziviler Lässigkeit und Verbindlichkeit hat dem Typus nicht geschadet, im Gegenteil. Jetzt ist er, wie Abbildung 160 zeigt, zugleich ein wünschenswerter Familientyp. Ob wir lieber mit dem bewährten propellergetriebenen Kranich oder dem moderneren Air India-Jet fliegen wollen, lassen wir offen. Air India steht hier wohl für die Attraktionskraft des Fremdestmöglichen, das auf diesem Weg erreichbar ist.

Das Eisenbahnszenario hat seinen Sitz im Leben nicht beim Normalspurvorbild: Hier hat der Zeichner offensichtlich seine reale oder Wunsch-Modelleisenbahnanlage dargestellt. Das Stellwerk im Hintergrund ist ein H0-Klassiker aus dem Faller-Programm. Die Darstellung erinnert an die bis zum Ende der DDR gezeichneten Modellbahnzubehörkataloge ostdeutscher Hersteller.

Abbildung 166
In der ebay-Welt geht nichts verloren, nicht einmal der leere Karton eines Faller-Bausatzes.[213]

Abbildung 167
Konkurrenz aus der DDR. Stellwerk Radeburg in H0 von Vero. Das Reichsbahnstellwerk aus dem Osten ist für die DDR ebenso typisch wie Fallers 50er-Jahresbau für die Bundesbahnmoderisierungswelt.[214]

213 Quelle: http://www.hood.de/auction/37554374/faller-h0-leerkarton-fuer-stellwerk-b-122-bausatz.htm [15.6.2011].
214 VEB VERO Olbernhau, VERO H0, H0e, TT, N Katalog [späte 1980er Jahre], o. O., o. J., S. 6.

Abbildung 168
Fallers B-122 in dreidimensionaler Schönheit.[215]

Abbildung 169
Diese leicht exzentrische Seite des Stellwerks zeigt das Bilderbuch nicht.[216]

Abbildung 170
Das ist der für die 60er Jahre korrekte Schnellzugspeisewagen WR4üm-64 der DB, der erste von der DSG entwickelte Neubau, der ab 1964 in Dienst stand.[217]

215 Quelle: http://www.ricardo.ch/kaufen/modellbau-und-hobby/modelleisenbahnen-und-zubehoer/spur-h0-wechselstrom/bahnhoefe-haeuser-und-figuren/faller-b-122-stellwerk-aus-bausatz-gebaut-schoen/v/an639280136 [15.6.2011].

216 Ebd. [15.6.2011].

217 Quelle: http://www.fleischmann.de/uploads/tx_commerce/thumb_m15742_w560.jpg [15.6.2011].

Auch die gezeigten Züge sind Modelleisenbahnen, besonders auffällig ist das bei dem Gestänge der V 60 in Abbildung 165, dem schlecht ausgeführten Bundesbahn-Keks und Nummernschild der E 10 und ihrem Stromabnehmern in Abbildung 174. Allerdings ist die E 10 gestaucht, damit sie noch auf die Bilderbuchseite passt. Und mit zwei Stromabnehmern wird bei der DB auch nicht gefahren.

Abbildung 171
Eine Roco-V 60 in H0 im Betriebszustand der 1970er Jahre.[218]

Abbildung 172
Die E 10 von Roco in H0, hier als 110 188-0.[219]

Auch die Farbwahl bei der Geländegestaltung spricht eine deutliche Modellbahnsprache: Streugut aus ‚Wiesen'-Serien. In den 60er Jahren gibt es noch Tannen als Zubehör, die ungefähr so aussehen wie das Exemplar in Abbildung 174.

Abbildung 173
Preiser-Figuren in H0, allerdings ohne Hund. Den gibt es in der Tierpackung.[220]

218 Quelle: http://www.roco.cc/uploads/tx_commerce/thumb_m14785_w560.jpg [15.6.2011].
219 Quelle: http://www.roco.cc/uploads/tx_commerce/thumb_m16059_w560.jpg [15.6.2011].
220 Quelle: http://www.preiserfiguren.de/showpage.php?Katalogdownload&SiteID=29 [15.6.2011].

Abbildung 174
Das Hauptsignal an der H0-Strecke wird noch mit analogem Tastenschalter bedient.[221]

'Täglich' wird der erwachsene Technikfaszinierte wohl eher seine Modelleisenbahn als die Eisenbahnbrücke aufsuchen können, insofern entbehrt das lyrische ,Du' bei der Einforderung des ersatzreligiösen Technikrituals nicht der Ironie in mehrere Richtungen. Der Ritus ist in men

221 Mein großes Buch vom Verkehr, S. 8.

Abbildung 175
Am Ende steht das Fliegen als Königsform der Mobilität: sie passt zur Reiselust der Generation, für die dieses Kinderbuch gemacht wurde.[222]

talitätskonfessioneller Hinsicht weniger katholisch als protestantisch, er zielt auf die Priesterschaft aller (Technik-)Gläubigen *sola fide*.

222 Mein großes Buch vom Verkehr, Rückseite.

Abbildung 176
Die Cessna zum Selbstbau. Ein Bausatz aus den 80er Jahren. Vorgestern im Bilderbuch, gestern als Bausatz gekauft und nicht gebaut, irgendwann bei ebay, dem wichtigsten Inventar für die materielle Kultur unserer Gegenwart.[223]

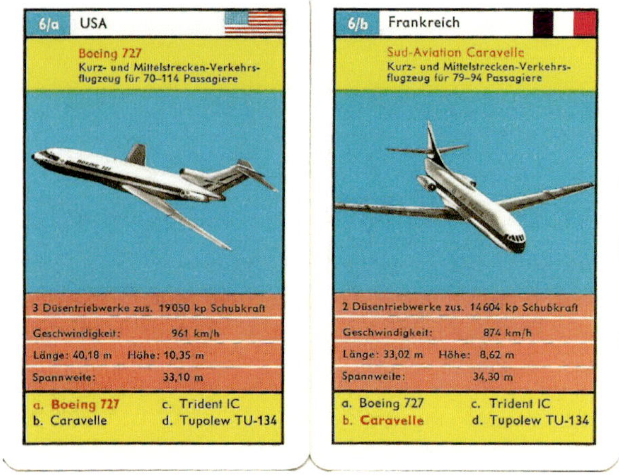

Abbildung 177
Die Lufthansa-Boeing 727 und ein vergleichbares Verkehrsflugzeug im Quartett der 60er Jahre.[224]

223 Quelle: http://cgi.ebay.de/Sportflugzeug-Cessna-150A-150L-Revell-H4113-1-48-/110681376517 [15.6.2011]. Ein Versuch der konsumgeschichtlichen Kontextualisierung der Grundlagen der materiellen Kultur sowie ihrer sozial- und kulturwissenschaftlichen Hauptinterpretationsansätze bei Dominik Schrage, Die Verfügbarkeit der Dinge. Eine historische Soziologie des Konsums, Frankfurt am Main 2009.

224 F. X. Schmidt, Vereinigte Münchner Spielkarten Fabriken KG, Flugzeuge Quartett Nr. II/78, München o. J.

Das autogerechte Osnabrück der späten 1950er und frühen 1960er Jahre

Selbstbild einer alten Stadt als Autotechnotop

Der Titel des illustrierten Stadtportraits, das vom Kultur- und Verkehrsamt der Stadt Osnabrück in den 1960er Jahren herausgegeben wurde, war sprechend: ‚Osnabrück. Schöne alte Stadt zwischen Teutoburger Wald und Wiehengebirge'.[225] Die Bischofs- und Ackerbürgerstadt, die sich spät, im letzten Drittel des 19. Jahrhunderts, aber im Unterschied zur westfälischen Nachbargroßstadt Münster nachhaltig industrialisierte, wollte trotz der noch überall sichtbaren Zerstörungen durch den Bombenkrieg – Osnabrücks Altstadt war zu über 80 % zerstört worden – vor allem im Hinblick auf die lange Dauer der Stadtgeschichte gesehen werden. Der Einleitungstext ging dabei bis an die Grenze der Geschichtsklitterung: von 16 Seiten befasst sich ein Absatz mit dem Krieg und seinen Folgen:[226]

> „Die Verluste an Kulturgut durch den letzten Krieg sind zwar hart, jedoch nicht so schwerwiegend wie zunächst vermutet. Ein Teil der schönen, reichgeschnitzten Bürgerhäuser ist dahin. Es steht der einzigartige Marktplatz mit Rathaus, Marienkirche und der Zeile spätgotischer Bürgerhäuser. (...) Die Industriewerke haben wieder aufgebaut; sie sind großer als vor dem Kriege. Mehr und mehr schließen sich die durch den Bombenkrieg gerissenen Baulücken. Wo das Moderne am Platz ist, haben die Bürger einen offenen Blick. (...) Weite Plätze, breite Straßen regeln den ständig wachsenden Verkehr der jetzt 145000 Einwohner fassenden Großstadt."[227]

Lässt man einmal außer Betracht, dass von Rathaus, Marienkirche und gotischen Bürgerhäusern 1945 nur noch brandgeschwärzte Fassaden standen – siehe Abbildung 179 –, ist der Hinweis auf die Veränderungen durch den Wiederaufbau bedeutsam, der hier noch als reine Erfolgs- und Modernisierungsgeschichte präsentiert wird. Tatsächlich gingen wesentliche Teile der historischen Bausubstanz, die den Krieg überstanden hatte, auf diese Weise zwischen den 1950er und 1970er Jahren endgültig verloren. Die Verkehrs- bzw. Autogerechtigkeit der alten Stadt war dabei das zentrale Paradigma, und im folgenden soll es darum gehen, anhand von ausgewählten Bildern diesen Prozess sichtbar zu machen: wie sich eine in ihren urbanen Maßen und Formen im Stadtkern mittelalterliche Stadt mit industriegesellschaftlichen Erweiterungen des 19. und 20. Jahrhunderts in ein Autotechnotop veränderte und das Auto in ihr Selbstbild aufnahm. Die Wende von den 1950er zu den 1960er Jahren scheint mir aus mehreren Gründen

225 Kultur- und Verkehrsamt der Stadt Osnabrück (Hg.), Osnabrück. Schöne alte Stadt zwischen Teutoburger Wald und Wiehengebirge, Osnabrück ³1964.

226 Vgl. die zeitgeschichtliche im Hinblick auf den Zusammenhang zwischen NS-Herrschaft, Krieg und Bombenkrieg sehr ausgewogene Darstellung der Stadt Osnabrück auf ihrer Internetseite: http://www.osnabrueck.de/9044.asp [17.6.2011]; Matthias Rickling, Der Tag, an dem Osnabrück unterging – 13. September 1944, Gudensberg-Gleichen 2004.

227 Osnabrück ³1964, S. 24.

dafür besonders geeignet zu sein. Einmal tritt die Veränderung durch und für das Auto in dieser Zeit in eine neue Phase,[228] die man artefaktgeschichtlich an der Abschaffung der Straßenbahn im Jahr 1959 festmachen kann. Dennoch ist in dieser Zeit der öffentliche Raum noch nicht in dem Maß für das Auto erschlossen, wie dies zehn Jahre später, an der Wende der 1960er zu den 1970er Jahren, der Fall und durch erste Staus auf Aus- und Einfallstraßen sowie durch ein wachsendes Parkplatzproblem sichtbar werden wird.

Abbildung 178
Einer der schwersten Bombenangriffe fand am 25.3.1945 statt. Die brennende Stadt danach, im Vordergrund die Lutherkirche.[229]

Abbildung 179
Die Bürgerhäuser am Markt 1945. Man sollte es nicht leichtfertig und kontextfrei feststellen, aber der Krieg hatte die Funktion eines Modernisierungskatalysators.[230]

228 Grundlegend Barbara Schmucki, Der Traum vom Verkehrsfluss. Städtische Verkehrsplanung seit 1945 im deutsch-deutschen Vergleich, Frankfurt am Main u. a. 2001.

229 Heinrich Borchelt, Heinrich Göers, Heimatkunde für die Schulen der Stadt Osnabrück und des Osnabrücker Landes, Osnabrück [9]1964, S. 61.

230 Ebd., S. 60.

Die Ausgangslage der automobilen Modernisierung[231] Ende der 1950er Jahre, also noch vor dem Anschluss Osnabrücks an das Autobahnnetz, beschreibt eine Heimatkunde aus dem Jahr 1964:

> „Osnabrück hat eine günstige Verkehrslage. Schon in alten Zeiten liefen hier wichtige Handelswege zusammen. Heute ist unsere Heimatstadt ein bedeutender Eisenbahnknotenpunkt. Einige Hauptstrecken kreuzen sich in Osnabrück (...). Über den Hafen am Stichkanal haben wir Anschluß an den wichtigen Mittellandkanal. Zahlreiche Autobuslinien besorgen den Zubringerverkehr zur Stadt, die mitten in einem Netz guter Landstraßen liegt. Die bedeutendste unter ihnen in die Bundesstraße 51, die täglich von mehreren tausend Lastautos und Personenwagen befahren wird."[232]

Abbildung 180[233]

Das Luftbild der Innenstadt, von Norden aus aufgenommen, zeigt recht gut die verkehrstechnische Problematik, die das Heimatkundebuch andeutet. Der kleine mittelalterliche Stadtkern um Rathaus, Marienkirche und Dom – hier links im Vordergrund – die ‚Neustadt'-Erweiterungen bis zu der im rechten Bildhintergrund gerade noch erkennbaren Lutherkirche und die Eisenbahn- und Industriegebiete hinter dem Hauptbahnhof links oben sind Ende der 1950er, Anfang der 1960er Jahre alles andere als autogerecht. Die B 51 führt als Magistrale von Süden

231 Vgl. Bernhard Schäfers, Moderne, in: ders. (Hg.), Grundbegriffe der Soziologie, Opladen [6]2000, S. 246–249.

232 Ebd., S. 47.

233 Osnabrück [3]1964, S. 83.

in die Stadt hinein und trifft in der Neustadt auf den innerstädtischen Ring, den Wall. Der gesamte Durchgangsverkehr nach Norden muss sich auf dem Wall um die Innenstadt herumquälen, was mit zunehmender Verkehrsdichte immer mehr zum Problem wird. Das Oberzentrum mit seiner Einkaufs- und Dienstleistungsinfrastruktur zieht den autogestützten Verkehr einer ganzen Region zwischen der niederländischen Grenze und Ostwestfalen an – und lenkt ihn unmittelbar in das alte Stadtzentrum. Das geht gut, solange die innerstädtischen Kriegsbrachen Parkraum bieten, der allerdings mit der zunehmenden Bebauung rasant schwindet. Das Hertie-Kaufhaus am Neumarkt, eröffnet 1963,[234] wird darauf innovativ reagieren und sein Flachdach zum Parkplatz machen, das man über einen Autoaufzug erreichen kann: ein Stück US-amerikanischer Großstadt-Westernization in der Modernisierungsprovinz.

Abbildung 181[235]

Die Kathedrale des von Karl dem Großen 780 gegründeten Bistums Osnabrück, der in dieser Form seit etwa 1100 entstandene Dom St. Peter auf dem linken Ufer der Hase,[236] ist hier nur

234 Quelle: http://www.os-nachbarn.de/Magazin/Tageszeitung/Artikel/5189/Das_unbekannte_Foto_Das_alte_Kaufhaus_Hertie [17.6.2011].

235 Osnabrück ³1964, S. 84.

236 Vgl. http://www.bistum-osnabrueck.de/kultur/dom-st-petrus.html [17.6.2011].

Kulisse für den verkehrstechnisch relevanten Domvorplatz, der in der Nachkriegszeit als wichtigster Altstadtparkplatz an Bedeutung gewinnt. Der erweiterte öffentliche Sakralraum des Bistums erhält damit eine neue, postkonfessionelle Zentralität, die gleichwohl im Schatten der mächtigen Doppeltürme steht. Modernisierung an sich ist ein soziologischer Idealtypus. Die reale Modernisierung hat die Form sukzessiver Neudefinition kulturell anders codierter Lebensräume und der Gleichzeitigkeit des Ungleichzeitigen. Auch die Besucher des rechts neben dem Dom gelegenen Jugendstil-Stadttheaters mit seinem Dreispartenprogramm Oper-Operette-Schauspiel werden in der Spielzeit den nahen Parkraum am Dom zu schätzen wissen. Zugeparkt wird auch die Kleine Domsfreiheit links neben dem Dom und hinter der Bischöflichen Residenz. Nur der dort abgehaltene Wochenmarkt kann das einschränken.

Abbildung 182[237]

237 Osnabrück ³1964, S. 95.

Die evangelisch-lutherische St. Marienkirche[238] am Marktplatz vor dem Rathaus wird schon in den 1950er Jahren nicht anders als der Dom eingeparkt. Das Vordringen des Autos im Stadtraum verbindet man oft mit den großen Straßenumbauten der 1960er Jahre, die auf die steigende Individualmotorisierung des voraufgegangenen Jahrzehnts reagiert. Die heutige vollständige Autofreiheit des Markts ist in dieser Zeit weder vorstell- noch durchsetzbar.[239] Automobilität repräsentiert in der Modernisierungskonjunktur die soziale Vorzeigereichweite: für die Gottesdienstbesucher in St. Marien, aber auch für die Gäste des Ratskellers. Die urbane Sozialität verändert durch diese automobile Partizipation nachhaltig ihr Verständnis des öffentlichen Raums: Öffentlich ist nicht mehr das, was durch symbolische soziale Performanz und Interaktion mit Sinn erfüllt wird, sondern die für den fließenden und ruhenden Individualverkehr nutzbare Verkehrsfläche. Niemals in der Geschichte der abendländischen Stadt ist Öffentlichkeit so eng als Verkehrszugänglichkeit definiert worden wie in der Hochphase der Autogerechtigkeit zwischen den 1950er und 1970er Jahren.

Abbildung 183[240]

238 Vgl. http://www.marien-osnabrueck.de [17.6.2011].

239 Thomas Südbeck, Motorisierung, Verkehrsentwicklung und Verkehrspolitik in Westdeutschland in den 50er Jahren, in: Axel Schildt, Arnold Sywottek (Hg.), Modernisierung und Wiederaufbau. Die westdeutsche Gesellschaft der 50er Jahre, Bonn 1998, S. 170–187.

240 Kultur- und Verkehrsamt der Stadt Osnabrück (Hg.), Osnabrück. Schöne alte Stadt zwischen Teutoburger Wald und Wiehengebirge, Osnabrück ²1958, S. 87.

Die verkehrstechnotopisch stimmungsvolle Abbildung stammt aus der zweiten Auflage des Verkehrsamt-Bildbandes aus dem Jahr 1958. Die Bildunterschrift „St. Marien, Südfront mit Brautportal“[241] lenkt noch von dem ab, was das Foto zumindest und, wenn nicht sogar in erster Linie zeigt: den Autoverkehr vor der Marienkirche und erste Ansätze, ihn behelfsmäßig zu regulieren. Das nasse Kopfsteinpflaster schimmert nicht vom Licht, das aus dem Kirchenschiff nach draußen fällt, sondern von den Autoscheinwerfern. 1958 ist das Kultur- und Verkehrsamt der Stadt noch nicht soweit, den *cultural code* seiner Doppelbezeichnung in der Automobilität zu sehen: Kultur und Technik werden noch getrennt. Das Auto ist noch nicht das Hauptmittel zum Stadterlebnis, allerdings auch nicht mehr wegzudenken.

Abbildung 184[242]

Das Auto besetzt nicht nur den historischen Stadtraum, es definiert ihn auch neu. In dem Bildband des Kultur- und Verkehrsamts dominieren die Schwarzweißaufnahmen – dem Volkswagen Ghia von Karmann ist ein Farbbild gewidmet. Das wiederaufgebaute Rathaus des Westfälischen Friedens ist ein hübscher Hintergrund für den Fast-Sportwagen mit Boxermotor im Schatten der Treppengiebelhäuser. Das *Branding* ist im Vormarsch: Markenprodukte und ihre

241 Ebd.

242 Osnabrück ^{3}1964, S. 103.

Logos erobern das Stadtbild,[243] und wer wollte bestreiten, dass jeder Stadtrat gut daran tut, sich über den Absatz der Markenprodukte des Arbeitgebers Karmann Gedanken zu machen. Mobilität und Konsum sind Artikulationsformen des Wohlstands. Mobilitäts- und Konsumpartizipation von unten überlagern erfolgreich die Schatten hochtotalitärer politischer Mobilisierung von oben. In der Mobilitäts- und Konsum-, weniger in der politischen Kultur entscheidet sich, dass Bonn nicht Weimar[244] wird.

Abbildung 185[245]

Ein Karmann Ghia 1200 vor einem vorbildlich renovierten Bauernhaus in der Nähe von Osnabrück. Volkswagens Beitrag zur Massenmobilität trägt dazu bei, den Stadt-Land-Gegensatz zu verringern, fördert den sozialen Typus des Pendlers und damit die Zersiedlung stadtnaher Landgebiete, in denen Höfe wie dieser liegen. Der Bildband berichtet über Karmann:

243 Vgl. Günther Oetzel, Konsum(t)räume. Die Warenwelt als Technotop, in: *Journal of New Frontiers in Spatial Concepts* 2 (2010), S. 1–11.

244 Fritz René Allemann, Bonn ist nicht Weimar, Köln 1956.

245 Osnabrück ^{3}1964, S. 181.

> „Das Karosseriewerk Wilhelm Karmann G. m. b. H., Osnabrück, wurde 1874 gegründet. Heute beschäftigt das Unternehmen 6000 Arbeitskräfte, die im Karosseriewerk, im Preßwerk und im Werkzeugbau eingesetzt sind. Durch die von diesem Werk herausgebrachten Fabrikate gelang es dem Unternehmen, sich gegen deutsche und ausländische Konkurrenz erfolgreich durchzusetzen. Karmann-Karosserien sind weltbekannt."[246]

2009 ging das Traditionsunternehmen in die Insolvenz und wurde 2010 aufgelöst.

Abbildung 186[247]

Osnabrück bekommt erst Ende der 1970er Jahre eine Stadthalle für größere Veranstaltungen. Bis dahin finden diese in einem schlichten Zweckbau an der Ausfallstraße nach Diepholz und Bremen statt, der Halle Gartlage.[248] Sie war 1954 als Viehauktionshalle errichtet worden und verfügte im Vergleich zu Innenstadtlagen über einen unschlagbaren Vorteil, den die Abbildung gut erkennen lässt: viel gut anfahrbaren Parkraum. Bis 1959 konnte sie auch mit der Straßenbahn erreicht werden. Kleintierzüchter, Karnevalisten und Rockbands, die für Auftritte in der Halle Münsterland in der Nachbarstadt nicht publikumsträchtig genug waren, gaben ihr vor der Epoche der Medialisierung und Eventisierung das Profil. Die freie Fläche um die Halle war, wie man sehen kann, nicht betoniert und verwandelte sich unter nordwestdeutschen Witterungsbedingungen regelmäßig in einen Schlammsee. Zur automobilen Modernisierung gehört auch das Vordringen der großen Parkplatzflächen mit der ihnen eigenen Straßenmöblierung: Beleuchtung, Beschilderung und Markierung. Unreguliertes Parken ist angesichts der Dynamik des Verkehrswachstums nicht möglich. Die Stadthalle von 1979 wird gleich eine Tiefgarage haben.

246 Ebd., S. 204.

247 Osnabrück ^{3}1964, S. 140.

248 Vgl. http://de.wikipedia.org/wiki/Gartlage [17.6.2011].

Abbildung 187[249]

Innenstadt mit und ohne Straßenbahn: unten der Blick vom Platz vor dem Gerichtsgebäude in die Wittkindstraße mit einem Straßenbahnzug der Linie 3 in der Fahrbahnmitte, oben die neue Verkehrsführung mit Busbahnhof. Die Staus nach der Straßenbahn sind von neuer Qualität.[250]

Abbildung 188[251]

249 Osnabrück ^{3}1964, S. 157.

250 Kurt Möser, Der Stau – Zur Geschichte der Überfüllung des Verkehrssystems, in: Torsten Meyer, Marcus Popplow (Hg.), Technik, Arbeit und Umwelt in der Geschichte. Günter Bayerl zum 60. Geburtstag., Münster u. a. 2006, S. 281–296.

251 Alfred Spühr, Claude Jeanmaire, Die Osnabrücker Strassenbahn. Die Geschichte der elektrischen Strassenbahn, deren Vorgänger und Nachfolger, Villigen/Schweiz 1980, Abb. 283.

Abbildung 189[252]

Noch einmal die Wittekindstraße, hier mit Blick auf das Gerichtsgebäude am Neumarkt: In der Auflage von 1964 ist diese freundliche Modernisierungsidylle in sanften Tönen nicht mehr enthalten, deren Botschaft das Nebeneinander von starkem Verkehr und der Möglichkeit zum Flanieren und Einkaufen ist. Genau dies wird sich in den 1960er Jahren immer mehr zum Gegensatz entwickeln. Bis zur Einrichtung der Fußgängerzone in der Großen Straße 1972 schränkt der Autoverkehr dort die Konsummöglichkeiten erheblich ein. Als Folge der fortschreitenden Sperrung der Altstadt bleibt der Verkehr auf dem Wall – und steht. Die Stadtplanung kommt hier an die Grenzen kybernetischer Steuerungsmodelle, nicht nur bei Ampelphasen, sondern im Umgang mit ganzen Plätzen wie dem Neumarkt, bei dem über die Jahrzehnte ein Konzept von der Untertunnelung bis zur Wiedereinführung von Fußgängerüberwegen das andere ablöst, ohne an dem grundsätzlichen Widerspruch von konsumerschließendem Verkehr und Realkonsum durch Begehbarkeit des Zentrums etwas ändern zu können.

252 Osnabrück ²1958, S. 141.

Abbildung 190[253]

Osnabrück nennt sich gern Großstadt und ist es formal erst seit 1939. Die Rasterfassade des Gebäudes der Niedersächsischen Provinzialbrandkasse am Neumarkt hat zwar nur sieben Stockwerke, wirkt in ihrem Umfeld aber großstädtisch. Das würde deutlich, könnte man die andere Straßenseite sehen, die von wenig profilierter Wohnbebauung beherrscht wird, die bis unmittelbar an das Schloss heranreicht. Der Raum zwischen Neumarkt und dem Wall, der sichtbar wird, wenn man sich an der Stelle, an der diese Aufnahme gemacht wurde, umdreht, gehört zu den kuriosesten Modernisierungsbrachen, die ich kenne. Mehrspurig führt der Neue Graben zum Heger-Tor-Wall. Gegenüber vom ehemals Fürstbischöflichen Schloss, heute Sitz der Universität, lag jahrelang der als Parkraum genutzte Nichtplatz des Ledenhofs. Die dort Ende der 1970er Jahre errichtete Tiefgarage wurde aus statischen Gründen mit Steinwerk bedeckt, das einen neuen innerstädtischen Antiraum erzeugte, auf dem man dem im Regen dem Verkehrsfluss oder Stillstand auf dem Neuen Graben zusehen kann.

253 Osnabrück [3]1964, S. 158.

Abbildung 191[254]

Wiederum kann der Bildvergleich der Situation am Nicolaiort mit und ohne Straßenbahn – Bild unten, Bild oben – zeigen, wie erheblich die Verkehrsinfrastruktur die soziale Konstruktion eines Platzes beeinflusst. Wo vorher die Inselbahnsteige der Straßenbahn lagen, befindet sich später eine großzügige, aber sinnlose Verkehrsfläche, weil im Hintergrund die enge Gasse der Herrenteichstraße anschließt. Die auf dem Bild unten noch fehlende neue Eckbebauung folgt ungefähr der alten Bebauungslinie und macht den neuen Nicolaiort zu einer symbolisch schimmernden Asphaltfläche mit breiten Zebrastreifen. Heute ist der gesamte, von Straßencafés eingerahmte Platz Fußgängerzone und aufgrund seiner Zentralität ein beliebter Standort für diverse kommerziell-kulturelle, gastronomische und mediale Events.

Abbildung 192[255]

254 Osnabrück [3]1964, S. 162.

255 A. Spühr, Die Osnabrücker Strassenbahn, Abb. 164.

Abbildung 193[256]

So westeuropäisch kann Niedersachsens drittgrößte Stadt aussehen, und das liegt mindestens so sehr am innenstadtbeherrschenden Hochhaus am Berliner Platz wie an den neuen Renault Dauphine-Modellen eines Händlers, der das Zentrum noch nicht verlassen hat. Allerdings spricht die umgebende Architektur des Viertels am nordöstlichen Rand der Altstadt klar zur Sache: Osnabrück, nicht Enschede. Die Wiederaufbau-Neubauten wie hier in der Bildmitte rechts hinter dem Hochhaus, die bei näherem Hinsehen durchaus nicht nur Platzhalter sind, sondern Varianten gebremster architektonischer Erneuerung im traditionellen Formrahmen darstellen, finden sich so z. B. nicht in den Niederlanden. Bis in die 1970er Jahre bleiben kriegslückenbedingte Durchblicke auf Häuserrückseiten und in Hofstrukturen mit ihren Zweckgebäuden und Garagen in Osnabrück wie anderswo typisch. Hier ist das links neben der im westlichen Abendlicht glänzenden Hochhausfassade gut erkennbar und dürfte aus den höheren Stockwerken dieses Gebäudes sogar der dominierende Eindruck sein.

256 Osnabrück [3]1964, S. 163.

Abbildung 194[257]

Der Rosenplatz in der Neustadt. Das Grundverkehrsgeräusch kommt hier nicht durch den Individualverkehr zustande, sondern ist der Nord-Süd-Hauptbahnstrecke geschuldet, die knapp hinter dem Rosenplatz die Meller und Iburger Straße auf Überführungen quert. Der unscheinbare, wenig attraktive Platz ist im Blick auf die Verkehrslenkung nicht unwichtig: von Süden mündet die B 51 aus Richtung Münster hier in die Innenstadt. Der Wald an Richtungsschildern in der rechten Bildmitte lässt erkennen, wie der von dort kommende Fern- und Durchgangsverkehr hier geführt werden soll: nicht geradeaus in die Altstadt, sondern nach links in den weiteren Rosenplatz und dann um einen Bebauungsblock herum auf den Johannistorwall. Diese Verkehrspädagogik, die ursprünglich aus der Zeit der Straßenbahn stammt und die trotz der im Wiederaufbau um drei Meter zurückgesetzten Bebauung immer noch schmale Johannisstraße vor Überlastung schützen will, bewirkt, dass der Rosenplatz nichts anderes ist als eine Verkehrsdurchschleusungsfläche. Das ist ein trivialer Befund, aber er gilt für jeden einzelnen der städtischen Plätze am Rand der Altstadt, in den Ausfallstraßen münden. Man muss kein Retro-Idylliker oder grundsätzlicher Autogegner sein, sondern kann sich ganz nüchtern an die Quartiersentwicklung um solche Plätze herum halten, um darin eine schwer reparable Beschädigung urbaner Sozialität zu sehen.

257 Osnabrück ^{3}1964, S. 164.

Abbildung 195[258]

Die Straße ist gar nicht zu sehen, und doch erkennt man ihre Präsenz. Diese Fußgängerbrükke am Westerberg überquert die Caprivistraße. Die Allgegenwart des Autos bewirkt die Einrichtung von Fußgängerbiotopen, deren einzelne Teile durch solche Brücken kreuzungsfrei nach der Logik von Autobahnbrücken verbunden werden. Je weiter die Autofreundlichkeit zunimmt, desto klarer wird die Herrschaft der automobilen Apartheid, die den schwächeren Verkehrsteilnehmer, den Fußgänger, ghettoisiert. Alle Proklamationen der Straßenverkehrsordnung zu seinem Artenschutz, die jeder angehende Autofahrer und sonstige Teilzeitfußgänger zumindest theoretisch einmal zur Kenntnis nehmen muss, ändern nichts an einem strukturellen Feindverhältnis, das im übrigen zur Geschichte des Automobils gehört. Die Autofreiheit der Alt- und Innenstädte ist keineswegs eine konzeptionelle Antwort auf dieses Problem, sondern eine Notbremse zur Wahrung der Konsumfreiheit und zur Sicherung des Verkehrsflusses, dem die planenden städtischen Obrigkeiten außerhalb der konsumptiven Zentren mit Grünphasen und eben mit Fußgängerbrücken auf die Sprünge helfen wollen. Viele Fragen bleiben hier offen: Was wird aus dem öffentlichen Personennahverkehr? An der Wende von den 1950er zu den 1960er Jahren beherrschen Anderthalbdecker-Omnibusse nach einem kurzen dysfunktionalen Intermezzo von elektrischen Oberleitungsbussen das Bild – und stehen mit dem anschwellenden Individualverkehr auf dem Wall im Stau. Für eine U-Bahn ist Osnabrück zu klein, und die Straßenbahn kommt nicht wieder. Heute ist die abgebildete Brücke Teil einer beliebten Inlinerstrecke am Stadtrand.

Was das Kultur- und Verkehrsamt hier 1957 präsentiert (Abbildung 196), ist nicht ganz ehrlich. Wirft man einen Blick auf die vorgeschlagenen Routen durch das Osnabrücker Land, wird schnell klar, dass sie sich in erster Linie an den Auto-Ausflügler und nicht an den Hobbyfahrradfahrer

258 Ebd., S. 165.

Abbildung 196[259]

richten. Das Auto erschließt die kulturellen Attraktionen, die Hünengräber, Wasserburgen, ehemaligen Klosteranlagen und Dorfkirchen aus karolingischer Zeit und ermöglicht Rundfahrten bis zu 100 Kilometern. Die Broschüre bedient ein gerafftes Interesse an kulturgeschichtlicher (und immer auch noch konfessioneller) Identität: „Venne: Paterstein, zur Erinnerung an einen vor der Kirche erschlagenen Priester. – Ostercappeln: in der neuen kath. Kirche Triumphkreuz des 14. und Madonna des 16. Jahrhunderts. – Schledehausen: Alte Kirche kurz nach 1243, in der neuen Reste eines Steinaltars des 15. Jahrhunderts. – Schelenburg: Eine der ältesten Renaissance-Wasserburgen Nordwestdeutschlands (1490–1532)."[260]

259 Kultur- und Verkehrsamt der Stadt Osnabrück (Hg.), Rund um Osnabrück. 6 Tage mit Auto oder Fahrrad, Osnabrück 1957, Cover.
260 Ebd., S. 2 b.

Ausblick auf die 1970er Jahre

Abbildung 197[261]

Beleuchtete Richtungsanzeiger am Wall sollen einen Autoverkehr organisieren, der durch einen konsequenten und noch weitergehenden Ausbau der Anschlüsse an das Fernstraßennetz in die Innenstadt gelenkt wird. War Osnabrück zunächst Eisenbahnknotenpunkt, so liegt es in den 1970er Jahren an der Kreuzung der Autobahnen Hamburg-Ruhrgebiet und Niederlande-Hannover-Berlin. Stadtumgehungen beginnen zu fehlen, da die Aufnahmefähigkeit des Walls um das Zentrum für Durchgangsverkehr und Pendler längst an seine Grenzen gekommen ist.

261 Verkehrsamt der Stadt Osnabrück (Hg.), [Ohne Titel, Broschüre],[o.J., 1970er Jahre], S. 33.

Abbildung 198[262]

Das Auto als Schicksal: hier ein Blick auf die Halden von VW-Porsches 914 – des „Volksporsche“ – und VW-Schiroccos bei Karmann in den 1970er Jahren. Die Firma lebt vom Cabriolet- und Coupé-Bau und steht mit ihrer Firmengeschichte für die langanhaltende Konjunktur im Zeitalter der automobilen Modernisierung. Nicht nur soziologische Prognostiker ahnen, dass diese Grenzen haben könnte,[263] und, einmal ganz abgesehen von der seit dem Club-of-Rome-Bericht weltweiten hochemotionalen Diskussion über die Endlichkeit von Ressourcen, ist die Begrenztheit des städtischen Raum des Firmensitzes Osnabrück kein schlechtes, weil sehr sachliches Beispiel für die konkreten Grenzen des Wachstums. Seit den 1970er Jahren wird die Stadt- als Verkehrsplanung immer weitere Teile der Alt- und Innenstadt für den Individualverkehr sperren und seine Begehbarkeit im Wortsinn fördern – und Tiefgaragen bauen.

Abbildung 199[264]

262 Ebd., S. 50.

263 Daniel Bell, Die nachindustrielle Gesellschaft, Frankfurt am Main/New York 1975 (zuerst u. d. T. The Coming of the Post-Industrial Society. A Venture in Social Forecasting, New York 1973).

264 A. Spühr, Die Osnabrücker Straßenbahn, Abb. 350. Die Johannisstraße vor dem Neumarkt als Fußgängerzone mit Warntafeln für Busfahrer.

Abbildung 200[265]

Abbildung 201[266]

265 Ebd., Abb. 252: Bushaltestelle am Neuen Graben gegenüber dem Schoss im Stau, 1970er Jahre.

266 Ebd., Abb. 353: Stau auf dem Wall. 1970er Jahre, der Busverkehr steckt fest.

Die Jahre um 1960 als Motiv von H0-Anlagen im Eisenbahn- und Modellbahnmagazin

Warum genießen die Jahre um 1960 als Motiv Jahre auf H0-Modellbahnanlagen eine so auffällige Beliebtheit? Was macht diese Zeit für die Darstellung im Maßstab 1 : 87 so besonders anziehend? Zunächst wird man autobiographische Gründe nennen können: die ausschnitthafte Rekonstruktion von Kindheits- oder Jugendwelten. Maßgeblich dürften dabei oft konkrete heimatliche Szenen sein, die in der Erinnerung positiv besetzt sind und dann idealisierend nachgebaut werden sollen. Oft werden auch Modellandschaften um einzelne, besonders wertgeschätzte Artefakte herumgebaut: einen V 200-geführten Schnellzug, einen Pendlerhaltepunkt mit BR 23 und Nahverkehrszug, vielleicht aber auch nur den Familien-VW-Käfer 1200. Die mediale Präsenz dieser Zeit u. a. durch bezugnehmende Zitate in der Werbung und die zunehmende museale Wiederbereitstellung ist hoch, da sie auch in Politik, Wirtschaft und Kultur eine als besonders dicht erfahrene Epoche war, in der viel Wandel neben viel Kontinuität stand. Ich vermute genau darin den eigentlichen Grund für die Attraktionskraft dieser Jahre. Ähnlich wie das Jahrzehnt vor dem Ersten Weltkrieg – Philipp Blom hat es in seinen ‚Vertigo years'[267] anschaulich nacherzählt – sind die Jahre um 1960 eine Schlüsselzeit ungleichzeitig-gleichzeitiger technotopischer Veränderung, in der Altes und Neues nebeneinandersteht: Die Technologie und Technik der 1930er Jahre bestimmt noch weithin die Formensprache der Lebenswelt, die durch Wiederaufbau, Verwestlichung und den Weg zur endgültigen Durchsetzung der Massenmobilitäts- und Massenkonsumgesellschaft zugleich einem enormen, ja tatsächlich so großen Veränderungsdruck ausgesetzt ist, dass das soziopolitische Gefüge und die politische Kultur der Bundesrepublik am Ende des Jahrzehnts ein beachtliches, 1968 ermöglichendes Glaubwürdigkeitsdefizit geraten. Insofern sind die frühen 1960er Jahre zwar die Zeit vor 1968 und allem, was zu beginnen seither nicht aufgehört hat, andererseits – Stichworte Berlin-Kubakrise und Spiegelaffäre – aber auch keine antikomplexe Stillstandsidylle. In diese Zeit fällt die Gewöhnung an die Normalität konsumgesellschaftlicher Verhaltensweisen in der Tiefe der westdeutschen Gesellschaft und in allen Generationen, was wiederum Generationenbilder und -Verhältnisse relativiert. Die individuellen Reisemöglichkeiten öffnen Horizonte und erlauben zunächst noch bescheidene Ausbrüche aus den Bindungen von Schicht und Konfession, Familie und Bildungsstand. Gleichwohl sind alle diese traditionellen Bezüge und wenn auch nur in Form des Mentalitätsschattens noch präsent: Kleiderordnung, Kragenordnung und Geschlechterordnung sind noch nicht erodiert. Kann man das auch nur annähernd auf einer Modellbahn darstellen? Sicherlich nicht, aber es gehört zur *hidden agenda* symbolisch-kultureller Repräsentation, und gar nicht so selten kommt es direkt auf den Anlagen vor: Zeitgenössi-

267 Philipp Blom, The Vertigo years and the culture of the West, 1900–1914, London 2008.

sche Wahlplakate oder minutiös nachgeahmte Wandschmierereien – „Weg mit dem KPD-Verbot!" –, Werbung in jeder Form, gelegentlich sogar mit Preiser-Figuren nachgestellte politische Manifestationen von Vertriebenen oder aus Anlass des 17. Juni auf öffentlichen Plätzen sollen westdeutsche Epochenauthentizität erzeugen. Die Konstruktionsweisen dieses Bemühens um Authentizität an einigen, oberflächlich betrachtet, nur im Hinblick auf das handwerkliche Können signifikanten Beispielen aus dem Eisenbahn- und Modellbahnmagazin (künftig: em) sichtbar zu machen, ist das Ziel dieses Beitrages. Es geht mir vor allem um die Frage, was die Gestalter der Anlagen bauen und welches Bild der Bundesrepublik um 1960 sie auf diese Weise zum Ausdruck bringen. Modellbahnanlagen sind Identitätsprothesen. Mich interessiert, für welche Zwecke die H0-Prothetik wohl gedacht war.

Abbildung 202[268]

Dieses Bild könnte einen innergroßstädtischen Bahnübergang zwischen 1930 und 1960 zeigen. Nur wer ganz genau hinsieht, wird an dem Kiosk vorn links eine HB-Zigarettenwerbung entdecken, die eine ungefähre Zuordnung in der hier interessierenden Zeit ermöglicht. Die Bebauung von vor dem Ersten Weltkrieg kann ihr Alter nicht verbergen, erlaubt aber für sich genommen keine Datierung zwischen 1914 und der Adenauerzeit: genau darin liegt die Stärke dieser Szene. Wir blicken aus einer leicht erhöhten Kameraperspektive auf eine rauhe Bahnseite. Die Straßenquerung der Hauptbahn ist keine blanke Asphaltfläche, sondern gepflastert, schadhaft und im Rinnstein verdreckt. Die Kantsteine des Bürgersteigs sind brüchig. Links hinter dem Kiosk, parallel zu den Schienen, beginnt eine wild und ziemlich trostlos zugewucher-

268 [em-Red., Foto Rudols Elsner], Bilder eine H0-Anlage. Motivsuche, in: em 10 (1986), S. 94.

te Brachfläche, in der ein verrostetes Streckenhäuschen steht. Das Bahnwärterhaus im Reichsbahnstil ganz rechts lässt erkennen, dass dieser Übergang mit Gehänge-Bahnschranken noch von Hand bedient wird. Auf der anderen Seite der geschlossenen Schranken, die einen Zug erwarten lassen, beschirmt eine asymmetrische und verfallende Mauer die Grundstücksspitze eines kleinen Kohlenhandels, dessen Fachwerkbaracke sich an die stockfleckige Brandmauer des Nachbarhauses lehnt. Direkt dahinter liegt ein viergeschossiges Haus mit Eckkneipe, dessen Schultheiss-Werbung uns signalisiert, dass wir in West-Berlin sind. Das erklärt auch die Atmosphäre des Stillstands und Verfalls nicht nur von Bausubstanz und Infrastruktur.[269] Kahle Äste großer Bäume ragen über den Himmel über Berlin, dessen Wolken möglicherweise schon über der anderen Seite, über Ulrichts ‚Pankow' oder seinem roten Preußen, stehen, das jedenfalls die Reichsbahn-Regie auch im Westen der Stadt hat. Die Fernsehantennen auf den Dächern zeigen, dass es zumindest mediale Brücken in das ferne und in vielem fremd werdende, vom Rhein aus regierte und stark auf den richtigen, den transatlantischen Westen bezogene Land gibt, das die West-Berliner mit einer gewissen Hartnäckigkeit Westdeutschland nennen und in einem Wort schreiben – so wie die Ost-Berliner ‚Westberlin': um Distanzierung zu einem suspekten Provisorium auszudrücken, in dessen Lebensalltag es noch viele Gemeinsamkeiten mit dem Osten gibt: offensichtliche und weniger offensichtliche.

Abbildung 203[270]

Auch wenn dies nur eine Werbeanzeige des H0-Herstellers Liliput ist: um 1960 beginnt der Anfang vom Ende der Dampflok. Baureihe um Baureihe verschwindet aus dem Regelbetrieb. Zunächst trifft es die tatsächlich altertümlich wirkenden Länderbahnloks im Reichsbahngewand, dann die Einheitsbaureihen, zuallerletzt 1977 die nützlichen Lastesel des Güterzugverkehrs in Nordwestdeutschland und Reserveloks. Bis 1980 wird eine ganz eigene Dokumentati-

269 Vgl. Wilfried Rock, Die Insel: eine Geschichte West-Berlins, 1948–1990, München 2009.

270 Liliput-Werbung, in: em 7 (1987), S. 95.

ons- und Literatursparte von Technikpublizistik entstehen,[271] die dieses Sterben der Urtraktion des Industriezeitalters begleitet, liturgisiert und kanonisiert: die Trauerarbeit ist erheblich, und die Gemeinde weiß: es gibt ein Wiedersehen, nämlich immer noch auf den Gleisen der DDR-Reichsbahn. Nie zuvor in der noch gar nicht so langen Geschichte der Industrialisierung ist ein industrielles Artefakt mit so viel Emotion, bei ungezählten ‚letzten Fahrten' bekränzt und mit Blechblasmusik aus seiner Funktionalität entlassen und in eine neue Existenzform überführt worden: als symbolischer Inbegriff der ersten Mobilitätsrevolution. Sollte es – woran ich nicht glaube – einen vergleichbaren Tod des Automobils mit Verbrennungsmotor in der uns bekannten Form geben, dann wird abzuwarten sein, ob es zu vergleichbaren Ritualen kommt, in denen die Hinterbliebenen einer Mobilitätstechnik sich als Trauer- und Erinnerungsgemeinde formieren. Liliput bietet jedenfalls Ende der 1980er Jahre werkseitig vorgealterte Modelle an, die hier in Rundschuppen-Perspektive als *Glory of steam* präsentiert werden. Zu diesen Betriebsspuren will allein die frühlingsgrüne Hecke links von der Drehscheibe nicht so recht passen, aber das kann passieren. Wie auch immer, hier liegt ein Hauptgrund für den Reiz der Jahre um 1960: im schwebenden Immer-noch, dessen Endlichkeit der Betrachter wehmütig ergänzt.

Abbildung 204[272]

Schrott auf der Modellbahn – eine Provokation! Die H0-Szene zeigt den Hof eines Schrottverwerters, der auch abgewrackte DB-Umbauwagen ihrer Letztbestimmung zuführt. Die Wieder- und Weiterverwendung ist ein Grundzug der Eisenbahn, da sie ein teures öffentliches Investitionsgut darstellt – was übrigens auch für die private Modelleisenbahn gilt. Das soziale Leben ihrer Artefakte ist beachtlich, und es gibt ein Leben nach dem Tod: in Form der Einzelteil- bzw. Materialverwertung, für den das DDR-Deutsch den wunderbar treffenden Begriff des ‚Sekundärrohstoffs' eingeführt hat: Schrotthändler beim Vorbild, Restekiste beim Modellbahner, oder eben als Motiv eigener Art.

Schiff-Schiene-Motive haben ihren besonderen Reiz, sind aber, wie dieser professionelle Entwurf einer 1960er-Jahres-Anlage zeigt, anspruchsvoll in der Umsetzung. Ivo Cordes und Benno Wiesmüller, zwei bekannte Modellbahnspezialisten aus der em-Redaktion, haben hier Hamburg-Harburger Eindrücke zu einem großstädtisch-großanlagenbeherrschten Technotop verdichtet, das sich wie eine Abbildung aus einer wirtschaftsgeschichtlichen Beschreibung

271 Vgl. z. B. Jean-Michel Hartmann, Dampflokomotiven in Deutschland, Stuttgart 1976.

272 Hans Hirblinger, Endstation Schrottplatz, Teil I, in: em 10 (1987), S. 75–77, 77.

Abbildung 205[273]

ausnimmt: Mehrere durch Bahnanschluss miteinander verbundene Bereiche sind herausgearbeitet. eine Hauptbahnbahnstrecke mit Vorortbahnhof, der zugleich aus S-Bahnstation ist und von den formschönen Hamburger S-Bahnzügen der Zeit angefahren wird; eine Blockstelle mit Abzweig in den Hafenbereich, wobei die Gleisanlagen so geschickt konzipiert sind, dass das ex-

273 Ivo Cordes, Benno Wiesmüller, Küstentraum, in: em 10 (1987), S. 98–105, 101.

emplarische Hafenbecken von einer echten Klappbrücke gequert wird. Nicht ein einziges Gebäude, das man hier sehen kann, ließe sich im Fachhandel als Fertigbausatz kaufen. Daher haben sich Cordes und Wiesmüller die Mühe gemacht, charakteristische Gebäudefassaden in H0 für den Nachbau nachzuzeichnen: eine frustrationsreiche Herausforderung, der sich nur Erfahrene stellen werden. Charakteristisch für die 1960er Jahre ist u. a. das Fehlen der Oberleitungs-Elektrifizierung selbst noch auf Hauptbahnen, der überschaubare Straßenverkehr, das Nebeneinander von altländischer, niedriger Stadtrandbebauung und der aus den Süderelbhäfen gegen sie vorrückenden Großindustrie – hier ist es die Harburger Hobum-Fettchemie, wie man am eindrucksvoll hohen Schornstein, aber auch an den großen, kainahen Hochspeichern erkennen kann. Die Quartierssanierung der 1970er Jahre hat die Szene noch nicht mit ihrer autoritären Mischung aus Abrissbagger und *social engineering* zur so säuberlichen wie folgenreichen Trennung von Wohn- und Arbeitswelt überzogen. Die beiden Anlagenentwerfer haben auch eine Variante für die 1970er Jahre vorgelegt, in der sie diesen Aspekt nicht genügend berücksichtigen: die Überlebenschancen der hier gezeigten Wohnbebauung sind in Zeichen sozialdemokratischer Modernisierungseuphorie und selbstverständlicher Hafenausbauförderung schlecht.

Abbildung 206[274]

Auch in der agrarisch-ländlichen Fläche der Bundesrepublik gibt es um 1960 einen Veränderungsschub, der mit der Maschinenverbreitung und Verkehrsinfrastrukturanbindung zu tun hat. Die alte Dampfwalze steht verrostet am rechten Bildrand, im Hintergrund ist reger Tansportverkehr an der Rampe der Kleinbahn vor dem Empfangsgebäude zu erkennen. Die Schmalspurbahn, der Bahnhof und der Lanz-Bulldog im Vordergrund sind alte Technik, die in Verbindung mit dem Magirus-LKW und dem VW 1200 aber in neue Netzfunktionalitäten eingebaut wird. Die Schmalspurbahn dürfte wenige Jahre später der Konkurrenz des LKW weichen. In Nordwest-, West- und Südwestdeutschland verschwinden so im Lauf der 1960er Jahre ganze Kleinbahnnetze, die nicht nur für die ‚Rübenkampagnen', sondern eben auch für den Personennahverkehr zuständig gewesen waren und in der zweiten Hälfte der 1950er Jahre häufig mit dieselelektrischen Triebwagen ein letztes Aufbäumen erlebt hatten.

274 Ulrich Moll, Kleinbahnromantik, in: em 5 (1988), S. 74 f., 75.

Abbildung 207[275]

Eine solche späte Schmalspurszenerie, in diesem Fall nach mittelfränkischem Vorbild und vielleicht in den 1950er Jahren, begegnet uns auch in den Abbildungen 207 und 208. Die im Dorf auf dem Straßenkörper verkehrende Kleinbahn, bei ihrer Einrichtung lange vor dem Ersten Weltkrieg ein Modernisierungsfortschritt, ist längst ein unzeitgemäßer Fremdkörper. Die altertümliche Dampflok mit hohem Schornstein kommt aus einer anderen Zeit als der DKW Meisterklasse und der Borgward Hansa, beide aus der ersten Hälfte der 1950er Jahre, in Abbil-

275 Wolfgang Pilartz, Ortsdurchfahrt Ettenheim, in: em 6 (1988), S. 62–65, 63.

dung 207 oben rechts. Die Straßenmöblierung entspricht noch nicht der scharfen Fahrbahn-Fußgängerweg-Trennung, die seit den 1960er Jahren in Stadt und Land zum Standard wird. Enge Kurven sind noch nicht beschildert, Grundstücke noch nicht durchgängig vom Straßenraum abgegrenzt. Genormte Garagen und echte Neubauten fehlen, das Neue erscheint in Form von An- und Umbauten. Überhaupt blüht eine Vielfalt von Schuppen, Verschlägen und Behelfsbauten bis hin zur Wohnbaracke in Abbildung 207 unten rechts. Mit den Agrar-Strukturveränderungen zuungunsten der Nebenerwerbsbauern werden auch die siedlungsnahen Kleinwirtschaften verschwinden und viel grünem Rasen weichen. An der Stelle des Hühnerstalls steht dann die Hollywoodschaukel, in der keiner sitzt.

Abbildung 208[276]

Ein niedersächsisches Feldbahnmotiv mit viel Grün von Woodland Scenics: nur wenige dieser vor allem im Moor anzutreffenden Strekken werden die 1970er Jahre erleben. Gut gesehen ist in Abbildung 208 unten die langsam vom Bewuchs überwucherte Hausruine, vor allem aber die Entdeckung solcher Gegenden durch Radfahrer und Spaziergänger. Arbeitslandschaften von gestern werden seit den 1960er Jahren zu Freizeiträumen.

Hier – Abbildung 209 – hat der Erbauer genau beobachtet und ins Detail investiert: vom filigranen Brückengeländer bis zur Gestaltung des Bachbetts. Auch dieses Naturotop ist nicht zeitlos. Die 1960er Jahre sind die Zeit entschiedener erschließender Raumregulierung u. a. durch Gewässerkorrektion, wo nicht Naturschutzschilder dies ausschließen. Die weite, nicht geschützte Fläche wird den Projektionen des Landschaftsdesigns unterworfen: im Interesse der Agroindustrie, der Ansiedlungsförderung oder der Verkehrsinfrastruktur, aber auch des Tourismus. Und über diese Interessen wird an immer ferneren Orten entschieden: in der Landeshauptstadt, in Bonn, in Brüssel.

276 Christian Meyer, Lehm-Bahn, in: em 8 (1988), S. 62–64, 63.

Abbildung 209[277]

Abbildung 210[278]

Abbildung 211[279]

Ein Nebenstrecken-Landbahnhof mit Postbusanschluss: die eingleisige Bahnlinie führt ein wenig an der Ortschaft vorbei, um das Empfangsgebäude unter großen Bäumen ist etwas mehr Verkehr. Uerdinger Schienenbusse halten hier, die Retter der Nebenbahnen nach dem Verschwinden der dampfgeführten Personenzüge; sie können dieses Versprechen gegenüber dem Druck des automobilen Individualverkehrs nicht lange halten. Das zu befördernde Publikum beschränkt sich immer mehr auf die drei As: Arme, Alte, Auszubildende, und wenn kein zu beliefernder Betrieb an der Nebenbahn liegt, ist ihre Zeit bald abgelaufen. Umgehungsstraßen verbinden die zunächst als Torso im Gelände stehenden Straßenbrücken – manchmal scheitert das auch, und die Brückenköpfe bleiben als Modernisierungsmahnmale für einige Zeit zurück. Man kann sie nur irgendwann abreißen, die vormaligen Bahnhöfe lassen sich umnutzen: zu Wohn- und Bordellzwecken oder als Spielotheken. Auf den Bahnsteigen wächst Gras, in Deutschland ein untrügliches Zeichen der Nichtnutzung.

277 Christian Hübschen, Rübenverladung, in: em 3 (1989), S. 92 f., 93.
278 Stefan und Burkhard Rieche, Steburg-Ost,, in: em 9 (1988), S. 81–84, 82.
279 Ebd.

Am Ortseingang Ettenhausen

Gerade fällt das Signal für die Gegenrichtung in die Hp-2-Lage

Abbildung 212[280]

Die Anlage in den Abbildungen 212 und 213 zeigt besonders schön die wirtschafts- und sozialhistorischen Schichten eines Mobilitätstechnotops. Dargstellt ist eine Hauptbahn am Rand des Ruhrgebiets mit charakteristischer Bebauung. Diese stammt aus der Expansionsphase des größten deutschen Industriereviers und spiegelt die besonderen Formen der sozialen Konstruktionen einer vom industriellen Arbeitstakt von Beginn an geformten Arbeits- und Lebenswelt. Die hohe Funktionalität der Bergmanns- oder Stahlwerkssiedlung mit eigenen Gärten, Taubenschlag und Rosenhecke in relativer Betriebsnähe stellt eine Besiedlungsform eines

280 Thomas Mauer, Im Kohlenpott, in: em 10 (1988), S. 80–83, 82.

Abbildung 213[281]

Agglomerationsraums dar, die weder städtisch noch ländlich, sondern irgendwo dazwischen, in jedem Detail aber eine Zuspitzung industrieller Technotopie ist. Tatsächlich alles: Wohnen, Konsumieren und Freizeit, aber auch die Fahrpläne der Züge und der Busse richten sich nach den Arbeitsschichten. Der fahrende Gemüsehändler ist in Zeiten vor Supermärkten auf grünen Wiesen kein Luxus, sondern eine Notwendigkeit. Diese Lebensverhältnisse sind an der Wende der 1950er zu den 1960er Jahren in sozialer Hinsicht nicht mehr innovativ und zudem nach realen Zahlen und der wirtschaftlichen Bedeutung der Montanindustrie im Schwinden begriffen:

281 Ebd., S. 83.

Die tragenden Milieus erodieren schnell und der Strukturwandel bringt vor allem eine weitgehende Verabschiedung aus der industriellen Leistungsgesellschaft mit sich, deren soziale Superkonstruktion das Ruhrgebiet verkörpert hatte.

Abbildung 214[282]

Auch wenn es schwer zu glauben ist: diese Maschinenhalle ist ein H0-Modell. So lässt man sich auf Details der Arbeitswelt nur ein, wenn man ihnen eine hohe Signifikanz für die eigene Identität zumisst, und diese Relevanzwahrnehmung ist völlig zutreffend. Auch wenn die hier aufgestellten Geräte schon in den 1920er Jahren verbreitet waren, steht diese Form der industriellen Produktion im Maschinenbaubereich für die Innovationskraft des westdeutschen Wirtschaftswunders, die überhaupt erst die Grundlage für die Erfolgsgeschichte sozialer Partizipation aller Generationen und eben auch aller Gesellschaftsschichten legt.

Man muss genau hinsehen, dann erschließt sich die Geschichte, die in Abbildung 215 erzählt wird. Zunächst hat man vor allem aufgrund des verwendeten rollenden Materials den Eindruck einer großstädtischen Szene vor einer Fabrikfassade von der Länge mehrerer D-Zugwagen der Modellbahnepoche III, also irgendwann vor 1968/70. Die beiden Figuren im Vordergrund sind der Schlüssel zum Verständnis. Sie sind H0-Versionen des Bildbetrachters, Eisenbahn- bzw. Dampflokenthusiasten, die an die Strecke hinter dem Stellwerk gekommen sind, um dort einen vom ‚Rassepferd', einer Schnellfahr- und Rekord-Schnellzuglok der Baureihe 05, geführten Zug mit Schürzenwagen (noch einmal?) zu sehen und offenbar auch zu fotographieren. 1958 wurde die letzten ihrer Art, die dem Bahnbetriebswerk Hamm zugeordnet waren, ausgemustert und durch die neue V 200 ersetzt.[283] Die Modelleisenbahn wird hier zum Ort eines teilweise fahrbaren Gedächtnisrituals, denn vielleicht sehr zur Freude der beiden faszinierten Betrachter fährt auch dieses hybride Supermodell einer DB-05 anders als ihr Vorbild am Ende doch im Kreis.

282 [em-Redaktion], Arbeit, in: em 9 (1989), S. 85.

283 Quelle: http://de.wikipedia.org/wiki/DRG-Baureihe_05 [29.6.2011].

Abbildung 215[284]

284 em 7 (1995), Cover und Jürgen Gottwald, Ungeliebtes Rennpferd, in: ebd., S. 86–89.

Der gute Stern

Die Mercedes-Biographie eines Citroën-Religiösen

Der erste mir vollständig einleuchtende Mercedes-Fahrer war der Internist und Hausarzt unserer Familie in Osnabrück. Er war Jahrgang 1918. Schon sein Vater war Arzt gewesen, allerdings mit der für eine überschaubare Großstadt nur in sehr kleinen Lettern auf dem Schild vermerkten fachärztlichen Kompetenz für Haut- und Geschlechtskrankheiten. Der Vater hatte dem Sohn die Teilnahme an Hitlers und seiner Deutschen Krieg durch entsprechende Gutachten erspart, was so peinlich wie effektiv vor der Zugehörigkeit zur ‚sauberen' Wehrmacht schützte. Außerdem hatte er ein von der Royal Air Force im Bombenkrieg verschontes schönes Jugenstilstadthaus mit Praxis, ein ansehnliches Vermögen, angelegt in robusten nordwestdeutschen Ziegeleiwerten, und ein Interesse für das Fliegen vererbt. Der Sohn machte aus seinem Sonderweg vor 1945 keinen Hehl und war ein wertkonservativer, persönlich liberaler Katholik, verheiratet mit einer praktizierenden Protestantin, und fünf Kindern. Obwohl, oder: weil er zugeben konnte, dass sein Kriegsmedizinstudium in Münster als erheblich eingeschränkt angesehen werden konnte, war er ein ausgezeichneter Arzt. Schon sein Vater hatte Mercedes gefahren, er war dabei geblieben. Wenn wir ihn in seiner Praxis aufsuchten, ging man unweigerlich an seinem auf dem Grundstück geparkten dunkelblauen 300er aus den 1960er Jahren vorbei. Durch die Freundschaft mit unserer Familie – mein Vater hatte durch persönlichen Einsatz einem seiner Söhne durch einen Umweg über die Realschule wieder zum Gymnasium und zum Abitur verholfen – nahm er uns gelegentlich in seiner Limousine, die mir als Kind vor allem aus einer unübersehbaren Kühlerhaube vor dem Stern zu bestehen schien, zum Osnabrücker Sportflugplatz mit, wo seine Cessna stand. Dann flog er uns nach Langeoog oder einfach nur übers norddeutsche Moor. Anfang der 1980er Jahre kaufte er sich einen neuen 300er und erlitt zweimal hintereinander einen Motorschaden bei Autobahnfahrten. Obwohl er mit dem Reparaturhandling der Osnabrücker Mercedes-Vertretung nicht unzufrieden war, schrieb an er an den Vorstand von Mercedes-Benz in der Erwartung eines technisch versierten und über Jahrzehnte treuen Kunden, eine persönliche Entschuldigung und, noch wichtiger, eine Art von Erklärung für diesen unglaublichen Vorfall zu bekommen, der zu seinen Grundüberzeugungen nicht passen wollte. Er hat nie eine Antwort erhalten. Daraufhin verkaufte er den wiederhergestellten Nicht-mehr-Neuwagen unter Verlust, erstand den größten auf dem Kontinent erhältlichen Jaguar in einer zudem sehr englischen Farbe, und blieb dabei. Trotz mancher Werkstattaufenthalte war seine Zufriedenheit mit der neuen automobilen Identität groß. Im nachhinein scherzte er über seine Mercedes-Verhaftung, die ohnehin zu seinen Flieger-Überzeugungen schlecht gepasst habe. Sein Sohn, der die Praxis übernahm, hat meines Wissens nie einen Mercedes gefahren. Für die Citroën-Religiosität unserer Familie war er übrigens nicht zu gewinnen. Sein Takt war groß genug, nicht auszusprechen, was er wohl dachte: dass die Vorzeigereichweite einer DS und ihrer Nachfolgerinnen nicht seinen Vorstellungen entsprach. Als französischer Landarzt: vielleicht.

Abbildung 216[285]

285 Westermann Monatshefte 105 (1964), H. 4, S. 87.

Unser Nachbar auf der anderen Straßenseite betrieb hinter seinem Mehrfamilienhaus mit Ladengeschäft eine kleine Gärtnerei, deren Produkte er zunächst im Laden, nach dessen Vermietung an eine türkische Näherei auf dem Wochenmarkt, schließlich nur noch an wenige Privatkunden verkaufte. Die Langsamkeit des emsländischen Platt, das er sprach, stand jeder Verständigung etwas im Weg, wurde aber durch große Freundlichkeit ausgeglichen. Dem kindlichen Auge erschien der Gärtner von schmaler Statur seit jeher als uralt. Wahrscheinlich war er Ende der 70er Jahre noch nicht einmal Siebzig. Im Alltag sah man ihn ausschließlich in einem grünen Gärtnerkittel, mit speckigem Cordhut und nie anders als mit erdigen Händen, Blumentöpfen und Gartenwerkzeug. Die Hand gab ich ihm deswegen ungern, weil mir die schwarzen Erdränder seiner Nägel unangenehm waren und todesverbunden erschienen. In einem Holzverschlag, der wenig zur Linienführung seines späten 50er-Jahreshauses mit einem Fliesenmosaik an der Rückwand des vormaligen Gemüseladens passen wollte, stand sein schwarzer 190er Ponton-Mercedes. Tagsüber waren der Schuppen ebenso wie die Heckklappe zum Be- und Entladen offen. Mit zunehmendem Alter des Gärtners konnte man den Eindruck gewinnen, der Takt seines Tages werde durch Hin- und Hertragen von Holzkisten und Töpfen von und zum Auto bestimmt. Dazu passte auch das Startgeräusch, dass der Diesel erzeugte. Er brauchte lange und immer länger, bis er kam, und erzeugte dann eine eindrucksvolle braun-blaue Qualmwolke, bevor sein Ton in ein gutmütig-regelmäßiges Nageln überging. Der Wagen wurde einmal die Woche, immer vor dem Markttag, bei jedem Wetter von Hand gewaschen und abgeledert. Sein Besitzer fuhr die kurze Strecke zum Wochenmarkt so langsam, dass er die Stadtbusse aufhielt. Auf dem Markt wiederholte sich das langsame Lade-Ritual, erschwert durch den Umstand, dass er angesprochen und dadurch in seinem Bewegungsablauf gestört wurde. Interessanterweise gehörte er anders als die gefühlte Mehrheit seiner Generationsgenossen nicht zu den Zigarrenrauchern. Ich gehe fest davon aus, dass der 190er die Stadtgrenzen von Osnabrück seit den späten 50er Jahren selten, vielleicht nie verlassen hat. Zunehmende Langsamkeit und wohl auch Krankheit führten irgendwann zum Verschwinden des Gärtners in irgendeiner Pflegeeinrichtung. Seine im Haus zurückbleibende Frau wurde immer unscheinbarer und unsichtbarer, bis auch ihre Wohnung neu bezogen wurde. Der 190er stand noch jahrelang in seiner Behelfsgarage, die erst abgerissen wurde, als der Laden an eine Fahrschule überging, die dort einen Stellplatz brauchte. Einige Zeit warteten bunte runde Golf-Diesel dort, die nicht qualmten oder nagelten – ihr eigenartiger Motorton hatte etwas von Nähmaschinen, die davon träumen, Maschinengewehre zu sein – und von den Fahrschülern auch im dritten Gang angefahren werden konnten, bevor die Fahrschule durch eine Kettenbäckerei ersetzt wurde. Auf dem Gelände der Gärtnerei hinter dem Haus liegt heute ein Garagenhof. Dort, wo der 190er über fünfundzwanzig Jahre zuhause war, parkt der japanische Kleinwagen der Bäckereiverkäuferin.

Abbildung 217[286]

Der uns nächstgelegene Osnabrücker Wochenmarkt fand auf dem Platz vor einer katholischen Kirche statt, die in einem sonderbaren neoromanischen Stil gehalten war und uns als Protestanten trotz der Teilnahme an manchen Passageriten bei Nachbarn gewissermaßen doppelt fremd blieb. Ihrem Haupteingang gegenüber lag die Praxis unseres Hausarztes, der sie auch scheuß-

286 Westermann Monatshefte 105 (1964), H. 5, S. 91.

lich und unsere Gemeindekirche am anderen Ende der Straße, die neobyzantinisch-jugendstilige Lutherkirche, ästhetisch ansprechender fand. Zum Wochenmarkt in den 70er und noch in den 80er Jahren gehörte ein Mercedes-Kleinlastwagengesicht von unüberbietbarer Biederkeit, das des meistverkauften Transporters der 50er Jahre, des Kurzhaubers L 311 mit Kasten- oder Pritschenaufbau. Er fehlte nie im Hintergrund der basarartigen Überbauung mit Plastikplanen und vorgebauten Ständen und vermittelte mir deshalb den Eindruck, man habe in der Vergangenheit nicht nur wesentlich schönere, sondern vor allem auch bessere Autos gebaut. Im Vergleich zu der breit-ovalen Lüftergitterschnauze mit dem Stern erschienen die kubisch-kastigen Fahrzeuge seit den 60er Jahren unelegant, einfallslos und profan. Zudem hatten die alten Mercedes-Kleinlaster Farben, die es später nicht mehr gab: waldgrün, marineblau und steingrau. Einige führten Kennzeichen aus der Zeit vor der Kreisreform wie Aschendorf/Hümmling. Denkt man heute darüber nach, welche Generationskohorte auf diesem Wochenmarkt vor ihren freundlichen Wagen stand, ergibt sich eine aufschlussreiche, wenn auch weniger freundliche soziale Konstruktion. Ende der 70er Jahre waren die das Bild beherrschenden Fünfzig- bis Sechzigjährigen bei der Machtergreifung des Nationalsozialismus um die zehn Jahre, bei Kriegsausbruch Jugendliche in der Berufsausbildung oder im Arbeitsdienst gewesen. Danach hatten sie das Alter, um viel zu erleben, was erlebt zu haben und nach 1945 individuell wie kollektiv zu beschweigen aus einer Generationserfahrung einen Generationsstil machen würde. In der Bundesrepublik waren Erfolg, Wohlstand und Wohlstandsbauch gekommen. Der durch jahrzehntelanges CDU-Wählen und die bescheidenen Freuden der Konsumpartizipation gemäßigte Volksgenossen-Habitus hatte sich ebensowenig verändert wie die ordentlich-kurze NS-Einfrisur des erwachsenen Mannes, sofern der Haarwuchs das noch hergab, und der barsch-stramme, nur mundartlich gemilderte Tonfall in der Öffentlichkeit. In einer Ackerbürger-Stadt wie Osnabrück, in der die mentale Normalzeituhr bundesdeutscher Modernisierungsprovinz hätte aufgestellt werden können, mit ihrer tiefverschlafenen PH und späteren glanzlosen Kleinuniversität, gab es keine jugendlich-studentischen Provokationen zu befürchten. 1968 machten sich einige Studenten aus Münster mit roten Fahnen auf den Weg in die benachbarte Bischofsstadt, um die Revolution und das richtige Bewusstsein nach Niedersachsen zu tragen: sie haben wohl schnell einsehen müssen, dass ihre Göttinger Kommilitonen mit ihrer Einschätzung richtiger lagen, solches gleich bleiben zu lassen. In Osnabrück macht man keine Revolution, sondern achtet auf die regelmäßigen und gutbürgerlichen Mahlzeiten. Und in den zivilisations- und wachstumskritischen 70er Jahren waren die alten Wochenmärktler mit ihrer Art des Landbaus nah an den sich entwickelnden neuen bio-ökologischen Bedürfnissen, was ihnen selbst weniger klar war als ihren jungen Kunden. Wie auch immer, die Mercedes-Kurzhauber waren mir als Kind sympathischer als ihre Besitzer, obwohl gerade die mit freundlichen Augen auf mich blickten. Ich passte allein schon deshalb gut in ihr Osnabrücker Weltbild, weil ich niemals Jeans trug.

Abbildung 218[287]

Jedes Jahr um die Pfingstzeit fuhr ich mit meinen Eltern zur Jahrestagung einer evangelischen kirchlichen Einrichtung der bayerischen lutherischen Landeskirche nach Schloss Elmau in Oberbayern. Das war nun außeralltäglich genug, im übrigen auch eine lange Reise ins tiefst Süddeutsche, die von Osnabrück aus in zwei Etappen zurückgelegt wurde, um Überdruss zu

287 Westermann Monatshefte 105 (1964), H. 6, S. 83.

vermeiden. Zu dem Personenkreis protestantischer Honoratioren, der sich dort mit Blick auf das Wettersteingebirge in einem Gebäude traf, das für mich bis heute die ideale Lokalität für eine Verfilmung von Thomas Manns ‚Zauberberg' darstellt, gehörte auch ein älterer Oberkirchenrat aus München. Auch er hätte gut zum Sanatorium Berghof gepasst: ein bajuwarischer Exzentriker mit den Attitüden eines Lebensstils, der wohl nur in München zu einem evangelisch-lutherischen Geistlichen und promovierten Theologen passte: betont intellektuell, leicht dandyhaft und damit ein lebender Widerspruch zum lutherischen Eigentlichkeitsmilieu relevanzunabhängiger Sinnstiftungsvirtuosität. Als Mitglied des Oberkirchenrats war er für die Ostkirchenkontakte zuständig und wohl auch ein weitgereister Mann hinter dem eisernen Vorhang. Er erzählte gern von seinen Flugreisen mit Aeroflot. Zu seinem Auftritt als Inkarnation der liberalitas Bavariae gehörte ein metallicblaues 280 SE Cabriolet, und der Oberkirchenrat fuhr, wann immer möglich, *open top*. Er verstand meine bittenden Blicke richtig und nahm mich einmal, während die anderen Tagungsgäste besorgten Berichten über die Lage der evangelischen Christen in der Sowjetunion lauschten, zu einer Ausfahrt nach Mittenwald mit. Seine Kleidung war für diesen Fahrstil sehr passend, ein grauer Janker und, was sich mir besonders einprägte, Lederhandschuhe. Die traditionelle Bedeutung des Jankers hat sich mir erst später erschlossen, sie erschien mir als Verkleidung von bayerischen Cabriofahrern. Sein dunkler Meister-Eder-Bass war auch dem Fahrgeräusch gewachsen, zudem fuhr er nicht schnell. Ob bei dieser oder einer anderen Gelegenheit der sich für das kindliche Zeitgefühl hinschleppenden Tagungen fragte er mich, was ich einmal studieren wollte, worauf ich noch gar nichts zu antworten wusste. Mit einer eigenartigen Eindringlichkeit, die zu seinen sonstigen Formen nicht zu passen schien, warnte er vor der evangelischen Theologie: darin sei keine rechte Freude mehr zu finden. Das war eine irritierende Feststellung für ein Mitglied der wahrhaft rechtgläubigen Kirchenregierung und einen ordinierten Geistlichen, der gelegentlich die morgendliche Andacht abhielt, und das nicht schlecht. Gleichwohl habe ich, ohne es zu wissen, nach seinem Rat gehandelt, auch wenn ich im Bereich der neuesten und Zeitgeschichte dann der Weg zur Protestantismusforschung fand. So ganz aus der Luft gegriffen war des Oberkirchenrats Warnung vor der Theologie in meinem Fall wohl doch nicht. Bunte Figuren wie er verschwanden dann auch bald komplett aus dem kirchennahen und kirchlichen Milieuensemble des organisierten Protestantismus zugunsten nachrückender, in Gesinnungsgemeinschaften weltanschaulich formierter Generationen konsum- und insbesondere auch autokritischer Mahnerinnen vor den Grenzen des Wachstums und der Verantwortung vor der Schöpfung, deren Maßstäbe sie gepachtet hatten und feministisch aggressiv im kirchlichen Raum zur Geltung brachten. Der cabriofahrende Oberkirchenrat stand für eine protestantische Kirche vor der Eventisierung, Genderisierung und ideologischen Durchherrschung durch populistische Selbstdarsteller.

Abbildung 219[288]

Durch das Emsland führen lange, einsame Straßen auf Dämmen mit Entwässerungsgräben beiderseits der Fahrbahn durch eine Landschaft, deren beste symbolische Darstellung das Tiefgrün auf physischen Deutschlandkarten ist. Lange Abschnitte sind Alleen, deren Bäume im Sommer eine lichthinterlegte Dämmerung und im Winter den Eindruck erzeugen, sie würden durch schwarze, vielarmige Posten bewacht. Wo die Bäume und das Buschwerk aufhören, geht

288 Westermann Monatshefte 105 (1964); H. 7, S. 81.

der Blick weit über die Veenlandschaft und die Weiden, über denen der Nordwestwind Wolken von der Nordsee auftürmt. Es kann zwanzigmal am Tag regnen oder auch tagelang am Stück, und wer sich auskennt, spürt, wann es zu regnen aufhören wird. Die Gegend gehört zu den wenigen ganz und gar abgelegenen im Westen, selbst die nicht ohne Grund ‚Achterhoek' genannten angrenzenden niederländischen Provinzen Drenthe und Overijssel sind dichter besiedelt und besser erschlossen. Über die Straßengräben führen kleine, sorgfältig gestrichene Holzbrükken auf gepflasterte Höfe, an deren Ende, schon tief im Grundstück große backsteinrote Giebel zur Straße gerichtet sind. Auf den Hof geht die doppelflüglige grüne Holztür mit einem weiß lackierten, auf der Spitze stehenden Fensterquadrat. Der Wohnteil des Haupthauses liegt an den Seiten; seine Fenster sieht man vorn meistens nicht. Nach rechts und links schließen Stallungen und Schuppen an, seit vierzig Jahren zunehmend ersetzt durch Funktionsbauten für landwirtschaftliches Großgerät. Hohe Bäume überragen das Haus, Rhododendrenreihen umstehen den Hof. Die traditionellen Reminiszenzen täuschen, die hier betriebene Landwirtschaftsindustrie ist hocheffizient und hochspezialisiert. Ausdruck dessen sind die automobilen Gewohnheiten der Hofbesitzer, die in den 1970er Jahren in untermotorisierten 190 D-Modellen zum Ausdruck kamen. Moosgrüne, kaffeebraune, himmelblaue und beige Bauern-Benze tasteten sich aus dem Hof auf die Kreisstraße und von dort ins Verkehrsnetz bis Osnabrück. Ihr Fahrstil war bis zur Provokation defensiv, ihr Geschwindigkeitsempfinden auf eine Höchstgeschwindigkeit um die 80 km/h eingestellt, was im übrigen eine Tugend auf den buckligen Dammpisten im Moor darstellt. Der Hut erschien an den Fahrern festgewachsen. Waren sie von etwas größerer Statur, wirkte das, als ob die Kopfbedeckung liebevoll die Verbindung zwischen dem Fahrerkörper und dem Autohimmel herstellte. Bei kleineren Fahrern war lediglich der Hut über dem Lenkrad neben den Händen zu sehen. Im Alltag gehörten gelbe Gummistiefel dazu, ältere Bauern trugen Breeches-artige Hosen und Cordjacketts, jüngere blaue oder rote Overalls und Baseballkappen mit John-Deere-Schriftzug, die zu ihrem Maschinenpark passten. Sonntags stand eine Parade von 190ern vor der zuständigen Gemeindekirche in nächsten Ort. Die Konfessionszugehörigkeit war nicht an der Farbpräferenz erkennbar. Aufkleber gegen das ‚Verbrechen Abtreibung' gab es auf katholischen wie protestantischen 190er-Hecks. Die ADAC-Mitgliedsplakette befand sich an der Windschutzscheibe. Weitere ideologische Zugehörigkeitsbekundungen waren selten. Die Heckklappe der Limousine war zu schmal geschnitten, um den seinerzeit noch recht großen ‚D'-Aufkleber vollständig aufzunehmen, der sich infolgedessen häufig oben auf dem Kofferraumdeckel fortsetzte oder auf der Bodenwanne unterhalb der hinteren Stoßstange befand, was subversiver wirkte als den Fahrzeughaltern bewusst war. Die 190er waren nicht nur Dekoration, sondern alltagstauglich, daher auch nicht selten bis zum Dach verschlammt und erheblich verbeult. Die kleinen Motoren mussten auch Pferdeanhänger durch halb Norddeutschland und in die Niederlande befördern, stets mit einem Nageltakt, der noch lange hörbar blieb, wenn das Gespann an einem vorbeigefahren war.

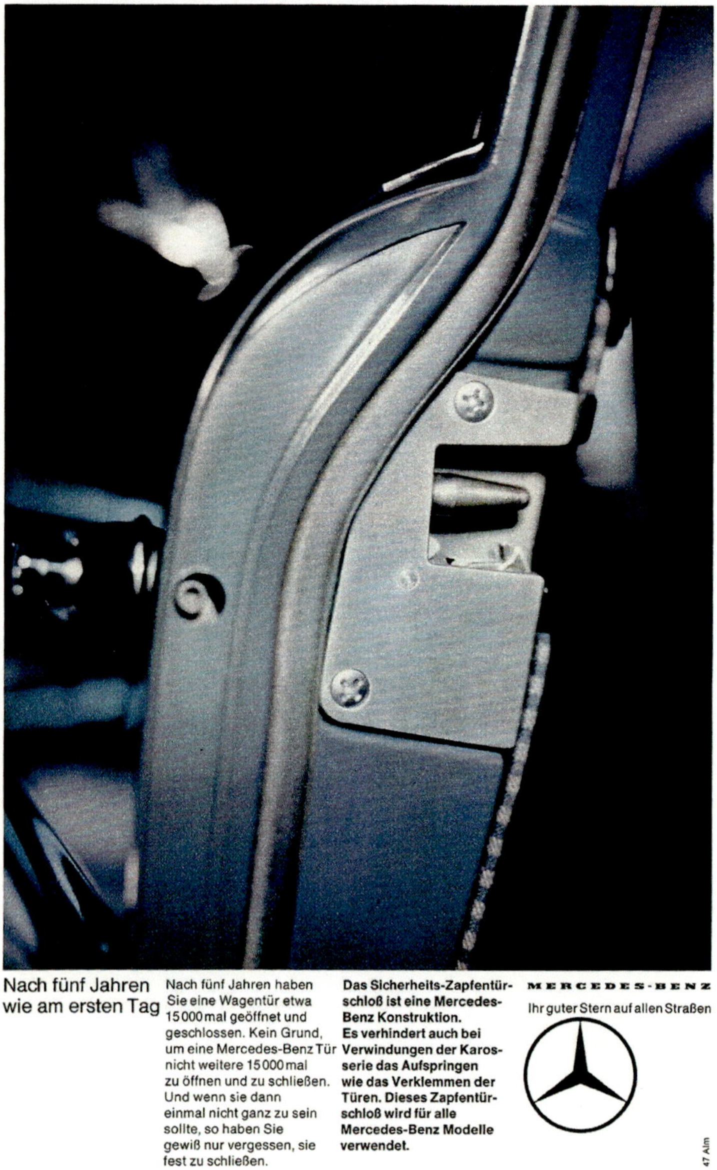

Abbildung 220[289]

Der Abiturjahrgang meiner Mutter, der 1944 ein Kriegs- und Notabitur am Lyceum der ostbrandenburgischen Industriestadt Guben in der Niederlausitz knapp vor dem Eintreffen der Roten Armee abgelegt hatte, war über die halbe Welt zerstreut und traf sich alle zwei Jahre zu einem Klassentreffen. Diese fanden in den 70er und 80er Jahren in Berg am Starnberger See

289 Westermann Monatshefte 105 (1964), H. 9, S. 85.

statt, wo eine Klassenangehörige – sie hatte einen verhältnismäßig hohen Führerinnenrang im BDM bekleidet – mit einem der Architekten des Münchner Olympiastadions verheiratet war und die äußeren Voraussetzungen für eine Veranstaltung dieser Art bieten konnte. Sie hatte die BDM- durch Dirndluniform ersetzt, ihr angelerntes bayerisch blieb gleichwohl durchsetzt von genuin preußischem Kommandoknurren. Die mir liebste Klassenkameradin meiner Mutter hatte in Ost-Berlin Zahnmedizin studiert und den späteren Chef der Deutschen Bank in Berlin-West geheiratet, der früh starb. Sie bewohnte mit einer für mich nicht mehr überschaubaren Anzahl von Katzen eine Bauhaus-Traumvilla in Dahlem, die bei Berlinbesuchen immer eine Attraktion war. Eine andere Mitschülerin, die schon vor dem Abitur das Mädchengymnasium verlassen und geheiratet hatte, war mit ihrem Mann, einem Ingenieur im Flugzeugbau, jahrelang in der Sowjetunion zivilinterniert. Dort wurde ihre erste Tochter geboren. Sie ist, während ich dies schreibe, die einzige aus der Klasse, die heute noch bei Leben und Gesundheit ist und jeden Sommer wandernd in Norwegen verbringt. Besonders beeindruckt hat mich aus dem Kreis der für meine Augen schon immer älteren Damen – ich war das jüngste in ihrem Kreis geborene Kind – eine kettenrauchende Ägyptologin. Verheiratet mit einem Archäologen, lebte sie seit langem in Kairo. Nach Jahren nordafrikanischer Sonne und ungebrochener Nikotinzufuhr wirkte sie auf mich authentisch ägyptisch, wozu nur ihr breites brandenburgisch nicht passen wollte. Ihr Mann konnte meistens seine Ausgrabungen nicht unbewacht lassen, daher legte sie die lange Reise mit einem weißen 200er-Diesel aus den späten 60ern allein zurück. Dieser sandgestrahlte, von einer Beulenlandschaft überzogene Wagen mit seinen außen angebrachten Sonnenschutzvorrichtungen und dem unförmigen Kennzeichen in arabischer Schrift blau auf weiß, der etwas verloren vor den Massivholztüren der Quadrupelgarage des Architekten in Berg stand, war für mich eine Verkörperung des Fremden. Das ging nicht nur mir so. Mehr als einmal interessierte sich die wachsame oberbayerische Polizei für das potentielle Terroristenfahrzeug und wurde dann sehr borussisch abgebürstet. Es war Volkstheater, wenn ein ratloser bayerischer Wachtmeister, der so sprach wie Alois Permaneder gegenüber der Konsulin Buddenbrook mit seinem ‚Geltn's Gott' und ‚Schaun's her' nicht weiterkam, sondern mit einem „Mensch, wie stehn Sie denn da?" aus der Fassung gebracht wurde. Die Ägyptologin konnte nicht nur fluchen, sondern auch lecke Ölwannen reparieren und interessierte sich für die Piper des Architekten, was letzteren sehr irritierte. Die Varianz preußischer Kompetenzen und Anpassungsfähigkeiten, angefangen bei seiner bayerisch gewendeten Frau bis zu diesem werkzeugfähigen Mannweib mit Flugschein muss ihn einigermaßen erstaunt haben.

Mein erster Spielzeug-Mercedes war ein roter 190 SL etwa im Maßstab 1 : 18 aus den frühen 60er Jahren. Er war batteriegetrieben und wurde über eine Steuereinheit bedient, die durch ein zu kurzes stoffumkleidetes Kabel mit dem Wagen verbunden war, so dass der Aktionsradius für Fahrbewegungen eingeschränkt blieb. Im Vergleich zu heutigen Multifunktionskonso-

Abbildung 221[290]

len zur Totalvirtualisierung der Welt war der Steuerkasten simpel und funktionsarm. Hinter einer Klappe auf der Rückseite, deren Plastikzähne zum Einrasten längst abgebrochen waren und die daher stets mit Tesafilm zugeklebt werden musste, lag die Batterie. Auf der Vorderseite war ein kleines Metall-Lenkrad angebracht, das über Metallzüge im Stoffkabel auf die Vorderachse

290 Westermann Monatshefte 105 (1964), H. 10, S. 2.

wirkte. Es war mühsam zu drehen, die daraus resultierenden Lenkbewegungen erfolgten zeitlich versetzt und viel zu abrupt. Selbst einen einfachen Kreis zu fahren, erforderte Übung, zumal es nur eine Geschwindigkeit der Vorwärtsfahrt gab. Das Geradeausfahren ging am besten. Passend zur kindlichen Körperhöhe ließ sich die Lenkung auf Hüfthöhe halten, dann reichte das Kabel auch, und man konnte mit etwas Praxis gleichmäßig neben dem Auto laufen. Das erinnerte ein wenig an das Ausführen eines automobilen Kleinhundersatzes. Allerdings ermüdeten die Arme bald. Geländegängig war der SL keineswegs, schon Kurzhaarteppichboden überforderte seinen kleinen Antrieb. Auch Bodenwellen in Form von Türschwellen waren unüberwindbar. An Freilandbetrieb konnte man nur denken, wo es keinerlei Steigungen und Unebenheiten des planen Grunds gab. Das war nicht die einzige Schwäche des Wagens. Das Coupé rostete so stark, dass hier der böse, auf französische Marken der 60er und 70er Jahre bezogene Satz zutraf: man konnte es rosten hören. Irgendwann fiel der wohlgeformte Kühlergrill mit dem Stern daher einfach ab und ließ sich auch mit viel Uhu nicht mehr fixieren. Der rote Lack war von Roststernen überzogen, die bei näherem Hinsehen an Eisblumen erinnerten. Die Funktionalität des Fahrens wurde dadurch allerdings nicht eingeschränkt. Ausprobieren konnte ich das hin und wieder auf den leeren Fluren in der Schule meines Vaters nach Schulschluss und während langer Lehrerkonferenzen, vor allem aber in der Turnhalle. Sie war der ideale Raum zum Erwerb von Handlingkompetenzen durch Abfahren der dort aufgetragenen Linien für Mannschaftsballsport. Meine Hartnäckigkeit in solchem Tun überzeugte schließlich auch den Hausmeister, der diesen Missbrauch des Sportraums zunächst wohl nur deshalb hinnahm, weil er gegen einen Lehrersohn wenig sagen konnte. Er wollte das, was ich da machte, irgendwann einmal selbst probieren, und tappste offenbar mit nicht geringem Vergnügen in gebückter Haltung der SL-Ruine hinterher. Es ist offenbar nie zu spät, eine glückliche Kindheit zu haben. Das DDR-Parallelspielzeug war übrigens ein Tatra-Kipper mit Kettenantrieb aus robuster Plaste, ebenfalls mit Batterieantrieb und an der Leine. Er war langsam, aber freilandtauglich und bewährte sich sogar auf festem Sand. Den rostenden SL hat er überlebt.

Auch wenn meine Eltern dies zu regulieren bemüht waren, drangen Tagesschau- und Zeitungsbilder vom RAF-Terrorismus in meine 70erjahreskindheit, vor allem 1977. Daraus entwickelte sich später ein halbartikulierter Vorstellungszusammenhang eigener Art, weil auf vielen der Bilder von Anschlägen mehr oder weniger zerstörte schwere Mercedes-Limousinen zu sehen gewesen waren. Die RAF führte eine Art von Krieg gegen diejenigen, die in solchen Fahrzeugen gefahren wurden. So wenig anteilnehmend es klingt, so sehr gewährte mir dieser Gedanke eine gewisse Sicherheit, weil die RAF es also nicht auf Leute wie meine Eltern und mich abgesehen hatte. Mein Mitleid mit den Opfern rührte auch daher, dass selbst diese auf Sicherheit angelegten und besonders ausgestatteten Wagen nicht in der Lage gewesen waren, ihre Benutzer zu schützen, die auf Bürgersteigen gestrandeten Wracks mit geborstenen Scheiben und Ein-

Abbildung 222[291]

schusslöchern bewiesen es. Warum mussten es immer Mercedes-Limousinen sein? In meinem Autoquartett aus den 60er Jahren, von meinem Bruder auf mich übergegangen, kam ein Mercedes 600 im Deck der leistungsstärksten Wagen vor: 8 Zylinder, 6.289 cm^3, 250 PS, 205 km/h – nur der Cadillac Fleetwood war ihm an Hubraum und PS, interessanterweise nicht in der Ge-

291 Westermann Monatshefte 105 (1964), H. 11, S. 87.

schwindigkeit, überlegen. Noch Jahre nach der heißen Phase der RAF-Anschläge zuckte ich innerlich zusammen, wenn ich Politiker oder Wirtschaftsvertreter in großen Mercedes-Limousinen verschwinden sah und befürchtete das Schlimmste. Im Herbst 1989 wurde beim Attentat auf Alfred Herrhausen meine merkwürdige Gedankenverbindung grässlich bestätigt. Vielleicht hat mir wegen dieser eigenartigen Vorgeschichte Jahrzehnte später die automobilgeschichtliche Interpretationsrichtung sofort eingeleuchtet, die auf die sowohl eingeschriebene wie attribuierte Gewalt und Aggression in Motorisierung und Design seit der Frühgeschichte des Automobils abstellt und vor allem auf signifikante Beispiele aus der Zwischenkriegszeit verweist. Automobile sind alles andere als friedliche soziale Konstruktionen – dieser allgemeine Befund nivelliert nicht die Außerordentlichkeit des RAF-Terrorismus, er stellt sie in einen Kontext. Die Zerstörung der gepanzerten Mercedes-Limousinen unterlief der RAF bei ihren Morden, sie nahm sie in Kauf und erzeugte damit zugleich ein Bildsymbol für die Verwundbarkeit der demokratischen Industrie-, Konsum- und Leistungsgesellschaft Bundesrepublik und ihrer Werteordnung. Gegen die radikale Kampfansage des Terrorismus ist der gute Stern machtlos, aber die Botschaft, für die er steht, hat durch diese Herausforderung nicht an Plausibilität verloren, im Gegenteil. Die in den 1960er Jahren erworbene integrierende Groß- und nicht mehr ausschließlich exklusive Elitenmarken-Identität der Solidität, der handwerklich zuverlässigen Qualität in den technischen Details und im ganzen, verkörperte vieles, wofür die Gesellschaft der Bundesrepublik stehen wollte. Der Erfolg dieses Konzepts unter dem guten Stern und hinter dem Bienenwaben-Kühlergrill war ein Teilhabe-Erfolg: ein Versprechen der Zugehörigkeit.

Das erste eigene Auto meines Bruders gegen Ende seines Studiums 1980 war eine kanariengelber R 4. Sein Fahrton war der einer motorisierten Blechbüchse. Sie brachte meinen Bruder anstandslos nach Portugal und zurück. Besonders gut gefielen mir die ausstellbaren Fenster auf der Fahrer- und Beifahrerseite. Danach folgte ein metallicbrauner Mitsubishi Colt, der im Zuge der Familiengründung in Ergänzung eines Hundes durch einen weinroten Ford Sierra Kombi ersetzt wurde. Im Zeichen musikalisch-künstlerischen Erfolges trat an seine Stelle in der zweiten Hälfte der 1980er Jahre das erste von mehreren schwarzen hochmotorisierten Mercedes-T-Modellen. Dies war der erste Wagen meines Bruders, den ich schon als Führerscheininhaber erlebte. Da mein Bruder bis heute ungern selbst längere Strecken zu Rundfunk- oder anderen Terminen fährt, bekam ich bald Gelegenheit, meine Erfahrungen mit dem Wagen zu machen, der die Gegenwelt zu den beiden DS meiner Kindheit, Baujahr 1957 und 1975, verkörperte: gemäßigt bullig-aggressiv von vorn – dies allerdings noch auf traditionelle Weise durch Betonung des damals noch Mercedes-typischen Lüfterrasters in Anknüpfung an das berühmte Bienenkorbdesign zwischen den flächig-eckigen Scheinwerfern –, einfallsarm massig-unförmig und hochbeinig von hinten. Die Linienführung im Innenraum setzte diese kommoditisierte Brutalität der Formensprache mit angerundeten Ecken fort. Im Vergleich zu unserer späten DS, Baujahr 1975, wirkte die Anordnung von Instrumenten und Anzeigen um den Fahrersitz auf mich wie der Arbeitsplatz eines Mobilitätsfacharbeiters: funktional, ergonomisiert und routineorientiert. Natürlich beeindruckte mich die Leistung. Das Beschleunigungsverhalten entsprach der Anmutung und Aussage des ganzen Fahrzeugs. Mein Fahrstil passte sich diesen Möglichkeiten schnell an. Als ich eine der schon raren DS bei einer Autobahnfahrt von der Überholspur blinkte und schob, war das eine Art Vatermord. Als ich nicht ganz mühelos, aber letztlich doch einen SM ein- und überholte, war das Wunschauto meiner Kindheit in einer Hinsicht entzaubert. Um dennoch an den eigenen automobilen Werten festhalten und dem Sog des Geschwindigkeitsrauschs etwas entgegensetzen zu können, gewöhnte ich mir an, gedanklich zwischen deutschen Kraftwagen und französischen Automobilen zu unterscheiden. Die Fahrkultur des T zeigte sich als rüde, rauh und nah an der Straße. Sanftes Gleiten um die 80 oder unmerkliches Wegfedern der Straße bei einer Geschwindigkeit um die 130 war nicht vorgesehen. Fuhr ich ihn so, hatte ich das Gefühl, einfach nur zu langsam zu sein. Der T blieb das, was von den Niedersachsen im Niedersachsenlied gesagt wird: „erdverwachsen". Er nahm die Straße so wie Boris Bumm-Bumm Becker Tennis spielte: straff. Die einzige offensichtliche Verbindung zwischen diesem Fahrzeug und dem eleganten Cabrio des Oberkirchenrats war der Stern auf der Haube. Aber dieser Stern hatte keine bemerkenswerte Geschichte zu erzählen. Er gehörte zu einem zuverlässigen Zweck- und Geschäftsfahrzeug, in dem sich auch längere Strekken ohne größere Anspannung hätten zurücklegen lassen, wäre ihm nicht die Versuchung zum Ausleben seiner Leistungspotentiale eingebaut gewesen. Der Blick in die Runde, welche sozialen Konstruktion sonst mit diesem T verbunden waren, ergaben ein wenig elitäres Bild von Handwerkern, gestressten und darum kompensationsbedürftigen Familienvätern und Flottenwagenbewegern. Hier blieb mir als eine auffällige Variante ein knallrotes T-Dienstfahrzeug der Feuerlöscherfirma Gloria in Erinnerung. Kein T meines Bruders erreichte den Charme seines R 4 – aber zugegebenermaßen habe ich den auch nie gefahren.

In der ersten Hälfte der 1980er Jahre, ich war gerade aufs Gymnasium gekommen, erlebte ich das Nichtzustandekommen einer Freundschaft, für das im Rückblick ein weißer Mercedes 190 im Knubbelkastendesign stehen sollte. Ich hatte mich mit dem Sohn eines ehrgeizigen Berufsschullehrers aus einem anderen Stadtteil angefreundet, der in meine Lateinklasse gekommen war. Gleich nach Beginn des Schuljahrs wurde er bei einem Verkehrsunfall vor dem neu gebauten Haus der Eltern in einer Spielstraße angefahren und konnte aufgrund einer Beinverletzung längere Zeit nicht laufen. Ich versorgte ihn mit Hausaufgaben und besuchte ihn öfter. Zum Konfirmandenunterricht brachte ihn seine Mutter in dem ebenfalls neuen 190er, mit dem sie mich gelegentlich auch nachhause fuhr. Der Höhepunkt der Bekanntschaft war eine von den Eltern leicht übertrieben angelegte Geburtstagsfeier, zu der wenige Gleichaltrige eingeladen waren und in deren Mittelpunkt das Überspielen der unverhältnismäßigen und offen-

Abbildung 223[292]

bar kompensatorischen Überhäufung des immer noch kaum Lauffähigen mit exorbitanten Geschenken bestand, was ihm selbst sichtlich unangenehm war. Der Vater hatte aus seiner Schule einen größeren Filmprojektor mitgebracht und die kleine Geburtstagsgesellschaft sah sich einen Schwarz-Weiß-Western an, bei dem wahrscheinlich alle anderen Zuschauer dassel-

292 Westermann Monatshefte 106 (1965), H. 4, S. 111.

be dachten wie ich auch: dass alle dort Agierenden nicht nur humpeln, sondern richtig laufen konnten. Alle Gäste wurden unnötigerweise mit dem Auto nachhause gebracht. In meine Schule und Klasse kehrte der Rekonvaleszent nicht zurück, sondern wechselte zum nächsten Schuljahr auf ein prestigeträchtigeres Gymnasium in der Innenstadt, woraufhin wir uns völlig aus den Augen verloren. Gelegentlich sah ich – Osnabrück ist keine große Stadt – seine Mut-

Wir wollen die „Mercedes-Benz Sicherheit" nicht an die große Glocke hängen.

Aber ein heißes Eisen ist das Thema für uns nicht.

„Sicherheit" ist jetzt Automobilthema Nr. 1. Die Fachleute fordern, die Presse diskutiert, die Öffentlichkeit fragt.

Mercedes-Benz Fahrzeuge haben Ihnen längst eine Antwort gegeben. Geben wir sie noch einmal schriftlich.

Seit einigen Monaten werden vor allem folgende Forderungen an die Sicherheit eines Automobils herausgestellt:

1. Sichere Straßenlage und hohe Kurvenstabilität
2. Sichere und präzise Funktion, vor allem der Lenk- und Bremsaggregate (Zweikreis-Bremssystem)
3. Ausgewogene Federung, Schwingungs- und Geräuschdämpfung gegen Ermüdung
4. Front- und Heckpartie der Karosserie stoßnachgiebig
5. Hohe Festigkeit des Fahrgastraums
6. Türschlösser, die nicht verklemmen und die Türen immer sicher geschlossen halten
7. Armaturenbrett stoßnachgiebig
8. Lenkradnabe großflächig und gepolstert
9. Innenspiegel bei Stoß abspringend
10. Alle Griffe, Hebel, Kanten und Knöpfe gepolstert, stoßnachgiebig oder versenkt.

Jede einzelne dieser zehn Forderungen erfüllt jeder Mercedes-Benz Personenwagen.

Seit Jahren.

MERCEDES-BENZ

Ihr guter Stern auf allen Straßen

6141 Alm

Abbildung 224[293]

293 Westermann Monatshefte 107 (1966), H. 11, S. 95.

ter zu Einkäufen oder zum Wochenmarkt vor unserer Haustür in dem weißen 190er vorbeifahren. Als meine Eltern nach meinem Abitur seinen Namen erwähnten, da alle Abiturienten eines Jahrgangs in der Lokalzeitung namentlich aufgeführt wurden, dachte ich gleichzeitig an den neu riechenden 190er und an den seine Behinderung so sportlich wie möglich nehmenden Fast-Freund, der, wenn man den Indiskretionen des Internet vertraut, heute Internist im Westfälischen ist. Je länger es her, desto mehr kommt es mir so vor, als ob ich mir unsinnig viele Einzelheiten des Baby-Benz und unverhältnismäßig wenige Eigenschaften der zu ihm gehörenden Familie gemerkt hätte: die wulstlippige Form des Armaturenbretts, die Griffigkeit der Sicherheitsgurte im Unterschied zu den glatten Bändern unserer DS, den etwas singenden Motorton beim Starten des kleinen Benziners, die einigermaßen unzugängliche Kastigkeit des Hecks mit dem zu klein wirkenden Stern, die grobe Riffelung der Rücklichter, die Härte seiner Straßenlage auch bei kürzeren Strecken. Nur der Mini meiner englischen und der Buick meiner amerikanischen Gastfamilie ist mir noch ähnlich, aber bei weitem nicht so präsent: zum sozialen Leben der Dinge gehört offenbar auch, dass sie erinnerungsträchtiger sein können als Menschen.

Mein Kurs zur Einführung in den Zivildienst fand im oldenburgischen Hude statt, das gut erreichbar an der Hauptbahn Bremen-Oldenburg in einer Geestrand- und Gartenbaulandschaft liegt. In einer trotz allseitiger Wintergärten etwas düsteren bürgerlichen Jahrhundertwendevilla wurden für eine Woche nordwestdeutsche Zivildienstleistende im Namen des Bundesamts für den Zivildienst in praktischen und rechtlichen Aspekte ihrer Arbeit ansozialisiert. Aufgrund der großen Verschiedenheit zivildienstlicher Tätigkeiten ergab das nicht viel Sinn, signalisierte aber immerhin eine gewisse professionalisierende Minimalzuwendung des Staats für die Ersatzdienstler. Der Kursleiter war ein ziegenäugiger Zopfträger wahrscheinlich um die Dreißig, durchtrainiert bis zu dem Grad, dass sein Körperstoff sich in eine Art Hartholz verwandelt zu haben schien. Er wirkte wie eine aus Matthias Horx ‚Wilden Achtzigern' entlaufene Figur. Zweifellos hatte seine Autorität etwas mit seiner Körperpräsenz zu tun, weniger mit seinen rhetorischen Qualitäten. Vielleicht wäre er bei der Bundeswehr sogar besser aufgehoben gewesen. Er fuhr einen grausig heruntergewirtschafteten Mercedes mit Krankenwagenaufbau aus den 70er Jahren. Die vormals hell-beige Krankenwagenfarbe war von einer jedenfalls nicht nordwestdeutschen Sonne weggebrannt wie man es in den Südstaaten der USA häufiger sieht. Die weißen Fensterverblendungen des hinteren Teils wirkten so zerkratzt, dass bei mir die merkwürdige Assoziation entstand, ein dort Eingesperrter habe in Verzweiflung mit seinen Nägeln versucht, sie abzukratzen. Über dem Loch an der Stelle des Dachs, wo das Blaulicht gewesen war, saß eine schwarze, mit zu großen Schrauben befestigte Metallplatte. Vor allem letzteres gab dem Wagen endgültig ein militärisches Gepräge. Über ein dort zu befestigendes Maschinengewehr hätte ich mich nicht gewundert. Aggressiv waren auch die hemmschwellenüberwindenden Übungen, die wir mithilfe dieses Ex-Krankenwagens durchzuführen vom Ziegenäugigen angehalten wurden. In Dreiergruppen ließ er uns mit seinem Wagen und einem Rollstuhl nach Bremen fahren. Dort sollten wir vor einem Einkaufszentrum oder Ärztehaus unserer Wahl parken und ein grenzwertiges Laienspiel aus dem sozialkritischen Repertoire des Streetworkers sowohl zur Sichtbarmachung der Diskriminierung von Behinderten im öffentlichen Raum wie auch zur Selbstidentifizierung mit einer Rollstuhlperspektive durchführen. Reihum hatte ei-

Abbildung 225[294]

294 Westermann Monatshefte 107 (1966), H. 12, S. 87.

ner den Behinderten zu geben, dessen Verbringung wohin auch immer Probleme bereiten und zu Kontroversen mit Passanten und Ladenbetreibern führen sollte. Meine Gruppe einigte sich schon vor Erreichen der Bremer Landesgrenze darauf, dass wir diesen Randaleweg nicht wählen würden. Wir parkten irgendwo an der Weser, schoben uns etwas im Rollstuhl herum und hofften, dass die Zeit vergeht. Hinter uns wartete der Krankenwagen, das einzige Automobil, das ich jemals als morbide empfunden habe.

Der Leiter des Planungsstabs des Bundespräsidenten, unter dem ich einige Zeit als Redenschreiber im Bundespräsidialamt tätig sein konnte, als dieses gerade eben noch in Bonn war, fuhr einen dunkelsilbernen E-Mercedes mit Siegburger Kennzeichen. Die Ära Kohl hatte, für alle in den Institutionen entlang der B 9 spürbar, ihre letzte Phase erreicht. Überall im Park des alten Bundeskanzleramts, an dessen Rand auch das Bundespräsidialamt in einem sensationell unspektakulären Bau residierte, liefen missgelaunte Vertreter einer Administration und politische Lobbyisten herum, die das Ende ihrer Macht ahnen konnten. Ihre Depression trugen sie mit Vorliebe in die Kantine des Bundeskanzleramts, in der man dann christdemokratische Staatssekretäre mit enormen Tränensäcken und schlecht sitzenden Anzügen zwischen 10 und 11 Uhr vormittags mit einem frisch geleerten Bierglas sitzen und in den grünen Park stieren sehen konnte. Im Planungsstab ging es etwas munterer zu, was weniger am politisch eigenzeitlichen Schicksal des bayerischen Bundespräsidenten als vielmehr an der gelungenen Mischung von Typen unter der Führung eines versierten Diplomaten aus dem Auswärtigen Amt lag. Als Lockerungsübung fuhr er uns oft zum Kaffeetrinken zu den Rheinterrassen, wo man mit Blick auf den Rhein und Horden japanischer Touristen auf der Uferpromenade Reden entwerfen konnte, die der Bundespräsident nie halten würde. Die Fahrt in dem gediegenen, etwas profilarmen E-Mercedes der 1990er Jahre durch die Bonner Innenstadt erschien mir als symbolische Repräsentation der zuendegehenden Bonner Republik. Aus der engen Stichstraße zum Rhein mit ihren gründerzeitlichen Bürgerfassaden kam man an die Kreuzung zur B 9 und sah auf das Museum König. Die Vorbeifahrt am alten Regierungsviertel war wie überblendet durch die gestaffelten Fernsehbilder im Hinterkopf. Die sichtbare Politik in diesem politischen Stadtraum beschränkte sich bereits auf grelle Protestplakate an jedem Laternenpfahl, auf dem der Unsinn des Regierungs- und Parlamentsumzugs nach Berlin angeprangert wurde. Bonn war auf dem Weg zur kleinen Bundesstadt am Rhein. Gleichwohl war das Aufkommen von Diplomatenwagen auf der B 9 noch erheblich. Im Vergleich zu den gepanzerten 600ern mit Stander und Diplomatenkennzeichen schwamm unser E bescheiden im Verkehrsstrom mit. Er passte gut zu Bonn und den Anekdoten über Mildred Scheel, die ihren VW 1300 selbst fuhr und vom Wachpersonal des Präsidialamts gelegentlich vor allem deswegen einmal nicht erkannt wurde. In die stilgerecht renovierte 50er-Jahres-Kantine des Auswärtigen Amtes konnten wir bequemer laufen. Im Gegensatz zu der düsteren Betriebskantine im Bundeskanzleramt, die mit ihrer

Schni-Po-Sa-Kultur zu einem stahlverarbeitenden Mittelständler oder Baumarkt gepasst hätte, war die AA-Kantine mit ihren pastellfarbenen Nischen und länglichen Milchglastropfenlampen die Bonner Interpretation einer amerikanischen Milchshakebar um 1955. Und wer hier politisch frustriert war, konnte sich mit Champagner trösten. Mit welchen Wagen Planungsstabmitglieder in Berlin heute wohl zum Kaffeetrinken fahren? Erwarten würde man einen hybridgetriebenen Hummer mit Potsdamer Kennzeichen.

Sie können Ihren 250 SL als Roadster oder als Roadster mit Coupé-Aufsatz bestellen.

Mit dem Fahrwerk und dem Motor eines Sportwagens, aber mit dem Komfort einer Reiselimousine

Der neue Mercedes-Benz 250 SL

Warum ändern wir jetzt den Mercedes-Benz 230 SL, obwohl er in einem einzigen Jahr mehr gekauft worden ist als der berühmte 190 SL in 6 Jahren?

Weil wir in der Entwicklung unserer Fahrzeuge nicht stehenbleiben.

Hier die wichtigsten Änderungen

Der Motorhubraum ist größer. 2,5 Liter. Die Kurbelwelle läuft jetzt in 7 wertvollen Lagern. Der Effekt? Noch weit ruhigerer Lauf als bisher. Der Motor verhält sich außerordentlich elastisch. In Verbindung mit dem hohen Drehmoment ermöglicht das ein kraftvolleres Beschleunigen in den einzelnen Gängen aus niedrigen Drehzahlen heraus. Im Stadtverkehr fahren Sie den 250 SL jetzt in ruhigeren, motorschonenden Drehzahlen.

Neu sind auch die groß bemessenen Scheibenbremsen an allen 4 Rädern und der Bremskraftregler. Zweikreis-Bremssystem und Servobremsanlage sind ja für einen Mercedes-Benz ohnehin Selbstverständlichkeiten.

Der 250 SL ist selbstverständlich auch mit Mercedes-Benz Automatischem Getriebe und Servolenkung lieferbar.

Damit ist der neue 250 SL mehr als bisher ein Automobil mit der Kraft eines echten Sportwagens, dem Komfort einer Reiselimousine und der Sicherheit eines Mercedes-Benz.

Mit dem neuen Mercedes-Benz 250 SL ist das Mercedes-Benz Personenkraftwagen-Programm für 1967 vollständig.

Weitere Änderungen in unserem Pkw-Programm wird es in diesem Jahr entgegen anderslautenden Gerüchten nicht geben!

Mercedes-Benz

719 Pl

Abbildung 226[295]

295 Westermann Monatshefte 108 (1967), H. 4, S. 99.

Der Zug war unpünktlich. Mein ICE kam nur mit einer halben Stunde Verspätung in Dortmund HBF an. Bis zum Beginn meines Vortrages hatte ich zwar immer noch genügend Zeit, ärgerte mich aber darüber, jetzt nicht mehr mit der Straßenbahn fahren zu können, weil das zu knapp werden würde. Den Hauptausgang zu finden, verstand sich angesichts der Verwandlung des gesamten Empfangsgebäudes in eine offene Großbaustelle selbst für den halbwegs Ortsvertrauten nicht von selbst. Der Verzicht auf die eine Hälfte des Ruhrgebietsgefühls, die Straßenbahn, wurde durch die anderen Hälfte, den Regen, mehr als ausgeglichen. Als ich den Türgriff des Taxis in der Hand hatte, war ich trotz Regenschirms ansehnlich nass. Der Wagen war ein aktuelles E-Modell, und seine schwarze Farbe erfreute mich. Taxis müssen schwarz sein. Mein Fahrer hatte das Vorfeld des Hauptbahnhofs noch nicht verlassen, da wusste ich schon, dass er Syrer und einige Jahre in Kiew Taxi gefahren ist. Sein nach Jürgen von Manger klingendes westfälisch mit einigen Wortverwendungseigenheiten war ebenso unwirklich wie die Regenströme, die auf die Frontscheibe donnerten. Kiew, sagte er, das sei es gewesen, anders als hier eine richtige Industriestadt. Industrie und Industriearbeit gebe es hier ja nicht. Wir fuhren gerade am ehemaligen Hoesch-Firmensitz vorbei. Die Leute hier haben absolut keine Arbeitsmoral, er sagte Ah-beit, das merke man, und das komme daher, dass es hier eben keine anständige Industrie gebe, nur Dienstleistung – sehen Sie doch hin, und er zeigte, obwohl er auf der kreuzungsreichen Straße ungefähr 80 fuhr, mit der Hand auf die Schriftzüge von Versicherungen, Medienunternehmen und Consultingfirmen an den Innenstadtfassaden. Nur in der richtigen Industrie würden die Leute das Arbeiten lernen. Er habe auch einmal in einem Stahlwerk gearbeitet, und das sei einfach etwas anderes als Taxifahren. Das sei richtige Ah-beit, Inschallah! Und was ich eigentlich machen würde. Nach meiner Antwort war er still und fuhr langsamer. Außerhalb des Zentrums begleitete uns der unverwüstliche backsteinerne genossenschaftliche Wohnungsbau, an dem die Werbung für Matratzen Concord kommt und geht, ohne etwas zu verändern. In vielen Fenstern hing die türkische Fahne, und nach welchen fernen Sendern der Wald von Satellitenschüsseln auf den Balkonen suchte, wollte man gar nicht wissen. Die herbstlichen Straßenbäume streuten erstes buntes Laub auf die Straßenbahngleise und der Regen ließ nur unter den riesigen Eisenbahnbrücken nach, über die früher die Ganzkohlen- und Stahlzüge gerollt waren, aber das wusste mein Syrer nicht, und ich wusste nicht, wo ich hätte anfangen sollen: beim Geruch des Rosts der aufgegebenen Spezialstahlwerke? Beim Netzgefühl, mit Straßenbahnen bis Duisburg fahren zu können? Als ich beim Aussteigen mit meinem Schirm kämpfte, nahm ich mich zusammen und sagte ihm, während er die Quittung schrieb, dass ich als Kind oft bei der Familie meiner Schwägerin hier in Dortmund gewesen bin und es in Deutschland nirgendwo mehr Menschen gibt, deren Leben so direkt mit der Industrie zusammenhängt wie hier. Bihsse siecher? Fragte er, wendete und fuhr zum Hauptbahnhof zurück.

Abbildung 227[296]

Der einzige mir heute gehörende Mercedes, der nicht H0-Maßstab hat, muss *die* Mercedes genannt werden. Das ist amüsant, weil traditionell alle Citroën-Fahrzeuge seit der ‚Göttin‘ auch als weiblich angesehen werden. Es handelt sich um eine Schreibmaschine aus den 1920er Jahren, hergestellt von einem Büromaschinenhersteller, der, seit 1908 in Mehlis ansässig, von den

296 Westermann Monatshefte 108 (1967), H. 5, S. 95.

Daimler-Motorenwerken die Genehmigung zur Verwendung des Namens Mercedes erworben hatte. Mein Vater kaufte die schwere Maschine während seines Studiums Ende der 1950er Jahre in Osnabrück gebraucht und verwendete sie bis in die 1990er Jahre zunächst für seine Lehrtätigkeit, vor allem aber die Korrespondenz des verwalteten und amtlichen Bürgers mit Behörden und für die generationstypischen Rundbriefe. Ich machte meine ersten Tippversuche auf diesem wuchtigen Haueisen, dessen Tastenanschlag Kraft erfordert. Wegen ihrer Durchschlagswucht war die Maschine matrizenfähig, und noch nach der allgemeinen Durchsetzung des Kopierers auch in Schulen stellte mein Vater für seine Lehramtsanwärter und Schüler blau-lila Durchschläge her, die eigentümlich rochen und oft so blass waren, dass sie wie historische Dokumente wirkten. Mit den Mercedes-Dieseln teilte unsere Mercedes die Eigenschaft des Nagelns, wenn man gleichmäßig schrieb. Das allerdings konnte mein Vater nicht, da er nie Schreibmaschineschreiben gelernt hatte und daher eher hackte als tippte. Ich lernte in der texanischen High School Mitte der 1980er Jahre an einer halbelektrischen IBM Maschineschreiben, deren Hardwarehaftigkeit noch nahe an unserem Industriefossil war. Das Geräusch des am Zeilenende zurückfahrenden und einrastenden Wagens mit Walze und Blattführung gehörte zu meinen Erwartungshaltungen an die Bedienung einer Büroschreibmaschine im engeren Sinn und fand sich in verminderter Form auch bei den kleinen mechanischen Koffer-Reiseschreibmaschinen, dass ich über die weitgehende Tonlosigkeit meiner ersten elektrischen Brother-Schreibmaschine Ende der 1980er Jahre enttäuscht war. Sie ruckelte, knackste und knarrte ungefähr schon so wie die Nadelkopf-Printer der bereits einsetzenden PC-Steinzeit, und ein Interface hatte sie auch schon. Zum sozialen Leben einer Schreibmaschine gehören die Texte, die auf ihr geschrieben werden. Das war am Studienende meines Vaters um 1960 seine Staatsexamenzulassungsarbeit im Hauptfach Geschichte über die Darstellung des Nationalsozialismus in den Schulbüchern der damaligen Zeit. Bis zu einem gewissen Zeitpunkt gingen jedes Jahr die bereits erwähnten Rundbriefe – ein Quellengenre eigener Art für die Geschichte des 20. Jahrhunderts, seiner Interessenkreise und Gesinnungsgemeinschaften – an verschiedene Adressaten: Kriegsgefangenschaftskameraden aus der elfjährigen Gulag-Zeit meines Vaters in der UdSSR bis 1956, Kollegengemeinschaften und Urlaubsbekanntschaften. Ihr Stil war unverkennbar der HJ- und BDM-Ton: „Liebe Kameraden!" oder „Ihr Lieben Alle!" Die Kriegsgefangenen-Rundbriefe meines Vaters nahmen in den 1970er Jahren schnell ab, weil er mit seinen vielleicht ein wenig lehrertypischen Aufklärungsbemühungen über die deutsche Schuld am Nationalsozialismus und den Umgang damit praktisch völlig isoliert war. Zwei Dinge vertrug dieses Genre nicht: Selbstkritik, Ironie und abweichende politische Orientierungen. Wer sich herabließ, für einen Bundeskanzler Brandt und dessen ‚Mehr Demokratie wagen' etwas anderes als Verachtung zu empfinden, war schnell ein Feind. Einige ‚Kameraden' sprachen das noch bei seiner Beerdigung, halb als Entschuldigung, halb als Ausdruck immer noch vorhandener Empörung, ganz offen aus. Die Mercedes-Schreibmaschine, die ungefähr sein Jahrgang 1925 sein dürfte, hat ihn inzwischen fast um ein Jahrzehnt überlebt. Es wird immer schwieriger, Farbbänder für ihren Betrieb zu beschaffen, aber ihr Gesamtzustand ist keinesfalls schlechter als der des Exemplars in der Abbildung unten. Noch bevor er die PC-Tastatur für sich entdeckte, saß unser Sohn mit großem Vergnügen vor dem würdigen Gerät, produzierte lautstark Buchstabenreihen oder auch nur Löcher auf dem Papier, letzteres belegt die ewige Attraktionskraft der Mechanik gegenüber der Elektronik. Die Welt ist Artefakt und Text.

Abbildung 228[297]

297 Quelle: http://de.wikipedia.org/wiki/Mercedes_(B%C3%BCromaschinen) [10.6.2011].

Das soziale Leben meiner Betriebsanleitungen

Ein Aktenvortrag, 1986–2001, mit einem Exkurs über ein Auto, das ich besessen, und zwei Autos, die ich nicht besessen habe

Ich bin mir sicher, dass es in jeder Biographie eine Entsprechung zu dem gibt, was in meinem Fall der Leitz-Aktenordner ‚Allgemeines' ist. Er enthält all das, wofür aus allen möglichen Gründen, von denen der der Gewohnheit mit Abstand am wichtigsten ist, es anderen Orts keinen Platz gibt. In gewisser Weise erscheint sein Inhalt negativ definiert: Allgemeines sind nicht lebensentscheidende Zeugnisse und Qualifikationspapiere, Versicherungsbelange, Fragen von Geld und Grundbesitz oder der Horizont beruflicher Eingebundenheit, Pflichten der Elternschaft. In Allgemeines ist alles andere, also eigentlich das Leben selbst. Schon lange bevor ich Berufshistoriker wurde, und wahrscheinlich bin ich das auch deshalb geworden, neigte ich dazu, alles aufzuheben. Menschen, die in regelmäßigen Abständen ihren Besitz auf vermeintlich Überflüssiges und Entbehrliches durchkämmen, um dieses zu entsorgen, habe ich noch nie verstanden, genauer gesagt, ihre Definition von überflüssig und entbehrlich. Ich sehe das etwas exklusiver. Was auch immer Teil meines Lebens geworden ist, bekommt eben dadurch Relevanz und Bedeutung, auch wenn sich das nicht auf den ersten Blick und erst recht nicht für jeden erschließt. Viel von dem, was ich aufgehoben habe, eigentlich nahezu alles, hat einen Technikbezug, insofern wäre es nicht falsch, den Ordner in ‚Technik' umzubenennen. Er dokumentiert z. B. durch Quittungen und Betriebsanleitungen die Kontinuität des Stroms von technischen Artefakten aller Art, die mich vorübergehend oder dauerhaft begleitet haben, und deren Papierform ihre Funktionalität und Realexistenz häufig überlebt hat. Vielleicht sollte der Ordner doch richtiger ‚Technikgestützte Massenkonsumgesellschaft' heißen, allerdings würde das den persönlichen Bezug des sozialen Lebens dieser Dinge in meinem Leben marginalisieren. Und um diesen geht es mir hier.

In der Geschichtswissenschaft unterscheidet man pragmatisch zwischen Überrest- und Traditionsquellen. Überrestquellen sind überlieferungszufällige Überbleibsel vergangener Geschäftsgänge privater und öffentlicher Art, in deren Kontext sie gehören und aufgehen. In der Moderne ist das vor allem die unübersehbare Flut von Akten, Geschäftspapieren und dem amtlichen Schriftgut des in Krieg und Frieden bürokratisch verwalteten Menschen. Traditionsquellen sind im Unterschied zu den Überrestquellen in der Absicht entstanden, der Nachwelt ein ganz bestimmtes Bild eines Ausschnitts der Vergangenheit zu überliefern, so wie z. B. in Memoiren. Auf diese Weise werden viele aus Akten nicht verständliche Zusammenhänge sichtbar, wenn auch um den Preis größerer, quellenkritisch zu behandelnder Subjektivität. Und was ist nun mein mit marineblauem Plastik in Kunstledermaserung überzogener patentaktenordner ‚Allgemeines‘? Bis zu welchem Punkt diente das Aufbewahren von Kaufbelegen und Handreichungen für den Betrieb einer zeitgebundenen Zweckillusion und einem stets eher erhofften als tatsächlichen Funktionalitätshorizont, und ab wann werden aus den Überresten vergangener Zweck-Konstruktionen Traditionsquellen der eigenen Identität? Diese Frage ist bei weitem nicht nur auf meinen Ordner beschränkt. Hinter ihr steckt, wie ich meine, ein Grundproblem der historischen Darstellung von Technik, das des höchstpersönlichen Bezugs. Wir haben uns, genauer gesagt: die Gebildeten und Grüneren unter uns haben sich und uns daran gewöhnt, Technik so sehen wie der Mensch des Viktorianischen Zeitalters die Sexualität. Wir halten sie uns durch mächtige Lebenslügen rhetorisch vom Leib: wir hegen sie ein, stellen sie der Kultur gegenüber, legitimieren bestimmte ihrer Wirkungen im Glauben an ihre Beherrschbarkeit und sind fest davon überzeugt, nicht ihre Sklaven zu sein. Das ist das Mindset des Viktorianischen Mannes auf der Schwelle seines ehelichen Heims, wenn er aus dem Bordell kam. Wir stehen neben unserer übermotorisierten, zwei Jahre alten Rennreisemaschine und betonen kenntnisreich und ungefragt, dass dies ein für seine Größe sparsamer Kombi ist und wir ansonsten innerstädtisch ausschließlich fahrradfahren. Gebildete und ökologisch Bewusste werden niemals zugeben, Technik an sich und um ihrer selbst willen begehrenswert zu finden, oder gar Technik als einen identitätsrelevanten Teil ihrer biographischen Prägungen darstellen. Denn das tut man nicht, was eigentlich immer nur heißt: man spricht nicht darüber.

Vielleicht werfen die Nicht-Historiker ja auch deshalb alles schnellstmöglich weg, was sie daran erinnern könnte, wie nah ihnen unendlich viele technische Produkte im Lauf ihres Lebens schon gekommen sind: so nah, dass man auf den Gedanken kommen könnte, ihr Leben als eine Funktion des Technikkonsums zu sehen. Das mag übertrieben sein, aber ist eine Übertreibung mit wahrem Kern nicht besser als ein muffiger Selbstbetrug? Solange wir unsere Wahrnehmung der Rolle, die Technik in unserem Leben spielt, nicht ändern, wird uns auch rituelles Grün-Wählen nicht vor der Strindbergschen Erfahrung der Hohlheit unseres Existenzentwurfs schützen, der seine Grundlagen verleugnet. Technik ist ein Stück Kultur und ein zentraler Teil unserer Identität. Sie passt sich uns weniger an als wir und ihr anpassen, und das lustvoll. Deshalb, nicht nur aufgrund vermeintlicher Funktionalität, hängen wir an ihr: am Auto, am Espresso-Automaten im Retrodesign, am Designerfahrrad mit Karbonrahmen als Teil unseres Lebensentwurfs. Es ist Technik, die ich sagt. Was in meinem blauen Ordner ich sagt, darum soll es im folgenden gehen.

> „Professioneller Schreibkomfort für Sie ganz persönlich. Schreiben Sie gern? Oder viel? Hier ist die neue Brother CE-550. Die kompakte Schreibmaschine mit viel elektronischem Komfort, wie Sie ihn sonst nur von einer wesentlich teureren erwarten. Nehmen Sie nur einmal die neue WORD-OUT Funktion. Hiermit werden ganze Wörter in Gedankenschnelle korrigiert. Die Maschine besitzt Datenerhalt und speichert so wichtige Informationen, wie Randeinstellungen, Tab-Positionen und Schriftteilung. Gestaltungsfunktionen wie Fettdruck – selbstverständlich. Die Schreibbreite

liegt bei außergewöhnlichen 297 mm (DIN A4 quer!). Und dann die Tastatur – sie ist extrem niedrig und läßt sich äußerst angenehm bedienen. Bei der CE-550 fällt auf, daß sie nicht auffällt. Sie arbeitet nervschonend und ungewöhnlich leise und verbreitet eine wohltuende Atmosphäre ... für Sie ganz persönlich!"[298]

Das Entscheidende ist mit lila Filzstift auf dem ansprechenden Werbeblatt vermerkt: der Preis von 999.- DM. Gern und viel habe ich immer geschrieben, deshalb sahen meine Eltern im Verlauf meines zwölften Schuljahres ein, dass die Investition in eine elektrische Schreibmaschine den häuslichen Lärmpegel etwas senken könnte, da ich bislang auf einer mechanischen Koffer-Reiseschreibmaschine getippt hatte. Ein nicht ganz unwichtiges Professionalitätsargument auf meiner Seite war der Hinweis darauf, dass ich während meines High School-Jahrs in den USA regulär maschineschreiben gelernt hatte: jeden Schultag eine Stunde lang. Meine technikfernen Eltern schickten mich gleichwohl, ihrem Glauben an die Allkompetenz fachmännischer Beratung folgend, in ein altehrwürdiges Osnabrücker Büromaschinengeschäft der Innenstadt. Tatsächlich traf ich dort auf einen verständigen Verkäufer, der ungefähr begriff, worum es mir ging: ein alltagstaugliches Schreibgerät mit der Belastbarkeit des halbelektronischen IBM-Hauseisens, auf dem ich in Texas gelernt hatte, und mit mehr Annehmlichkeiten, als sie meine Reiseschreibmaschine aus den 1960er Jahren bieten konnte. Das Ergebnis war die brother CE-550, die zwar keine wohltuende Atmosphäre verbreitete, aber praktisch zu handhaben war. Die Maschine gehörte zwar noch in die Zeit vor der digitalen Revolution, hatte aber die Plastikfarbe der ersten PC-Generationen und verfügte bereits über ein Inferface zur Nutzung als Drucker. Aufgrund ihrer Typenrad-Technik war sie dafür allerdings zu langsam. Im normalen Schreibbetrieb störte das nicht. Die WORD-OUT-Funktion mit Korrekturband korrumpierte schnell meine texanische Sekretärinnen-Drillroutine, dass der Tippfehler ein Charaktermakel ist und durch Neuschreiben des gesamten Textes bestraft werden muss. In einem trifft der Werbetext zu: der Anschlag war leichtgängig wie später bei den meisten PC-Tastaturen. So angenehm dies auch ist, es trägt ebenfalls erheblich zur Flüchtigkeit des Schreibens und damit zum Verfall der Textkultur bei. Die funktionale Seite des sozialen Lebens der CE-550 dauerte ungefähr fünf Jahre. In den ersten Semestern des Studiums musste sie noch heavy duty über sich ergehen lassen, aber schon 1991 trat ein erstes PC-Drucker-Ensemble an ihre Stelle und das Gerät wanderte als Back-up-Reserve für den Fall des Druckerversagens in den Keller. Es überlebte zahlreiche Umzüge, wurde pietätvoll einmal angestellt, um das knarrende Aufweckgeräusch wieder einmal gehört zu haben, bevor es wieder unter der Schutzhülle und im Stauraum verschwand.

Irgendwann wollte unser kleiner Sohn den Youngtimer so wie unsere ebenfalls aufbewahrten mechanischen Schreibmaschinen-Oldtimer als Spielzeug zur vergnüglichen Buchstabenerzeugung verwenden, aber da hatte sie ihren Geist aufgegeben und ging den Weg allen Elektronik-

298 Professioneller Schreibkomfort für Sie ganz persönlich. brother CE-550 [Werbefaltblatt o. O., o. J., ca. 1986], Vorderseite.

Abbildung 229
Nüchtern, die Bedienungsanleitung für die elekronische brother CE-550.[299]

299 brother. Bedienungsanleitung CE-550. Elektronische Schreibmaschine, [o. O., o. J., 43 S.].

schrotts. Bei der Sperrmüllsammlung im Frankfurter Norden fand sie vor der Abholung keinen Interessenten, sie stand noch morgens traurig im Regen, als ich das Haus verließ, und wartete auf den Müllwagen. Die Plastikhülle mit dem brother-Schriftzug habe ich aufbewahrt, und natürlich die Bedienungsanleitung.

Nach der Schreibmaschine folgt im Ordner Allgemeines ebendieses: eine Werbeblatt des Kulturrings der Jugend Osnabrück, der ein wenig realsozialistisch klingt, aber gutbürgerlicher Natur ist, und welches acht Konzerte für junge Hörer des Osnabrücker Symphonieorchesters unter der Gesamtleitung von Generalmusikdirektor Heinz Finger für die Zeit vom Herbst 1986 bis Frühjahr 1987 ankündigt. Er ist mir vor allem durch eine von ihm gern erzählte Geschichte über seinen pompösen Titel im Gedächtnis, dass die britische Besatzungsmacht nach 1945 im Zuge ihrer Reeducation-Bemühungen auch den Titel des GMD vorübergehend verbot, denn die Deutschen hätten für alle Zeit genug Generäle produziert. Die Programmeinführung übernahm jeweils mein Musikstudienrat: Osnabrück ist eine überschaubare Stadt. Die Rückseite ist dekorativ und musikkundlichen mit Zeichnungen von Blech- und Holzbläsern versehen. Ein Programm der Jugendbühne der Städtischen Bühnen Osnabrück für die Spielzeit 1986/87 ist auch abgeheftet. Ich kann mich nicht mich erinnern, was ich gesehen habe, ich meine Nathan und Wozzeck. Nach einem Jahr in Texas, wo es keine Gelegenheit gab, ins Theater zu gehen, gefiel mir unser schönes Jugendstil-Dreispartentheater ganz gut.

Am 9.11.1987, es ist von mir handschriftlich auf der minimalistischen Bedienungsanleitung vermerkt, bekomme ich meinen ersten CD-Player, der sich noch Compact-Disc Plattenspieler nennt. Dass mein Bruder Berufsmusiker und Komponist ist, erleichtert die Sache, und vielleicht spielt auch eine Rolle, dass meine musikalischen Neigungen nicht so stark sind wie bei meinem Bruder. Auch meine Eltern wollen von dem Gerät profitieren, das Teil meiner Anlage werden soll. ‚Anlage' ist ein Schlüsselwort meiner Generation, danach nicht mehr: gemeint ist das, was in den 1960er Jahren Stereo-, seit den 1970er Jahren HiFi-Anlage hieß und ein Ensemble aus Plattenspieler, Cassettenrekorder, Radio, Verstärker und zwei Boxen war. In einer Zeit, als die Musik gerade erst aufzuhören begann, generationsstilbildend zu sein und sich immer stärker zur hintergründigen Begleitung elektronischer Medien und zum medialen Grundrauschen verflüchtigte, war die Anlage ein wichtiges Stück Identität von hoher Vorzeigereichweite. Ein Luxuskauf war der Anitech-Player aus der Medienabteilung eines damals großen nordwestdeutschen Supermarkts sicher nicht. Er war alltagstauglich und hielt recht lang. Seine Anleitung kam mit 10 Seiten sparsam bebilderter Anleitung aus: darin zeigt sich ein Trend in technikbegleitenden Texten seit den 1970er Jahren. Je alltäglicher die Geräte werden, desto weniger erklärungsbedürftig sind sie.

Technische Daten

Typ:	Compakt Disc Audio-Spieler Horizontale Ausführung
Disc:	Compakt Disc
Signalablesung:	Kontaktloses optisches Lesesystem mit Halbleiter-Leser
Abtastgeschwindigkeit:	1,2 - 1,4 m/sec.
Tonkanäle:	2 Kanäle
Digital-Anlalog-Umsetzer:	16 Bit Linear
Fehlerberichtigung:	CIRC (Kreuzverschachtelungs-Reed-Solomon-Code)
Gesamtklirrfaktor:	0,004 % (1 KHz)
Frequenzgang:	15 Hz - 20 KHz
Kanaltrennung:	90 db (1 KHz)
Störspannungsabstand:	95 db
Gleichlaufschwankungen:	Unterhalb der messbaren Schwelle
Ausgangsspannung:	2,0 V
Empfohlene Impedanz:	10 KOhm
Spannungsversorgung:	220 V 50/60 Hz
Abmessungen:	Breite: 416 mm Höhe 70 mm Tiefe: 290 mm
Gewicht:	4,0 Kg

Technische Daten der Compakt Disc

Wiedergabezeit:	ca. 60 Minuten (74 Minuten max.)
Spurabstand:	1,6 um
Abtastfrequenz:	44,1 KHz
Modulationsschema:	EFM

Technische Änderungen/Design vorbehalten.

9.11.87
- Ankauf -

Abbildung 230
Das technische Rückgrat des Musikerlebnisses in Daten.[300]

300 Compact-Disc Plattenspieler Anitechn AE-300 Bedienungsanleitung, [o. O., o. J.], Rückseite.

Auf diesen Kauf folgt eine bemerkenswert lange Pause, was technische Geräte betrifft. Sie fällt mit dem Studium zusammen, das offensichtlich auch im Hinblick auf die Mitnahme von Apparaten aus elterlichen Haushalten vom Fön über den Staubsauger bis zu Kochutensilien eine parasitäre Lebensphase ist. Die Anschaffung eines PC, und, nicht zu vergessen, eines Gebrauchtwagens bei Studienbeginn, waren die Ausnahme von dieser Regel, was den Begriff Ausnahme allerdings sofort schieläugig macht. Typischer will mir scheinen, dass meine Freundin und ich noch lange einen winzigen portablen Schwarz-Weiß-Fernseher hatten, dessen Bildqualität nicht zu beanstanden war. Es fällt mir schwer, den Eindruck als durch idyllisierende Retroprojektion motiviert zu entlarven, dass dies bei meinen Studenten heute nicht mehr regelmäßig so ist. Was meinen damaligen und den heutigen Studentenalltag gleichermaßen prägt, ist die Verfügung über einen nur unterschiedlich sortierten, ansehnlich großen Technikpark, der gar nicht vollständig eigenfinanziert sein kann, sondern von elterlicher Unterstützung abhängt und somit Konsumpartizipation durch innerfamiliäre Umverteilung ermöglicht. Auf den meisten Labtops, iphones und ipods müsste der Aufkleber ‚sponsored by daddy' gut sichtbar angebracht werden und die süßliche Geschmacklosigkeit des T-Shirts ‚Daddy's Girl' bekommt einen ganz vernünftigen Sinn. Ist es da nicht verständlich, dass in letzter Zeit – so wie seit jeher in den USA – sich die zahlenden Eltern die Studienbedingungen ihrer Investitionsobjekte noch sehr zum Erstaunen des hiesigen Lehrpersonals auch persönlich ansehen kommen? Die Studienorganisation, wie sie heute ist – vor allem viel weniger selbstbestimmt als in meiner Zeit –, dürfte es so gut wie ausschließen, neben dem Studium einem regelmäßigen Gelderwerb nachzugehen. Es ist bemerkenswert, dass unsere ansonsten so wachen Wirtschaftspropheten dieses Wegbrechen eines Konsumpotentials noch nicht alarmistisch vermeldet haben, denn die Zahl der Studenten wächst und wächst, befördert u. a. durch die psycho- und sozialpathologische Verirrung, die Hälfte eines Jahrgangs mit einem Zeugnis der Allgemeinen Hochschulreife auszustatten. Konsum, Mobilität und Qualifikation sind ein interessantes Trio. Vergleichende Blicke in den Warenkorb von Studierenden dürften ein gutes Bild gesellschaftlichen Wandels ergeben, erst recht gilt das für die Mobilitätsmuster. Auto, Bahn, Nahverkehr und Fahrrad bieten ja unbegrenzte Möglichkeiten individueller Mobilitätsensemble, wobei sich für meinen Eindruck seit langem ein soziales Muster verallgemeinert: das des hochmobilen Studenten, der während des gesamten Studiums zuhause wohnt und dessen Mobilität sich auf andere Ziele jenseits seines Studienalltags richtet. So kommt der Fernreisen gegenüber aufgeschlossene Student zustande, der für sein Pendeln zwischen dem Hotel Mama und der Alma Mater je nach Entfernung ein Auto braucht oder noch fahrradfährt. Für die Gruppenbildung und die Atmosphäre an der Universität ist diese Art der Mobilität im übrigen tödlich. Sie produziert den Typus des Teilzeitcampusnutzers mit Arbeitnehmermentalität, der seinen Arbeitsplatz nach Schichtende fluchtartig verlässt und dessen soziales Leben um seinen Wohnort herum stattfindet: bis auf die Ebene von Sportvereinsmitgliedschaften und erst recht aller Freizeitaktivitäten. Studieren als Lebensform ist dann ausmobilisiert.

Abbildung 231
Mit dem Citroën Visa setzte sich die Familientradition des Doppelwinkelbezugs fort. Ich hatte eigentlich auf eine gebrauchte GS mit Boxermotor spekuliert, aber die war nicht zu haben. Der Visa ist ein Kleinwagen, aber keine voiture du peuple. Seine Betriebsanleitung findet sich sachlogischerweise im Aktenordner Auto.[301]

Abbildung 232
Die Fahrerseite eines späten Modells, aber mit derselben Anordnung, an die sich mein Fahrerkörper so angepasst hat, dass ich jedes anders sortierte Fahrzeug zunächst absurd fand. Mit Hohn und Spott sah ich auf konventionelle Lenkräder.[302]

Abbildung 233
Autos, die ich nie besessen habe, Teil I: Die GS, kein deutscher Kraftwagen, ein französisches Automobil.[303]

Abbildung 234
Autos, die ich nie besessen habe, Teil II: Das wäre das eigentliche Wunschauto gewesen, das gar nicht in Frage kam: eine CX, die französische ENArchenlimousine.[304]

Mit der Familiengründung im engeren Sinn nimmt die Akte Allgemeines deutlich an Umfang zu, aber das gilt auch für andere Betreffe. Die Auto-Akte erhält den Vorgang Citroën Xantia Break, dessen automobilsoziales Leben übrigens bis heute reicht. Der Haushaltsgerätepark in der unserer ehemaligen US-Army-Wohnung im Frankfurter Norden wächst an. Schon beim Einzug in diese Wohnung findet ein Elektroherd seinen Weg zu uns, er wirkt in der nach amerikanischen Maßen geschnittenen Einbauküche etwas verloren. Auch unser Kühlgefrierschrank füllt bei weitem nicht die für ihn vorgesehene Lücke zwischen den Einbauschränken, die in der Küche praktisch, im Rest der Wohnung ein regalverhinderndes Übel sind. Im ersten Lebens-

301 Quelle: http://www.citroenet.org.uk/passenger-cars/psa/visa/visa01.html [26.7.2011].

302 Quelle: http://www.citroenet.org.uk/passenger-cars/psa/visa/visa02.html [26.7.2011].

303 Quelle: http://www.motor-talk.de/bilder/serienmotorraeder-mit-pkw-motoren-teil-3-die-bfg-1300-g12287493/citroen-gs-1977-i203152512.html [26.7.2011].

304 Quelle: http://www.linternaute.com/auto/magazine/photo/les-voitures-de-l-annee-de-1970-a-1980/image/citroen-cx-310648.jpg [26.7.2011].

jahr unseres Sohnes kommt ein Wäschetrockner dazu, der die Säuglingsbewirtschaftung für berufstätige Neu-Eltern erheblich erleichtert. Sein Standort ist der Keller des vormaligen GI-Wohnkomplexes, der für jede Wohnung einen großzügigen Stellplatz für Toploader-Waschmaschine und Trockner vorsieht, damit die Uniformen und T-Shirts der Armed Forces nach dem Waschen wieder schnell verfügbar sind. Amerikanische Wohnumstände haben nur Vorteile: vor allem sind die Parkplätze groß genug. Sie wurden erwartbarerweise von der Stadt Frankfurt irgendwann auf DIN-Maß und Golf-Länge zurückgebaut. In der Baby- und Kleinkindzeit wird der Trockner hart gefordert, dann fällt seine Nutzungskurve steil nach unten. Heute nutzen ihn Nachbarn, um bei Bedarf besondere Kleidungsstücke wie wattierte Jacken schnell zu trocken, aber auch das sehr selten, so dass er als Anschauungsobjekt funktionsfrei gewordener weißer Ware ein Leben nach der Nützlichkeit fristet.

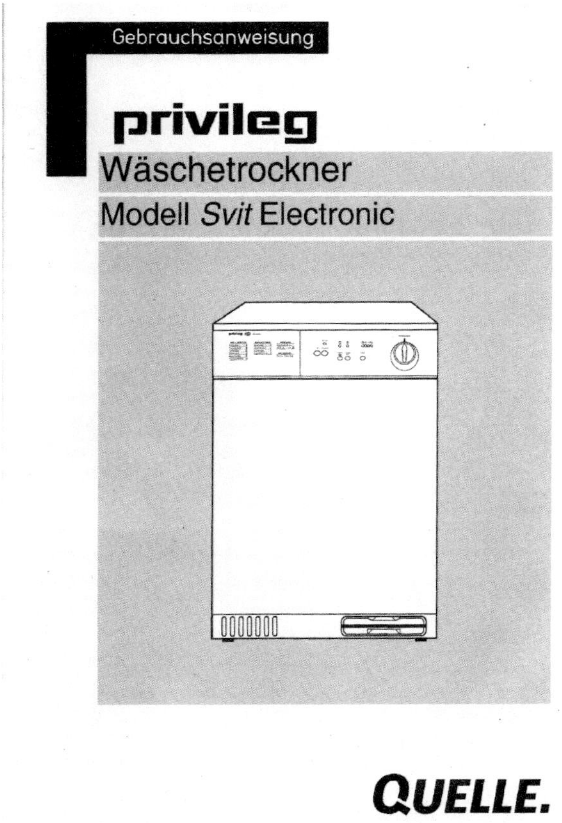

Abbildung 235
Er ist die Unauffälligkeit selbst, die in umgekehrtem Verhältnis zu seiner auf drei bis vier Jahre beschränkten Nützlichkeit steht. Wenn er eine Technikidentität hat, ist sie diskret. Weiße Ware ist überhaupt ein Phänomen für sich.[305]

305 Gebrauchsanweisung privileg Wäschetrockner Modell Svit Electronic, Quelle, o. O. 2001, Cover.

Um manche Anschaffungen knüpfen sich ideologische Auseinandersetzungen mit beachtlichem Polarisierungseffekt. Während der Wäschetrockner bei manchen Nachbarn spitze Bemerkungen des Inhalts provozierte, man selbst sei in der Babyphase auch mit mehreren Kindern ohne einen solchen Apparat ausgekommen und überhaupt sei ja sehr fraglich, wie hautverträglich das Wäschetrocknen sei, erzeugte unser IKEA-Kinderbett mit Holzgitter bei einigen Altersgenossen Stürme rhetorischer Entrüstung – zumeist allerdings bei den (noch) Kinderlosen. Ein Laufstall! Ein Kindergefängnis! Die Welt durch Gitterstäbe kennenlernen! Ausdruck und Inbegriff des deutschen Autoritarismus mit unabsehbaren psychischen Folgen! Wenige Engagierte sind durch einen Sinn für Humor in ihrer Rechtschaffenheit eingeschränkt, so dass mein regelmäßiger Hinweis nicht fruchtete, schon mein Vater habe während seiner elfjährigen Kriegsgefangenschaft in der UdSSR vier Jahre im regulären sowjetischen Strafgefängnis gesessen und die Neigung zum Knast müsse offenbar in meiner väterlichen Linie erblich geworden sein. Das zu unseren Ivar-Regalen passende, in der IKEA-Filiale Wallau gekaufte Produkt mit dem für den deutschen Begriffshorizont allerdings wenig sensibel gewählten Namen ‚Trogen' war in jeder Beziehung erfreulich: billig, optisch zurückgenommen, leidlich gut zusammenzuschrauben und den Erwartungen auch noch als gitterfreies Kinderbett für einige Jahre entsprechend. Seine Einzelteile stehen heute im Keller und warten auf eine neue soziale Konstruktion. Während der Kleinstkindzeit ist man zu beschäftigt, um solchen Gedanken nachzugehen, aber was machen eigentlich Eltern, die gitterlose Kinderbetten verwenden? Schlafen Sie abwechselnd oder zu zweit als Lebendpolster vor dem Kinderbett? Lassen Sie ihre Brut im Elternbett schlafen, bis sie in die Schule kommt? Binden Sie ihre Kinder im Bett fest oder hypnotisieren sie beim Einschlafen? Wie auch immer. Wir ließen uns nicht beeindrucken und verwendeten auch den aus der Kinderzeit meiner Frau erhaltenen echten Laufstall, dessen Vollholzausführung nur für die ihn aufbauenden oder im Wohnzimmer verschiebenden Eltern blaue Flecken bedeuten konnte. Auch der Laufstall ist augenblicklich in der Verwandtschaft unterwegs, was einmal mehr auf einen bemerkenswerten Anti-Konsum-Effekt in unserer späten Konsumgesellschaft aufmerksam macht. Neben dem Trend zur apparativen Hochrüstung jedes Einzel- und Familienlebens gibt es auch eine generationenübergreifende Kontinuität der sozialen Wiederverwendung, die Neukäufe verhindert, ohne allerdings mit einer postmateriellen, anti-konsumgesellschaftlichen Grundgestimmtheit oder mit Illusionen wie der des ‚nachhaltigen Konsums' identisch zu sein. Es sind eher auf die Tradition des Einzelobjekts bezogene soziale Routinen, die, mehr als man sich selbst bewusst macht, mit Kontinuitäten von Sparsamkeitshaltungen zu tun haben, aus denen sich Sinnstiftung ergeben hat. Aufheben ist eine bürgerliche Tugend, ebenso und erst recht das narrative Aufladen – manchmal sicherlich auch: Belasten – des einzelnen Gegenstands mit seiner sozialen Geschichte. Denn nichts wird zur weiteren Nutzung freigegeben, ohne es in die Tradition der Geschichte(n) einzuordnen. Auf diese Weise wird nicht nur Geld gespart, sondern vor allem Identität erzeugt, und sei es mit dem industriellen Massenprodukt von IKEA.

Trogen

IKEA®

Design and Quality
IKEA of Sweden

Abbildung 236
Das modulare Kinderbett, hier noch mit Gitterstäben.[306]

306 Trogen. IKEA, o O. 1996, Cover.

Bedienungs- und Aufbauanleitungen sind interaktiv, und die aufgebauten Gegenstände gehören manchmal zu einer Generationserfahrung. Daher steht am Ende dieses Aktenvortrags ein kleines Rätsel: vielleicht erkennt ja jemand (richtiger in Frageform formuliert: wer erkennt nicht?) das IKEA-Artefakt, zu dem dieser Auszug aus einer Beschreibung gehört.

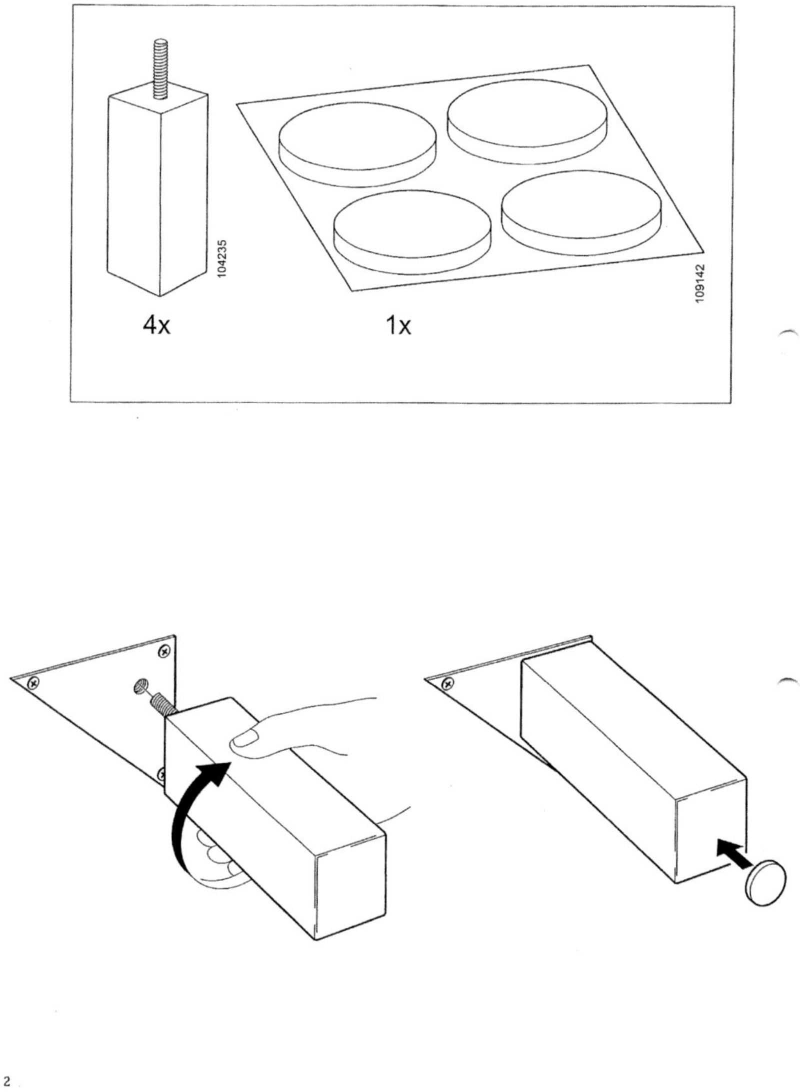

Abbildung 237[307]

307 Quelle: Sehr wahrscheinlich auch in den Unterlagen des geneigten Lesers so oder ähnlich vorhanden gewesen.

Identitätskonstruktion durch narrative Industriewerbung in *Bild der Wissenschaft* 1968

1968 steht in der Historiographie für wesentliche Anpassungskonflikte im soziokulturellen und soziopolitischen Systemensemble der westlichen Welt,[308] in der Bundesrepublik aggressiv zugespitzt durch einen politisch überformten Generationenkonflikt besonderer Schärfe.[309] Diese Perspektive lässt aus dem Blick geraten, dass Ende der 1960er Jahre die Technikzentrierung und -Abhängigkeit in Innovation, Produktion und Diffusion eine neue Qualität erreicht. Neue Technologien im Bereich der elektronischen Steuerung und der Datenverarbeitung, die politisch massiv geförderte Etablierung der Kernenergie im Kraftwerkregelbetrieb und die tayloristisch-kybernetische Revolution in der Konsumgüterherstellung unter extremem Rationalisierungsdruck bei Behauptung der Weltmarktfähigkeit in ausgewählten, von Spitzentechnologie stark abhängigen Bereichen sind nur einige Beispiele. Hier vorschnell von Versäumnissen und Blindheit der Zeitgeschichte auf der Linie der traditionellen Gegenüberstellung von Kultur und Technik zu sprechen,[310] läge ganz auf der Linie jenes harten Technozentrismus, den im Kontext seiner Zeit sichtbar zu machen Ziel dieses Beitrages ist. Die politisch-kulturelle und die technische Revolution finden parallel statt und haben nicht nur stilistisch manche Berührungspunkte: Beide verändern die partizipatorische Massenkonsum-, Leistungs- und Mobilitätsgesellschaft erheblich, indem sie u. a. die Erzählweisen des Politischen und des Technischen neu definieren: durch neue Inhalte und neue Formen. Dies gilt auch für den naturwissenschaftlich-technischen Bereich, der in dieser Zeit die gesellschaftliche Relevanz neuentdeckt. Wo ließe sich dies besser sichtbar machen als an Industriewerbung im populären Zentralorgan für die Aufwertung von Natur- und Technikwissenschaften, der Zeitschrift *Bild der Wissenschaft*?[311] Sie wurde 1964 in Reaktion auf die vermeintlich ungenügende Öffentlichkeitsarbeit dieses Wissenschaftssegments und vor dem Hintergrund der bildungs- und wissenschaftspolitischen Strukturmaßnahmen in der Folge des Sputnikschocks gegründet. Im folgenden möchte ich Werbung für großindustrielle Produkte und Fertigungsweisen aus dem Jahrgang 1968 von *Bild der Wissenschaft* präsentieren und kommentieren. Mir will scheinen, dass sich vier Werbestrategien in den ausgewählten Bildquellen erkennen lassen:

308 Für die USA vgl. David Farber (Ed.), The Sixties. From Memory to History, Chapel Hill/London 1994.

309 Vgl. Thomas Ellwein, Krisen und Reformen. Die Bundesrepublik seit den sechziger Jahren, München 1989.

310 Exemplarisch Heinz Haber, Öffentliche Wissenschaft, in: Bild der Wissenschaft 9 (1968), S. 744–753, 745: „Die Naturwissenschaften und die Technik sind jene historischen Kräfte, die unsere heutige Zivilisation geschaffen haben. Der klassische Bildungsbegriff, der das naturwissenschaftliche Erkenntnisgut ausklammert, verschließt der Öffentlichkeit wichtige Aspekte unserer modernen Welt, die sie kennen muß." Dass diese Verallgemeinerung auf schlichter Literaturunkenntnis beruht, zeigt u. a. die Konzeption der von Golo Mann zu Beginn der 1960er Jahre herausgegebenen Propyläen-Weltgeschichte. Eine Universalgeschichte, hg. v. Golo Mann u. a., Berlin/Frankfurt am Main 1960–64.

311 Vgl. http://de.wikipedia.org/wiki/Bild_der_wissenschaft [23.6.2011].

1. Formal hebt sich von der Kontinuität klassischer Marken- und Markennamenwerbung eine neue Narrativität ab, die auch unzugängliche, sehr spezielle und sogar abstrakte Groß- oder Detailtechnik durch zum Teil novellenartige Erzählung zum Gegenstand sozialer Konstruktion macht. In der Farbigkeit spielen popkulturelle Experimente noch kaum eine Rolle. Der Text ist eher avantgardistisch als die aufwendige und ästhetisierende Industriefotographie.
2. In der inhaltlichen Argumentation wird der Stolz über Innovationen auffällig gesellschaftlich eingeordnet: Verantwortung ist ein Schlüsselwort, das ein Leitbild des verantwortlichen Fortschritts konturieren soll: immerhin vier Jahre vor dem ersten Club-of-Rome-Bericht des Jahres 1972.
3. Der Zufluchtsort eher noch der traditionellen Fortschritts- als einer selten gewordenen reinen Wachstumsideologie ist die technische Utopie, der allerdings stets der Realismus des Gegenwartsbezugs gegenübergestellt wird. Fortschritt an sich ist kein Selbstzweck mehr, er muss problemlösend rückgebunden sein.
4. Trotz eines bisweilen sogar aggressiven Selbstbewusstseins der Technik- und Technologieproduzenten ist ein Zug der legitimatorisch-defensiven Selbstbehauptung immer noch erkennbar, der sich u. a. in der Neigung zu innovationsgeschichtlichen Aufzählungen oder Appellen zur Wahrnehmung der wohlstandsrelevanten Natur- und Technikwissenschaften zeigt.

Sicherlich ließen sich alle möglichen Aspekte zur theoretischen Verortung von Werbung Ende der 1960er Jahre anführen, die u. a. schon John Kenneth Galbraith in ‚The Affluent Society' aufgeführt hat.[312] Ich möchte mich auf den 1961 im Handwörterbuch der Sozialwissenschaften erschienenen Artikel ‚Werbung' von Horst Albach stützen, der die Aufmerksamkeitsfunktion zentralstellt und den epochencharakteristischen Übergang von der Produkt- und Firmenwerbung zur Imagebildung und zum Agenda setting beschreibt:

> „Das Ziel, die Aufmerksamkeit zu erregen, setzt voraus, daß bekannt ist, worauf die Aufmerksamkeit gelenkt werden soll. (...) Inhalt der *Produktwerbung* ist einmal die Werbung für ein markiertes Erzeugnis. Der Markenartikel hat bereits eine Individualität, auf die die Aufmerksamkeit unzweideutig gelenkt werden kann. (...) In Wirtschaftszweigen mit rapidem technischem Fortschritt und schnell wechselnden Produkten wird vielfach die Aufmerksamkeit nicht so sehr auf das einzelne Produkt als vielmehr auf das herstellende Unternehmen gelenkt. Dabei wird von der Annahme ausgegangen, daß die auf das Unternehmen an sich gelenkte Aufmerksamkeit ein ‚Image' des Unternehmens schafft, das sich günstig auf den Absatz aller von dem Unternehmen produzierten Produkte auswirken wird. (...)"[313]

312 John K. Galbraith, Gesellschaft im Überfluß, München/Zürich 1959 (zuerst New York 1958).

313 Horst Albach, Werbung, in: Handwörterbuch der Sozialwissenschaften, hg. v. Erwin von Beckerath u. a., Bd. 11, Stuttgart u. a. 1961, S. 624–632, 625.

In einem längeren Abschnitt ‚Geschichten' werde ich auf einige Beispiele eingehen. Der kurze Abschnitt ‚Farbflächen' dient der Illustration. Hier führe ich einige Beispiele aufgrund ihrer Bildästhetik an, die ich für sich selbst sprechen lassen möchte.

Geschichten

Abbildung 238[314]

314 Bild der Wissenschaft 2 (1968), S. 95.

In Abbildung 238 wird bildlich auf die Sympathie und den Aha-Effekt gesetzt, die eine Verbindung zwischen Spucke, Lacken, Pestiziden und Klebstoffen herstellen sollen. Diese kleine, provozierende Transferleistung liegt bewusst hart an der Ironiegrenze für ein chemisches Unternehmen, dessen Produktlinien in systematischer Laborforschung entwickelt werden müssen. Ironie in der Industriewerbung ist eine Innovation. Bemerkenswert ist auch die kontextfreie und bei genauem Hinsehen wenig sinnvolle Erwähnung ‚spielender Lösungen': Die 1960er Jahre sind ein ausgeprägt pädagogisches Jahrzehnt,[315] und das Eingehen auf den pädagogischen Code von Problemlösung und spielerischem Lernen soll offenbar die Identifikationsbereitschaft noch erhöhen. Der Rest ist konventionell: Praxistauglichkeit, Beratungsbeflissenheit und Forschungsbezug sind Standards der Chemiewerbung.

Um Sympathie geht es auch in Abbildung 239: um die Sympathie mit dem robusten sozialen Aufstiegswillen gemäß der Ideologie der nivellierten Mittelstandsgesellschaft,[316] zu der die Zentralität der Natur- und Technikwissenschaften gehört. Wenn der Volksschüler Karl Froheim Astrophysiker werden soll, muss einiges geschehen. Noch lernt er offenbar mit Medien der Vergangenheit. Der Weg in die naturwissenschaftlich geprägte Zukunft erfordert zwingend passende Lernmittel als Voraussetzung eines wünschenswerten Bildungs- und beruflichen Werdegangs. Ein wenig drohend klingen die Hinweise des Lehrmittelherstellers durchaus: Die Zukunft hängt davon ab, dass Karl Frohheim Astropyhsiker wird. Der ideologische Charakter dieser Argumentation steckt vor allem in einem Satz: „(...) Sprache vermag wenig, wenn es um die Entdeckung der Natur geht."[317] Diese souveräne Missachtung der abendländischen Tradition der Naturphilosophie und Naturbeschreibung[318] lässt die Härte eines nicht nur bildungspolitischen, sondern eben weltanschaulichen Konflikts erkennen, in der die Vertreter der Natur- und Technikwissenschaften längst nicht mehr die Angegriffenen und Ausgegrenzten, sondern vielmehr diejenigen sind, die ein gesellschaftliches Relevanz-Monopol behaupten. Hans Freyer drückte dies in seinem Beitrag für den letzten Band von Golo Manns Propyläen-Universalgeschichte 1964 so aus: „Die Technik hat es im 20. Jahrhundert zu so evidenten Hochleistungen gebracht, und sie ist in der ganzen Breite der Kultur, bis hinein in Küche und Kinderstube, so allgegenwärtig geworden, daß Denkformen und Verhaltensweisen, die in ihr entstanden und primär auf sie zugeschnitten sind, allgemein dominant werden."[319] In der Tat.

---

315 Hans-Hermann Groothoff, Gesellschaft in pädagogischer Sicht, in: ders. (Hg.), Das Fischer-Lexikon Pädagogik, Frankfurt am Main 1964, S. 102–112.

316 Vgl. aus soziologischer Distanz Karl Martin Bolte, Mobilität, in: Wilhelm Bernsdorf (Hg.), Wörterbuch der Soziologie, Stuttgart 1969, S. 709–716, vor allem zum Aspekt bildungsvermittelter sozialer Mobilität.

317 Abbildung 239.

318 Paul K. Feyerabend, Naturphilosophie, in: Das Fischer-Lexikon Philosophie, hg. v. Alwin Diemer, Ivo Frenzel, Frankfurt am Main 1958, S. 203–227.

319 Hans Freyer, Gesellschaft und Kultur, in: Propyläen Weltgeschichte. Eine Universalgeschichte, hg. v. Golo Mann, Bd. 10, Berlin/Frankfurt am Main 1964 u. ö., S. 501–591, 532.

Abbildung 239[320]

320 Bild der Wissenschaft 2 (1968), S. 101.

Abbildung 240[321]

Frauenbeauftragte und Gender mainstreaming kommen später. 1968 ist die auf Männerphantasien abstellende Lichtanatomie in Abbildung 240 schon und auch noch möglich. Die subkutanen Botschaften machen deutlich, woher der Überdruck der Frauenbewegung seit 1968

321 Bild der Wissenschaft 2 (1968), S. 167.

kommt: schicke Sekretärinnen sind u.a. für die Kopien zuständig. Die hochpreisigen, im Betrieb aber kostensparenden Kopiergeräte werden von den Chefs angeschafft. Unabhängig von dem hier in Erscheinung tretenden kommoditisierten milden Sexismus und Rollenchauvinismus fällt die starke Präsenz des Themas der Büromaschinen und -Organisation auf: die Aufrüstung der Sekretariate mit elektronisch gesteuerten Geräten erreicht eine neue Qualität. Die Effizienz des Papiermanagements wird angesichts wachsender Internationalisierung zu einem noch wichtigeren Faktor des Wirtschaftserfolgs. Und anders als noch in Werbebildern der späten 1950er und frühen 1960er Jahre sieht man auch in der Schwerindustrie kaum noch hallenartige Großsekretariate – „Schreibabteilungen" – mit Heerscharen von tippenden und Rechenmaschinen bedienenden Sekretärinnen, sondern eher kleine Vorzimmerbüros, die allerdings kommunikationstechnisch voll ausgestattet sind. Auch bei denjenigen, die noch nicht CEOs heißen müssen, dringt der Maschinenpark langsam aus den Vorzimmern auf den Schreibtisch vor: die Technik verringert den sozialen Abstand und zwingt auch Vorstandsmitglieder zur Selbstprofessionalisierung im Umgang mit Datenverarbeitungstechnik.

Lederstiefel und Minirock in der Stahlwerbung von Abbildung 241 wären ein Jahrzehnt früher als frivol und deplaziert empfunden worden, und das dürfte auch zeitgleich in manchen EG-Staaten noch so sein. Die medi-

Abbildung 241[322]

322 Bild der Wissenschaft 9 (1968), S. 632.

ale Sexualisierung ist omnipräsent, ob schleichend, wie in dieser Anzeige, oder so offen wie auf den Titelblättern des ‚Stern'. Die entstehende permissive Gesellschaft gebraucht sexuelle Botschaften als *cultural code*. Auch darin liegt eine neue Form des Egalitarismus, der die Eigenzeitlichkeit gesellschaftlicher Subsysteme und Milieus erodieren lässt. Sehr viel früher als im freien Europa entsteht in der multiethnischen Einwanderergesellschaft der USA durch die Formulierung der *political correctness* eine effektive Gegenmacht zu diesem Trend. Angesichts ethnienbezogener Verschiedenheiten bei den Körperbildern und Interpretationen der Geschlechterrollen wird in den Bereichen *race* und *gender* ein rigides Antidiskriminierungsinstrumentarium entwickelt, das seit den 1970er Jahren den professionellen und öffentlichen Bereich überzieht

Abbildung 242[323]

323 Bild der Wissenschaft 3 (1968), S. 179.

und u. a. in Europa in dieser Form lange nicht vorstellbare *dress codes* und Verhaltensstandards durchsetzt.[324] Anti-Sexualisierung und die kontrafaktische Ideologie der Enthaltsamkeit werden auch zum Markenkern der konservativen Revolution in den USA.[325] Sie macht die gefühlte Ablehnung modernisierungsbedingter permissiver Pluralisierung nicht nur politikfähig und erfolgreich wählbar, sondern redefiniert die Identität der Konservativen erfolgreich bis hin zur Ermöglichung der Präsidentschaft von George W. Bush.

Die Mannesmann-Werbung in Abbildung 242 erklärt die Welt als soziotechnische Konstruktion von Mannesmannprodukten. Ob Brücke oder Fahrzeugkarosserie, stets ist der Stahlspezialist präsent. Damit wird ein wichtiges Phänomen der fortgeschrittenen technikzentrierten industriellen Massengesellschaft angesprochen: das Unsichtbarwerden von Technik. Gerade für die Hersteller infrastrukturell bedeutender Artefakte ist diese Nichtsichtbarkeit in Zeiten der Medialisierung problematisch. Jahrzehnte bevor die historische Forschung dieses Paradigma entdecken wird, greift die Industriewerbung den Sozialkonstruktivismus auf.

Die Kernenergie ist 1968 nicht irgendeine Technologie, sondern der Schlüssel zu einer neuen Industriegesellschaft.[326] Das fast regierungsamtlich wirkende Sachlichkeitspathos des Texts spiegelt treffend das Selbstbild der Branche als Avantgarde der Energierevolution. Während an den Universitäten und auf den Straßen einiger Universitäts- und Großstädte der Protest weitgehend symbolisch bleibt, macht der industriell-politische Komplex Ernst mit seinem revolutionären Programm. Der Hinweis in Abbildung 243 auf die staatliche Zuschuss-Freiheit des geplanten Reaktors in Würgassen verschleiert die strukturelle Hochsubventionierung des gesamten Feldes der Kernenergieforschung und -Wirtschaft auf europäischer und bundesdeutscher Ebene. Die Geschichte der Karlsruher Bundesreaktorstation,[327] aus der das Kernforschungszentrum Karlsruhe, später: Forschungszentrum und heute ein Teil des Karlsruher Instituts für Technologie (KIT) werden wird, ist dafür ein deutliches Beispiel.

Dass Karlsruhe als Standort der Kernenergieentwicklung und -Förderung eine besondere Bedeutung hat, belegt Abbildung 244. Trotz jahrzehntelanger – und in diesem Text sogar ausdrücklich hervorgehobener staatlicher Förderung – hat das Karlsruher Kernforschungszentrum entgegen eigener Ankündigungen und externer Finanzierung dafür weder bis noch nach 1980 den

324 Auf charakteristisch europäische Weise kritisch dazu z. B. Michael Bonder, Ein Gespenst geht um die Welt: Political correctness, Frankfurt am Main 1995.

325 Claus Leggewie, America first? Der Fall einer konservativen Revolution, Frankfurt am Main 1997.

326 Zeitgenössisch z. B. Pascual Jordan, Wie sieht die Welt von morgen aus?, München 1958, S. 143: „Man kann überhaupt kaum einen Industriezweig nennen, in dessen Arbeit nicht Erleichterung, Verbesserung und Verbilligung zu erreichen wäre durch irgendwelche Anwendungen der Radioaktivität." Kritisch Rolf-Jürgen Gleitsmann, Der Vision atomtechnischer Verheißungen gefolgt: Von der Euphorie zu ersten Protesten – die zivile Nutzung der Kernkraft in Deutschland seit den 1950er Jahren, in: *Journal of New Frontiers in Spatial Concepts* 3 (2011), S. 17–26.

327 Dazu Rolf-Jürgen Gleitsmann, Im Widerstreit der Meinungen: Zur Kontroverse um die Standortfindung für eine deutsche Reaktorstation (1950–1955). Ein Beitrag zur Gründungsgeschichte des Kernforschungszentrums Karlsruhe und zu einem Kapitel deutscher Kernenergiegeschichte, Karlsruhe 1986.

Dritter Siedewasserreaktor der Bundesrepublik kritisch

AEG

ZWA 3304

Am 31. Januar 1968 um 21.57 Uhr wurde der AEG-Siedewasserreaktor des Kernkraftwerkes Lingen zum ersten Mal kritisch. Mit dem Beladen des Reaktors war in der Nacht vom 30. auf den 31. Januar begonnen worden. Die Kritikalität trat, wie erwartet, nach dem Einsatz des 24. Brennelementes ein. Innerhalb von 14 Tagen wird der Reaktor mit den übrigen 260 Brennelementen beladen. Dann können die Nulleistungsversuche beginnen.

Das Kernkraftwerk Lingen wurde von der AEG in vierjähriger Bauzeit errichtet. Nach Kahl (Inbetriebnahme 1961) und Gundremmingen (Inbetriebnahme 1966) ist es das dritte von der AEG gebaute Siedewasserreaktor-Kernkraftwerk. Seine elektrische Leistung beträgt 252 MW. Dem Reaktor ist ein ölgefeuerter Überhitzer nachgeschaltet. Der Sattdampf aus dem Reaktor durchströmt deshalb einen Wärmetauscher und erzeugt dort Sekundärdampf, der im Überhitzer auf eine Temperatur von 530 °C gebracht wird. Die Zwischenschaltung eines Überhitzers erwies sich wegen der gegebenen Netzbelastungsverhältnisse als wirtschaftlich zweckmäßig und gestattet die Verwendung einer konventionellen Heißdampfturbine (3 000 UpM).

Das vierte Siedewasserreaktor-Kernkraftwerk der AEG, das 670-MWe-Kernkraftwerk Würgassen, welches erstmals ohne staatliche Förderungsmaßnahmen gebaut wird, soll Anfang 1972 in Betrieb gehen.

ALLGEMEINE ELEKTRICITÄTS-GESELLSCHAFT
AEG-TELEFUNKEN

Abbildung 243[328]

Schnellen Brüter serienreif entwickelt noch das Problem des Atomabfalls gelöst. Verantwortlich gemacht wurden dafür abwechselnd die Kernkraftgegner und die ihnen angeblich populistisch folgende Politik. Auch im Text von Abbildung 244 fällt der an Regierungsverlautbarungen erinnernde, jede Form der Kritik oder Infragestellung ausschließende Ton auf. Ebendiese Form der diskurshegemonialen Rede wird Ulrich Beck in seinem zum Teil kernenergiegeschichtlich angelegten Essaysammlung ‚Risikogesellschaft' aus dem Jahr 1986 als eine we-

328 Bild der Wissenschaft 3 (1968), S. 197.

sentliche Grundlage zur Definitionshoheit über ‚Restrisiken' und die Potentialität von Gefahren darstellen:

> „(...) in Risikodefinitionen wird das *Rationalitätsmonopol* der *Wissenschaften gebrochen*. Es gibt immer konkurrierende und konflikthafte Ansprüche, Interessen und Gesichtspunkte der verschiedenen Modernisierungsakteure und Betroffenengruppen (...). Viele Wissenschaftler gehen zwar mit dem ganzen Impetus und Pathos ihrer Sachrationalität zu Werke, ihr Sachlichkeitsbemühen wächst gleichsam proportional mit dem politischen Gehalt ihrer Definitionen. (...) Der Rationa-

Thema: Kernkraftwerke

SIEMENS

Kernenergie 1980: Schnelle Brüter

Im Rahmen des deutschen Entwicklungsprogrammes für schnelle Brutreaktoren wurde von Siemens im Auftrag der Gesellschaft für Kernforschung (GfK), Karlsruhe, die Schnelle Nullenergieanordnung Karlsruhe (SNEAK) errichtet. SNEAK ermöglicht Versuche mit schnellen Neutronen. Seit mehr als einem Jahr liefert SNEAK wichtige Ergebnisse für die physikalische Auslegung schneller Brutreaktoren. Vom Bundesministerium für Wissenschaftliche Forschung hat Siemens gemeinsam mit der Firma Interatom den Auftrag, den Prototyp eines 300-MW-Schnellbrüter-Kernkraftwerkes mit Natriumkühlung zu entwickeln und baureif zu projektieren.

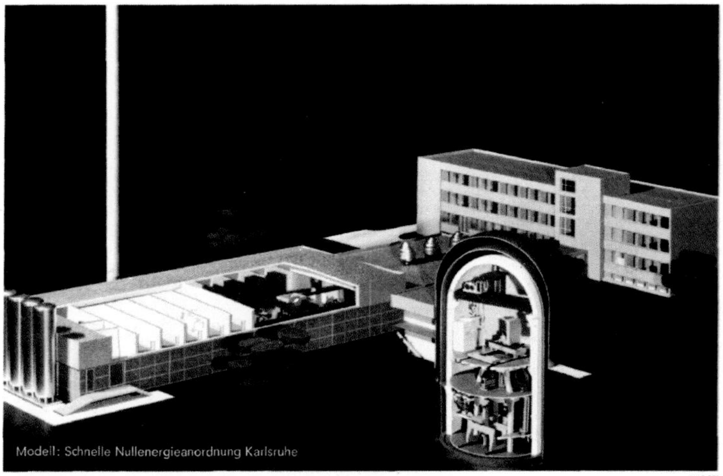

Siemens und Interatom entwickeln Prototyp

Abbildung 244[329]

329 Bild der Wissenschaft 3 (1968), S. 249.

litätsanspruch der Wissenschaften, den Risikogehalt des Risikos *sachlich* zu ermitteln, entkräftet sich permanent selbst."[330]

Die Sprengbombenähnlichkeit der Dampferzeuger für das Kernkraftwerk Stade in Abbildung 245 ist sicherlich nicht beabsichtigt, trägt aber nicht wenig zur aggressiven Anmutung des Bildensembles bei. Auch die ‚Aura' der Dampferzeuger, die hoffentlich nicht für atomare Strahlung stehen soll, wirkt nicht vertrauensbildend. Das ist bei der Kernenergie 1968 allerdings auch

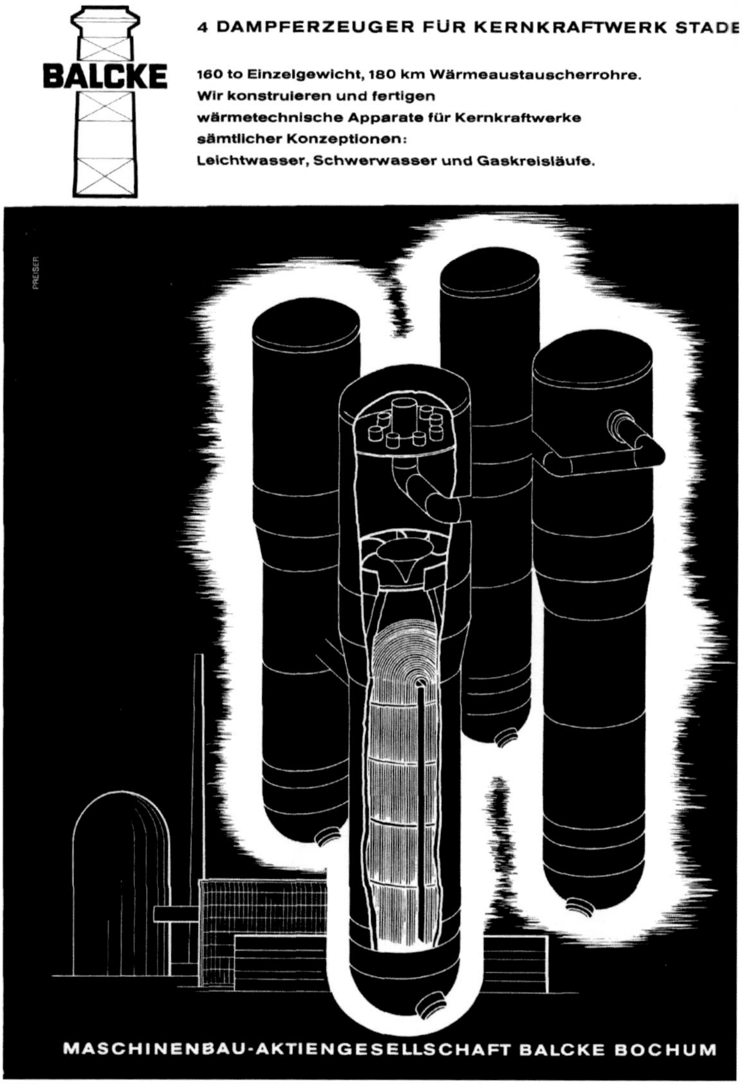

Abbildung 245[331]

330 Ulrich Beck, Risikogesellschaft. Auf dem Weg in eine andere Moderne, Frankfurt am Main 1986, S. 38.
331 Bild der Wissenschaft 3 (1968), S. 2.

noch nicht nötig. Das Image der friedlichen Kernenergienutzung ist noch ausgezeichnet, so dass diese ihrer Form nach konventionelle Technikwerbung keinen Rechtfertigungsbedarf hat.

Auch die Thyssenrohr will ihre Beteiligung am Boom des Kernenergieanlagenbaus herausstreichen, auch wenn sie das, wie Abbildung 246 zeigt, in freundlichen Farben tut. Welche Kompetenzen die stark auf Atomkraft setzende Industriegesellschaft von morgen braucht, sagt der Text auch: Ingenieure, Mathematiker und Physiker, die *scientific warriors* der Wohlstandsgesellschaft.

Abbildung 246[332]

332 Bild der Wissenschaft 7 (1968), Rückseite.

2110 – 62

Im Reaktorbau
mußten wir viel Neues lernen –
zu Ihrem Nutzen

Auch friedlich genutzte Atomkraft kann Leben bedrohen, wenn nicht Edelstähle und Sonderlegierungen in den Reaktoren die ungeheuren Energien schirmend in den richtigen Bahnen halten.
An die Eigenschaften dieser Werkstoffe werden daher außergewöhnliche Anforderungen gestellt. Sie müssen absolut betriebssicher sein. Beständig gegen die korrodierenden Angriffe von Schwerwasser oder Druckwasser, warmfest und beständig gegen aggressive Gase oder geschmolzene Metalle. Und alle diese Eigenschaften - einzeln oder in Kombination - müssen auch unter dem Einfluß der auftretenden Strahlung unverändert erhalten bleiben.
Die Erfahrungen, die wir bei der Entwicklung solcher Reaktorwerkstoffe gesammelt haben, kommen zahlreichen anderen Kundenproblemen zugute.

Das Wort „Kontrolle“ könnte speziell für Edelstahl erfunden worden sein

Von den Legierungszusätzen bis zum Fertigerzeugnis durchlaufen unsere Erzeugnisse eine lange Kette von Kontrollen. In vollklimatisierten Räumen arbeiten elektronisch registrierende Spektrographen. Elektronenmikroskope können 200 000-fach vergrößern. Eine Mikrosonde macht Punktanalysen. Was das ist?
Mit dem Elektronenstrahl der Mikrosonde können wir eine Fläche von einem Hundertstel Quadratmillimeter wie mit einer Fernsehkamera Zeile für Zeile abtasten. Damit erhalten wir qualitative und quantitative Aufschlüsse über die Feinverteilung der Legierungselemente und der Reaktionsprodukte metallurgischer Vorgänge. Die untersuchte Substanzmenge beträgt etwa den millionsten Teil eines millionstel Gramms.
So arbeiten wir mit den modernsten wissenschaftlichen Methoden an der ständigen Überwachung und Verbesserung unserer Erzeugnisse.

14 907 Mann arbeiten für Ihre Sicherheit

Nur dem Zusammenspiel aller unserer Mitarbeiter – von den Lagerarbeitern über die Schmelzmeister bis zu Betriebsingenieuren und Metallurgen – können Spitzenleistungen gelingen.
Beim Sortieren der Rohstoffe fängt es an, beim Schmelzen geht es weiter: Immer wieder werden Proben genommen, noch aus dem Gießstrahl. Härte, Struktur, Oberflächengüte, das letzte Promille eines Legierungsanteils – wir müssen es genau wissen. Und wir halten enge Toleranzen auch bei Maß und Form ein.

Reinheitsgrade, die gestern noch nicht denkbar waren

Wo besonders hohe Reinheit erforderlich ist, arbeiten wir mit Vakuumöfen. Konstruktion und Betriebsweise dieser Schmelzanlagen verhindern, daß sich Schlacke bilden kann oder daß feuerfeste Mauersteine mit dem Stahl in Berührung kommen. Im Vakuum erschmelzen wir Chargen bis 12 000 kg. Im Fein-Vakuumbereich herrscht im Ofenkessel ein Unterdruck von 0,001 Torr. Das entspricht den Druckverhältnissen 100 km über der Erdoberfläche.

Beratungsteams für besonders schwierige Probleme

Nennen Sie uns Ihr Problem! Wenn nötig arbeitet ein ganzes Team für Sie. Wie groß es ist, ob 2 oder 5 oder 25 Spezialisten an der Lösung mitwirken, das hängt von Ihrem Problem ab. Aber das hängt auch davon ab, wie weit Sie selbst die Möglichkeiten nutzen, die wir Ihnen bieten können. Halten Sie sich an Ihren DEW-Beratungsingenieur! Wir lösen alle Aufgaben, die sich durch Einsatz von Edelstählen überhaupt lösen lassen. (Oder doch fast alle.)

Für jeden Kunden alle Erfahrungen aus Forschung, Entwicklung und Produktion.

DEW

das ist Edelstahl

Deutsche Edelstahlwerke Aktiengesellschaft, Krefeld

Abbildung 247[333]

Die Deutschen Edelstahlwerke werben in geradezu romanhafter Form. Abbildung 247 ähnelt mehr einem Zeitungsartikel als einer Werbeanzeige, Gründlichkeit obwaltet hier ebenso wie in der Edelstahlproduktion, die sich unter dem Praxistext des Kernanlagenbaus neu bewähren muss. Kontrolle ist ein Zentralbegriff der 1960er Jahre: Die kybernetische Steuer- und Regelbarkeit von technischen Abläufen und analog auch der Gesellschaft durch *social engineering* gehört zu den konkreten Utopien des Jahrzehnts:[334] „So arbeiten wir mit den modern-

333 Bild der Wissenschaft 8 (1968), S. 651.

334 Kritisch dazu zeitgenössisch Geoffrey Vickers, Freiheit im kybernetischen Zeitalter. Der Wandel der Systeme und eine neue politische Ökologie, Stuttgart 1974 (zuerst u. d. T. ‚Freedom in a rocking boat‘).

sten wissenschaftlichen Methoden an der ständigen Überwachung und Verbesserung unserer Erzeugnisse."[335] Es könnte durchaus auch von Verkehrs- oder Sozialpolitik die Rede sein. Betont wird auch die komplexe systemisch-großtechnische, arbeitsteilige Kooperation „von den Lagerarbeitern über die Schmelzmeister bis zu Betriebsingenieuren und Metallurgen".[336] Das in der kriegswirtschaftlichen Organisation des Ersten Weltkriegs erstmalig in Deutschland entwickelte Konzept der großforschungsgestützten integrierten Totalsteuerung aller Ressourcenströme der Produktion zur Effizienzsteigerung[337] scheint hier Wirklichkeit geworden zu sein. Es ist die ‚kommende Wirtschaft', an die Walther Rathenau gedacht hat.[338] Nur konnte die OHL noch keine Beratungsteams, die individuell auf Problemkonstellationen eingehen. Auch die Deutschen Edelstahlwerke zeigen sich kommunikationstheoretisch aufgeklärt. Ungewöhnlich ist der einleitende Hinweis darauf, dass „[a]uch friedlich genutzte Atomkraft (...) Leben bedrohen [kann] (...)."[339] Im folgenden beschreibt der Text nicht nur die Anforderungen des regulären Kraftwerksbetriebs an das Material, sondern auch die eines kraft Wahrscheinlichkeitsrechnung in der Wirklichkeit nicht zugelassenen GAU-Szenarios: „[Diese Werkstoffe] müssen absolut betriebssicher sein. Beständig gegen die korrodierenden Angriffe von Schwerwasser oder Druckwasser, warmfest und beständig gegen Gase oder geschmolzene Metalle. Und alle diese Eigenschaften – einzeln oder in Kombination – müssen auch unter dem Einfluß der auftretenden Strahlung unverändert erhalten bleiben "[340] Hier ist die Rede von einer Kernschmelze. Wie und unter welchen Bedingungen die DEW entsprechende Materialforschung und -Tests durchführen, konkret: die Situation einer AKW-Havarie simulieren konnte, ist die Frage. Oder auch nicht, denn in den 1960er Jahren ist die Thematisierung der Atomkraft – trotz der Erfahrung des Unfalls in Windscale 1957 – ein Diskurs, in dem das Risiko praktisch nicht vorkommt. Das populäre Techniklexikon ‚Wie funktioniert das?', 1963 vom Bibliographischen Institut Mannheim herausgegeben, sieht in einem Atomreaktor eine so selbstverständliche Normaltechnologie, dass sie ihm ebensoviel Erklärungsraum einräumt wie der Dampfmaschine: eine Seite Text und eine Seite Abbildung.[341]

Auf die Autowerbung in den 1960er Jahren soll hier nicht ausführlich eingegangen werden. Dennoch kann sie auch im Kontext der Veränderungen in der Industriewerbung gesehen werden. Autos sind für den Konsumenten erreichbare Produkte mit persönlicher Vorzeigereich-

335 Abbildung 247.

336 Ebd.

337 Vgl. Wolfgang Michalka, Kriegsrohstoffbewirtschaftung, Walther Rathenau und die ‚kommende Wirtschaft', in: ders. (Hg.), Der Erste Weltkrieg. Wirkung, Wahrnehmung, Analyse, München/Zürich 1994, S. 485–505.

338 Bezüge bestehen auch zur radikal-totalitären Planwirtschaft Stalins: vgl. Karl Schlögel, Terror und Traum. Moskau 1937, Bonn 2008, z. B. S. 60–85.

339 Abbildung 247.

340 Ebd.

341 Fachredaktion Technik des Bibliographischen Instituts Mannheim (Hg.), Wie funktioniert das? Technische Vorgänge, in Wort und Bild erklärt, Mannheim 1963, S. 84 f. (Atomreaktor), 72 f. (Dampfmaschine).

weite und insofern nicht mit großindustriellen Gütern vergleichbar. In der Autowerbung ist schon spätestens seit Beginn der 1960er Jahre ein deutlich narrativer Zug erkennbar, z. B., um neue Produktformen wie den Kombi beim Verbraucher zu etablieren.[342] Dennoch gibt es manche Ähnlichkeiten mit der Industriewerbung: die Betonung von Sicherheit und Verantwortung, die Forschungsorientierung und die Lösbarkeit von Praxisanforderungen durch ein Mehr

Abbildung 248[343]

342 Vgl. Rolf-Ulrich Kunze, Eine Liomousine, die (k)eine ist. Soziale Rollen in der Werbung für den VW 1500/1600 Variant, in: ders., Symbiosen, Rituale, Routinen. Technik als Identitätsbestandteil. Technikakzeptanz der 1920er bis 1960er Jahre, Karlsruhe 2009 (Technikdiskurse. Karlsruher Studien zur Technikgeschichte, Bd. 3), S. 99–119.

343 Bild der Wissenschaft 3 (1968), S. 6.

an Technik, das an die Stelle der Maschinenbeherrschung des Autofahrers tritt. BMW steigt in das Thema der technischen Selbststeuerung zur Unfallverhütung ein, der Slogan ist catchy: „Automobile, die Unfällen aus dem Weg fahren können".[344] Die Folgen einer sportlichen Fahrweise werden als technisch auffangbar beschrieben: in der zu schnell gefahrenen Kurve wie beim riskanten Überholmanöver. Traktion, Leistungsreserven – „[e]in schneller Motor, aber nicht überzüchtet"[345] – und Bremskraftregulierung stehen für die qualitativen Verände-

Abbildung 249[346]

344 Abbildung 248.

345 Ebd.

346 Bild der Wissenschaft 5 (1968), S. 8.

rungen im Autobau der Renn-Reisemaschine der 1960er Jahre, ebenso die Unterscheidung von primären konstruktiven und sekundären ausstattungsbezogenen Sicherheitsattributen. Die Mercedes-Werbung ist keineswegs weniger technikdetailbezogen, sie stellt nur stärker auf das Markenbewusstsein ab und scheut auch vor der Häufung von nur vorsichtig eingehegten Superlativen nicht zurück. Understatement ist noch nie die Sache von Daimler-Benz gewesen: „Sie gehören zu den schönsten Wagen der Welt."[347] Aufgrund seiner Sonderstellung kann sich Mercedes auch erlauben, die automobilsoziale Konstruktion seiner Kunden normativ zu formulieren: „Gleichzeitig ist die Überlegenheit, die Ihnen ein Mercedes Benz gibt, so eindeutig, daß Sie darauf verzichten können, sie ständig auszuspielen."[348] Ein ähnliches Selbstbewusstsein erlebt

Abbildung 250[349]

347 Abbildung 249.

348 Ebd.

349 Bild der Wissenschaft 2 (1968), S. 163.

man sonst nur im Umfeld der Kernenergie, nur kann man deren Zukunftsversprechen nicht selbst fahren.

Bayer besiegt die Plagen des Koran und der Bibel, und zwar vermittels des seit 2002 aufgrund seiner Nebenwirkungen nicht mehr zugelassenen Schädlingsbekämpfungsmittels Folidol: „Die Heuschrecken fallen zu Boden und gehen ein. Die ‚Geißel Allahs' wird nicht zuschlagen."[350] Es ist auch die Geißel Jahwes:

> „Da sprach der HErr zu Mose: Recke deine Hand über Ägyptenland, daß Heuschrecken auf Ägyptenland kommen und fressen alles Kraut im Land auf samt allem dem, was der Hagel übrig gelassen hat. Mose reckte seinen Stab über Äyptenland; und der HErr trieb einen Ostwind ins Land den ganzen Tag und die ganze Nacht; und des Morgens führte der Ostwind die Heuschrecken her. Und sie kamen über ganz Ägyptenland und ließen sich nieder an allen Orten in Ägypten, so sehr viel, daß zuvor desgleichen nie gewesen ist noch hinfort sein wird. Denn sie bedeckten das Land und verfinsterten es. Und sie fraßen alles Kraut im Lande auf und alle Früchte auf den Bäumen, die der Hagel übrig gelassen hatte, und ließen nichts Grünes übrig an den Bäumen und am Kraut auf dem Felde in ganz Ägypten."[351]

Abbildung 251 zeigt Bayer in einer extra-terrestrischen wie globalen Verantwortung, die von der einer Weltregierung nicht mehr weit entfernt ist. Dass die Gegenüberstellung in dieser Form gerade die beschworenen Gegensätze zwischen der ersten Welt der Hochtechnologie und der Dritten Welt der archaischen Subsistenzwirtschaft zementiert, ist die wesentliche indirekte Bildaussage: Westliche weiße Chemietechnologie ermöglicht die Eroberung des Weltraums wie das Überleben der rückständigen Unterentwicklungsbiete mit ihren ‚alten Problemen'. Es ist der Ton von Rudyard Kiplings hochimperialistischem Gedicht „The white man's burden" aus dem Jahr 1899:

> „Take up the White Man's burden—
> Send forth the best ye breed—
> Go bind your sons to exile
> To serve your captives' need;
> To wait in heavy harness,
> On fluttered folk and wild—
> Your new-caught, sullen peoples,
> Half-devil and half-child.
>
> Take up the White Man's burden—
> In patience to abide,
> To veil the threat of terror
> And check the show of pride;
> By open speech and simple,
> An hundred times made plain
> To seek another's profit,
> And work another's gain.

350 Abbildung 250.

351 2. Mose 10. 12–15.

Take up the White Man's burden—
The savage wars of peace—
Fill full the mouth of Famine
And bid the sickness cease;
And when your goal is nearest
The end for others sought,
Watch sloth and heathen Folly
Bring all your hopes to naught.

Take up the White Man's burden—
No tawdry rule of kings,
But toil of serf and sweeper—
The tale of common things.
The ports ye shall not enter,
The roads ye shall not tread,
Go make them with your living,
And mark them with your dead.

Take up the White Man's burden—
And reap his old reward:
The blame of those ye better,
The hate of those ye guard—
The cry of hosts ye humour
(Ah, slowly!) toward the light
‚Why brought he us from bondage,
Our loved Egyptian night?'

Take up the White Man's burden—
Ye dare not stoop to less—
Nor call too loud on Freedom
To cloak your weariness;
By all ye cry or whisper,
By all ye leave or do,
The silent, sullen peoples
Shall weigh your gods and you.

Take up the White Man's burden—
Have done with childish days—
The lightly proferred laurel,
The easy, ungrudged praise.
Comes now, to search your manhood
Through all the thankless years
Cold, edged with dear-bought wisdom,
The judgment of your peers."[352]

352 Quelle: http://de.wikipedia.org/wiki/The_White_Man%E2%80%99s_Burden [24.6.2011].

Bayers Allzuständigkeit erstreckt sich auch auf Wasser und Luft, wie wir aus Abbildung 252 lernen. Der weiße Mann wird es regeln. „Wir sollten auch in Zukunft sorglos trinken und mühelos atmen können."[353] Worauf bezieht sich dieser kollektive Plural? Er kann nicht verschleiern, dass hier Ungleiches gleich und Gleiches ungleich behandelt wird. Für die westlichen Industriegesellschaften entwickelt Bayer hochkomplexe Luft- und Wassermessgeräte „nach modernsten Verfahren",[354] um einige Folgen der industriellen Produktion und Lebensweise wenn nicht in den Griff zu bekommen, dann doch wenigstens unter die Grenzwerte zu drücken. Dass in den grenzwertfreien Entwicklungsländern als beliebten Billigstandorten der Chemieindustrie nicht

Abbildung 251[355]

353 Abbildung 252.

354 Ebd.

355 Bild der Wissenschaft 3 (1968), S. 343.

nur die Bekämpfung von „Ruhr, Typhus, Cholera, Malaria, Bilharziose“[356] nötig wäre, sondern gerade auch die Messung und Bekämpfung der Folgen der chemieindustriellen Risikoverlagerung, ist in den späten 1960er Jahren bestenfalls eine *lunatic fringe*-Forderung am Rande von Kirchentagen. Industrieexport ist Modernisierung.

Abbildung 252[357]

In Abbildung 253 begegnet uns eine Variation des Musters aus Abbildung 239, eine Spekulation auf den sozialen Aufstiegsehrgeiz, auf den Bayer setzt. Die Firma hat die *human resources* entdeckt. Und die von Bayer beauftragten Marketingspezialisten haben erkannt, dass man sich unter der anti-suggestiven Tätigkeit eines innovativen Firmenlabortechnikers etwas vorstellen können muss: Er ist einmal Kind gewesen, so wie Rudolf Künzel, und in einer freundlichen

356 Ebd.

357 Bild der Wissenschaft 5 (1968), S. 443.

beruflichen Zukunft bei Bayer entwickelt er einen leichten Werkstoff für Klavierrahmen oder Pflanzenschuttmittel oder Medikamente, zum Segen der Klavierträger und der Menschheit, auf Firmenpatent. Und mit Dr. Künzel kann er auch noch unterschreiben. Ob er Klavier spielt?

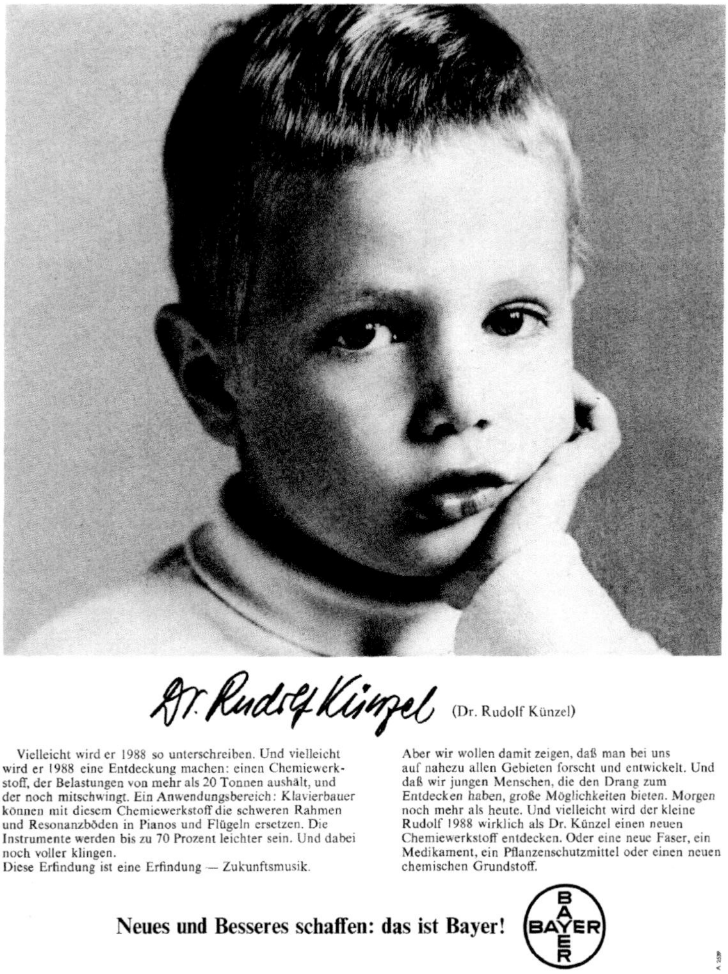

Abbildung 253[358]

Etwas Sachkundeunterricht von Mannesmann zum Thema der infrastrukturellen Vernetztheit der industriellen Welt durch Rohre des Hauses für „Öl und Gas, Wasser und Dampf, Milch und Saft."[359] Seit der Schaffung der ersten modernen städtischen Netze für Wasser, Gas und Elektrizität sind noch keine hundert Jahre vergangen, da verbinden Mannesmannrohre bereits Kontinente, und von den im Entstehen begriffenen medialen Kommunikationsnetzen ist noch gar nicht die Rede. Überhaupt lässt sich feststellen, dass die Industriewerbung einen aufklärerisch-

358 Bild der Wissenschaft 6 (1968), S. 537.

359 Abbildung 254.

Abbildung 254[360]

didaktischen Zug hat, der darauf zielt, großtechnische Komplexität exemplarisch verständlich zu machen. Die Werbung hat viel vom Sachunterricht gelernt – und von Lego und Märklin: Struktur- und Problemlösungskompetenz stehen hinter den bunten Bildern einer Röhrenwelt in der Raffinerie, an der Bohrinsel, usw. Der Konstruktivismus stellt neue Anforderungen an die modulare Konstruktionsfähigkeit des Individuums auf der Grundlage von Transferleistungen, die in der Werbung aufzurufen nur möglich ist, wenn sie bereits durch kulturelle Routinen zum selbstverständlichen Teil der Welterschließung geworden ist. Den „Mann von Mannesmann" kann nur fragen, wer branchenunabhängig ein grundsätzliches Relevanzverständnis für die systemische Qualität der Mannesmannprodukte hat. Dies im kulturellen Gefüge inter-

360 Bild der Wissenschaft 4 (1968), S. 349.

Abbildung 255[361]

generationell erfolgreich zu vermitteln, gehört Ende der 1960er Jahre zu den großen Standortvorzügen der Bundesrepublik, ziemlich unabhängig von der Formensprache ihres schulischen Bildungssystems. Zum nationalen Innovationsstil gehört schon in den 1960er Jahren eine hohe alltagskulturelle Akzeptanz von repräsentativer Technik in Spiel und Modell, deren Bedeutung bis heute kaum ansatzweise erkannt und historisch eingeordnet ist.[362]

Neben solchen Ansätzen steht 1968 auch noch eine Industriewerbung, die, wie in Abbildung 255, sich vor allem an Fachleute richtet und fachspezifisch argumentiert. Die Wülfing-Werbung für Oberflächenbeschichtung muss ihre Bedeutung nicht soziotechnisch konstruieren. Der Hinweis auf die bewährten Vorzüge des Verfahrens und den ökonomischen Effekt reicht vollkommen aus. Allerdings sind immer weniger Unternehmen in der Lage, es

361 Bild der Wissenschaft 4 (1968), S. 363.

362 Rolf-Ulrich Kunze, „Weil das System so klar ist". Märklin-Werbung der 1960er Jahre, in: ders., Symbiosen, Rituale, Routinen, S. 121–134.

dabei bewenden zu lassen, und auch der Lackierer aus Wuppertal betreibt Sichtbarkeitswerbung. Auf diese Weise erfährt der Leser von *Bild der Wissenschaft* etwas über die „Vorteile der elektrophoretischen Lackierung (...)."[363] Die Zeitschrift ist kein Fachorgan, und dass die Spezialfirma sich gleichwohl für eine Anzeige hier entschieden hat, dürfte einiges über den Medialisierungs- und Selbstdarstellungsdruck der Zeit sagen. Fach- und Sachkompetenz allein reichen nicht mehr aus: Die Selbstpräsentation erschließt nicht nur neue Kunden, sondern trägt auch zur allmählichen Kommoditisierung immer weiterer Kompetenzbereiche bei.

Abbildung 256[364]

363 Abbildung 255.

364 Bild der Wissenschaft 5 (1968), S. 457.,

Auch für die Wiederhold-Lackwerbung in Abbildung 256 gilt das für Abbildung 255 Gesagte: eine Fachkommunikation, die sich behutsam allgemeinverständlich öffnet. Den Unterschied macht, dass Widerhold die einhundertjährige Firmengeschichte betont.

Abbildung 257[365]

Es ist zwar noch nicht das papierlose Büro, das Rank Xerox hier 1968 verspricht – das wird eine der frühen und früh gescheiterten Utopien der Büro-EDV sein –, aber doch ein papierärmeres: „unrationelle Bürometheoden"[366] sind ungefähr das, was die infantil agierenden Herren mit und ohne Jackett in Abbildung 257praktizieren. Tatsächlich tragen Firmen wie Xerox maßgeblich dazu bei, den ‚Papierkrieg' überhaupt erst zu ermöglichen, und zwar durch die Möglichkeit der ‚Xerokopie'. Darin steckt für den Historiker ein nicht unerhebliches Problem. Mit der Ko-

365 Bild der Wissenschaft 5 (1968), S. 459.

366 Abbildung 257.

piermöglichkeit potenziert sich die verfügbare Daten- und Informationsmenge ins Unabsehbare. Gleichwohl, oder vielmehr: vielleicht gerade deshalb gehört das Versprechen der Komplexitätsreduktion zur Büromaschinenwerbung: „(...) ab geht die Post! Ohne Schreibarbeit."[367] Die Voraussetzung der Utopie ist stets eine Geräteaufrüstung: „Alles was noch zu tun bleibt: Druck aufs Knöpfchen."[368]

Abbildung 258[369]

367 Ebd.

368 Ebd.

369 Bild der Wissenschaft 5 (1968), S. 465.

Die Shell-Werbung in Abbildung 258 nähert sich dem Bayer-Stil an, indem sie die Bedeutung der frühen Bindung von jungen, aufstrebenden Menschen an den Konzern betont. Mit Komplimenten an die junge Generation wird nicht gespart: das junge Publikum ermöglicht „(...) Shell, jung zu bleiben und aufgeschlossen in einer ständig wachsenden Wirtschaft."[370] Dem ließe sich entgegenhalten, dass die erste kleine Rezessionserfahrung der Bundesrepublik in der zweiten Hälfte der 1960er Jahre Zweifel an der Unumkehrbarkeit des Wirtschaftswachstums erlaubt. Abgesehen davon, spricht die Bezeichnungen der Fakultäten der Universität Hamburg, die in Abbildung 258 zu sehen sind, selbst dann gegen den Bezug zu den Firmeninteressen von Shell, wenn man traditionellerweise den Großteil der Naturwissenschaften noch zur philosophischen Fakultät schlägt. Aber vielleicht setzt der Konzern ja auch auf einen akzeptanzstiftenden Beitrag philosophischer und evangelisch-theologischer Provenienz, dessen Sinnstiftungsvirtuosität am Ende versierter sein könnte als die Werbeabteilung von Royal Dutch Shell, obwohl es, dem Text zufolge, doch eher um „Chemiker, Physiker, Ingenieure, Geologen, Paläontologen und Mathematiker"[371] geht. Die Bildungs- und Wissenschaftsreformen in der Bundesrepublik der 1960er Jahre kommen den Fachpersonalbedürfnissen der internationalen Firma durchaus entgegen, und der Zugang zur akademischen Bildung ist noch nicht so dereguliert, dass dies die beruflichen Chancen der Qualifikanten so schmälert und schließlich pulverisiert, wie dies seit den 1970er Jahren der Fall sein wird. 1968 kann man sich während des Studiums noch für Shell entscheiden.

Wie schnell Bürotechnik diffundiert, zeigt Abbildung 259. 3M stellt hier einen Overheadprojektor als sinnvolles Ausstattungsattribut einer teuren Vorstandskonferenz vor. In den 1970er Jahren werden neue Universitätshörsäle und Schulen bereits standardmäßig damit eingerichtet. Projektoren und Kopierer gehören zu den Geräten, deren Verbreitung die mediale Revolution seit den 1970er Jahren ermöglicht hat. Die ständige Verfügbarkeit von Abbildungen und Daten verändert Kommunikationsformen.[372] Der Overheadprojektor sorgt dafür, dass der Dozent in rechnenden Studienfächern nicht mehr mit dem Rücken zur Hörerschaft Formeln an die Tafel schreibt, sondern sich über seinen Projektor beugt und Foliensätze auflegt bzw. erstellt. Medienbeherrschung und Medieneinsatz werden schnell zum Lerngegenstand im Schulunterricht: Referate und Präsentationen sollen die neuen Darstellungstechniken nutzen und erhöhen wiederum den Anpassungsdruck an die Formatvorgaben dieser Technologie. White boards beginnen Tafeln zu ersetzen, weil sie mit Folienstiften beschrieben werden können. Die Ideologie technikgestützter Kommunikation und Medialität findet ihren idealtypischen Ort im Sprachlabor, das in den 1970er Jahren im

370 Abbildung 258.

371 Ebd.

372 Der Mediendruck verändert im Zusammenhang mit wachsenden Steuerungserwartungen auch das das Bild und Selbstverständnis des demokratischen Rechtsstaats; vgl. Ernst Forsthoff, Der Staat der Industrie-Gesellschaft. Dargestellt am Beispiel der Bundesrepublik Deutschland, München 1971.

Abbildung 259[373]

mer mehr Schulen einrichten. Hier ist der gesamte Gerätepark vorhanden, der kybernetisches Lernen ermöglichen soll, vor allem die Tontechnik eines Studios, aufgeteilt auf gegeneinander isolierte Lernkabinen, die gleichwohl aus didaktischen Gründen zusammengeschaltet und auch ohne Wissen der Lernenden vom Kursleiter zentral abgehört werden können.

Die harte technoide Modernisierungsprogrammatik hat in dem Karlsruher Nachrichtenwissenschaftler Karl Steinbuch (1917–2005) in den 1960er Jahren einen publizistisch regen Vertreter. Der Physiker nahm 1958 einen Ruf an die TH Karlsruhe an, wo er bis 1980 Direktor des Instituts für Nachrichtenverarbeitung war. Seine Gesellschaftskritik wie in dem auflagen-

373 Bild der Wissenschaft 6 (1968), S. 541.

Abbildung 260[374]

starken Pamphlet ‚Falsch programmiert'[375] – siehe Abbildung 260 – ist ein Feldzug gegen das Vorherrschen eines falschen humanistischen, rein an sprachlich-historischen Fähigkeiten orientierter Bildungsbegriff, der ‚richtiges' Lernen an und mit Maschinen verunmögliche. Steinbuchs Menschen- und Gesellschaftsbild ist autoritär, in manchen Aspekten totalitär. Steinbuch entwirft eine technisch formierte, anti-plurale Gesellschaft, ohne sich der vielfachen Bezüge seiner ‚Gemeinwohl'-Vorstellungen zur politischen Philosophie des 19. und 20. Jahrhunderts auch nur ansatzweise bewusst zu sein. Techniker und Naturwissenschaftler sieht er als sachlich legitimierte Kader der Gesellschaftspolitik an:

374 Bild der Wissenschaft 7 (1968), S. 2.

375 Karl Steinbuch, Falsch programmiert, Stuttgart 1969 u. ö.

> „Wenn sich Naturwissenschaftler und Ingenieure darüber im klaren sind, daß es ihre eigentliche Aufgabe ist, die Zukunft besser zu gestalten als die Gegenwart, dann geraten sie unvermeidbar in eine fortwährende Spannung zur Noch-Wirklichkeit. In ihrem Kopfe sehen sie wissenschaftliche, technische, gesellschaftliche und politische Strukturen, die all diesen Jammer vermeiden, welchen die verspätete Wirklichkeit erzeugt. Dieser Stachel, es anders und besser machen zu wollen, scheint mir eine wesentliche Komponente progressiven Denkens zu sein."[376]

Demzufolge müssten sich Naturwissenschaftler und Ingenieure in modernen Diktaturen am wohlsten fühlen.[377]

Steinbuch ist nur ein besonders extremes Beispiel für eine technozentristische, demokratieneutrale und anti-pluralistische Modernisierungsideologie, die in milderer Form zum kommunikativen Grundrauschen der 1960er Jahre gehört. Abbildung 261 zeigt einige Buchveröffentlichungen aus dem populären Massenverlage Droemer Knaur, den man eher mit der Bahnhofsbuchhandlung als mit naturwissenschaftlich-technischer Fachliteratur in Verbindung bringt. Dass ein solcher Publikumsverlag allgemeinverständliche Einführungen in die Mathematik, die Natur- und Technikwissenschaften vorlegt, lässt die Relevanz des Themas in der Zeit erahnen. Droemer Knaur folgt damit einem breiten Trend, zu dem u. a. auch die ‚Was-ist-Was?'-Reihe des Hamburger Neuen Tessloff-Verlages gehört.[378] Die rasant zunehmende Fülle des naturwissenschaftlich-technischen Informationsangebots in Büchern, im Schulfunk und auch im Fernsehen folgt einem angloamerikanischen Verständnis von *science*, das die traditionelle und institutionell im deutschen Bildungs- und Wissenschaftssystem verankerte Schlüsselstellung der Human- als Orientierungswissenschaften erfolgreich verdrängt. Die diese Diskurshegemonie tragende Mentalität hat der Zürcher Experimentalphysiker Hans Staub in seinem Beitrag zu einer Vortragsreihe über ‚Das Problem des Fortschritts – heute' aus dem Jahr 1969 auf den Punkt gebracht:

> „Wissenschaft und Forschung, gleichgültig ob es sich um reine Forschung oder technische Anwendung handelt, können doch aus moralischer Sicht gar nicht als gut oder schlecht qualifiziert werden. Jede Erkenntnis, jede Entdeckung und jede technische Entwicklung bedeutet einen Fortschritt, etwas Positives, und ist daher gut und wünschenswert. Selbst technische Triumphe oder Höchstleistungen wie die Realisation der Kernwaffen sind an sich bewundernswerte Erfolge menschlicher Ingeniosität und können, wie die Entwicklung gezeigt hat, immer auch im positiven Sinn eingesetzt werden. Der Fortschritt unseres Lebensstandards und unserer zivilisatorischen Einrichtungen (...) könnte zum Stillstand, ja sogar zu einem gewaltigen Rückschritt kommen, wenn es nicht gelungen wäre, den durch unsere Zivilisation bedingten, fast unersättlichen Energiehunger durch die Nutzbarmachung der Atomkernenergie zu befriedigen."[379]

---

376 Karl Steinbach, Programm 2000, München 1970, S. 192.

377 Zu Anpassung und Widerstand von Technikern in Diktaturen vgl. Günther Oetzel, Technik und Totalitarismus – von Nähe und Distanz. Analysen und Perspektiven, in: Rolf-Ulrich Kunze, Distanz zum Unrecht. Methoden und Probleme der deutschen Widerstandsforschung, Konstanz 2006, S. 195–212.

378 Rolf-Jürgen Gleitsmann, Rolf-Ulrich Kunze, Günther Oetzel, Technikgeschichte, Konstanz 2009, S. 103–107.

379 Hans Staub, Was ist und zu welchem Zweck treibt man Grundlagenforschung in der Physik?, in: Das Problem des Fortschritts – heute, hg. v. Rudolf W. Meyer, Darmstadt 1969, S. 106–121, 107 f.

Abbildung 261[380]

Im Vorwort zu dem 1962 in deutscher Übersetzung erschienenen ‚Was-ist-Was?'-Band ‚Atom-Energie' wird schlichter von der „wunderbaren Geschichte" der Atomentdeckungen gesprochen.[381]

Die Bosch-Werbung in Abbildung 262 betont die innovationsgeschichtliche Legitimität des Traditionszulieferers seit 1897: „so alt wie die Kraftfahrt, so jung wie der Fortschritt."[382] Bosch ist alles andere als ein gesichtsloses Unternehmen, sondern verkörpert geradezu die industrielle Seite der Entwicklung zur Mobilitätsgesellschaft: durch technische, aber auch unternehmerische und soziale Innovationen. Bosch gehört zu den Pfeilern der in dieser Form in Europa einmaligen Stuttgarter automobilindustriellen Landschaft.

380 Bild der Wissenschaft 8 (1968), S. 649.

381 Donald Barr u. a., Atom-Energie, Hamburg 1962 (Was ist Was, Bd. 3), S. 2, Vorwort.

382 Abbildung 262.

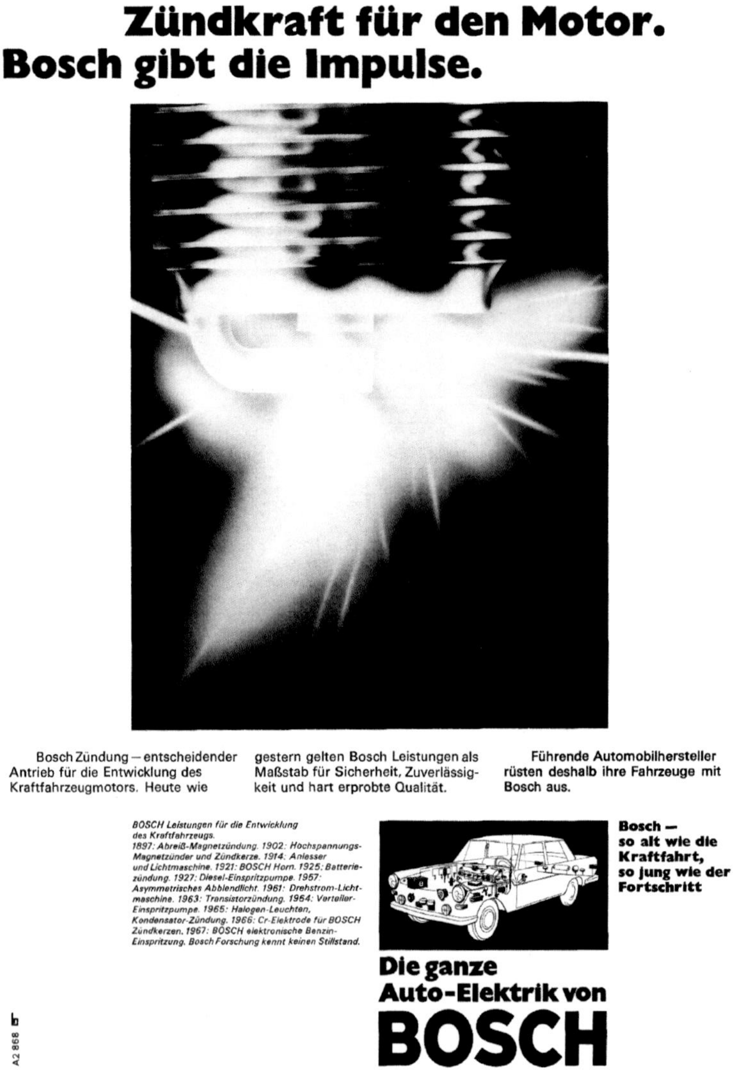

Abbildung 262[383]

Die Glanzstoff AG beschränkt sich in Abbildung 263 auf die Nennung ihrer bekanntesten Produkte, ansonsten betont der Text nur vage den Zusammenhang mit dem sozialen und konsumgesellschaftlichen Wandel. Warum die Kunstfasern des deutschen Marktführers die Antwort auf deren Herausforderungen sind, erfährt man nicht: sie sind es offenbar. Nicht alle Unternehmen gehen den Weg der sozialkonstruktivistischen Selbstdarstellung mit derselben Geschwindigkeit. Führend sind hier die Leittechnologien aus dem Bereich Mobilität, Energie, Kommunikationstechnik und Chemie, aber auch die Hardware-Hersteller aus dem Montansektor. Mit

383 Bild der Wissenschaft 7 (1968), S. 565.

Glanzstoff AG

Chemiefasern für eine wachsende Welt

Unsere Welt befindet sich in einem raschen Wandel. Unsere Lebensgewohnheiten ändern sich, unsere Bedürfnisse wachsen, unsere Ansprüche steigen. Die Erzeugnisse der Glanzstoff-AG, des größten deutschen Chemiefaser-Herstellers, sind die Antwort auf diese Entwicklung.

DIOLEN®
NEVA-NYLON®
NEVA-PERLON®
COLVERA®
Reyon · Zellwolle

Abbildung 263[384]

der wachsenden Verbreitung einer textbausteinartigen Innovationsrhetorik und ihrer Betonung von Großforschung, gesellschaftlicher Verantwortung und zivilisatorischer Mission kann eine minimalistische Produktwerbung sogar den Aufmerksamkeitswert erhöhen und darauf hinweisen, dass es noch Firmen mit Unternehmenszielen unterhalb der Welterlösung gibt.

Das gilt, wie Abbildung 264 sehen lässt, auch für den Kälte-Spezialisten Linde. Auch hier fehlt nicht der Hinweis auf die Erfahrungen in Reaktorbau, Kernphysik und Raumfahrt. Lebensmittel-Kühlung war gestern. Lindes Werber scheuen auch nicht vor englischen Ausdrücken zurück, auch wenn Know-how noch dezent in Anführungszeichen gesetzt wird und das ungelenk eingedeutschte ‚Cracking' nur Fachleuten bekannt sein dürfte. Der massive Vormarsch des Englischen in der Werbung bis auf die Ebene des Satzbaus ist ein Phänomen der 1970er Jahre.

384 Bild der Wissenschaft 7 (1968), S. 619.

Abbildung 264[385]

385 Bild der Wissenschaft 7 (1968), S. 625.

Abbildung 265[386]

Die BASF traut sich, Visionen von den konsumgesellschaftlichen Lebensräumen der Zukunft des Jahres 2005 zu haben: „(...) mehr Komfort für mehr Menschen, heißt eine der Forschungsaufgaben für unsere Chemiker."[387] Das ist der Kern des Partizipationsversprechens der leistungs- und innovationsabhängigen Konsumgesellschaft: mehr Komfort für viele – wenn auch nicht für jeden –, auf der Grundlage naturwissenschaftlich-technischer Innovationen und ihrer Bereitstellung für die Märkte, dadurch wachsende Einkommen und Wachstum der Volkswirtschaften, wiederum höherer Lebens- und Bildungsstand. Die Randbedingungen wachsenden Energiebedarfs und unvermeidbarer Nebeneffekte der massenindustriellen Produktions- und Diffusionsweise wirken in dieser Pfadabhängigkeit einerseits schnell ebenso utopisch wie die

386 Bild der Wissenschaft 7 (1968), S. 621.

387 Abbildung 265.

Zukunftsvorstellungen der BASF von Wohnungen in den Wolken, auch wenn sie selbstverständlich ‚realistisch' für Natur- und Technikwissenschaftler lösbar sind. Diese Art der Fortschreibung der wachstumsabhängigen Konsumgesellschaft folgt einem anthropologischen Muster, das schon John Galbraith in seiner ‚Affluent Society' beschrieben hat:

> „Die Ideen (...), mit denen die Bewohner dieses so begünstigen Teiles unserer Erde ihre Existenz deuten und die – bis zu einem gewissen Grade – auch ihr Verhalten bestimmen, sind (...) nicht in einer Welt des Überflusses entstanden. Sie haben sich vielmehr in einer Zeit entwickelt, in der arm zu sein und das dem Menschen auferlegte Geschick und jeder andere Zustand noch unvorstellbar war. (...) Man wird nicht erwarten dürfen, daß die in einer Welt der Not entstandenen Vorstellungen auch noch in einer Gesellschaft gelten werden, in der jeder Durchschnittsbürger Zugang zu allen Annehmlichkeiten des Daseins: zu Nahrung und Genuß, zu Vergnügen, zu Reisen und zu allen Errungenschaften der Hygiene – zu Annehmlichkeiten, die vor einem Jahrhundert nicht einmal den reichsten Leuten zur Verfügung standen."[388]

In den 1970er Jahren wird die Chemiewerbung die reale Utopie der Bekämpfung der Folgen der Industriegesellschaft als zentrales Thema entdecken und sich durch den Versuch der Beteiligung an der Umwelt-Debatte neue Legitimitätsressourcen zu erschließen.

Am Anfang der Industriegesellschaft war die Energiefrage, und sie ist, wie wir in Abbildung 266 sehen, eine globale Angelegenheit. Was die Texaco-DEA-Anzeige noch im Sinne eines positiven Wirtschaftsverflechtungszusammenhangs anpreist und als Basis der Versorgungssicherheit mit dem Schlüsselenergieträger darstellt, wird sich in der ersten Ölkrise wenige Jahre später als Negativabhängigkeit erweisen.[389] Während das Wachstum in der Industriegesellschaft gemäß einer bestimmten kanonischen ökonomischen Interpretation zufolge als theoretisch unumkehrbar gedacht werden kann, ist die Ölabhängigkeit der Massenkonsum- und Massenmobilitätsgesellschaften de facto unumkehrbar.

Die Informations- und Datenverarbeitungstechnologien sind Ende der 1960er Jahre die Avantgarde der Industrieproduktion. Die optisch zurückhaltende Werbung der AEG-Telefunken besteht praktisch aus einer Aufzählung der noch nicht englischen Schlüsselbegriffe dieses Feldes: Großrechner, Teilnehmersystem, Rechengeschwindigkeit, Nachrichtennetze, Datenbank. Ihre Wiederholung macht sie zum normalen Bestandteil des Alltags und gehört zur Etablierungsgeschichte der elektronischen Revolution.

Thomas Nipperdey hat einmal aufgezählt, welche Leitmotive zur Narratio des modernen Individualismus gehören: die nahezu exklusiv identitätsstiftende Bedeutung von Arbeit, Leistung, Erfolg, Konsum, Fortschritt; der Glaube an Dynamik und Wandel im Sinne einer materiellen Veränderbarkeit der eigenen und der gesamtgesellschaftlichen Lebens-

388 J. K. Galbraith, Gesellschaft im Überfluß, S. 7 f.

389 Helga Haftendorn, Sicherheit und Stabilität. Außenbeziehungen der Bundesrepublik zwischen Ölkrise und NATO-Doppelbeschluß, München 1986, S. 44–52.

Abbildung 266[390]

situation; das Vertrauen auf den Sinn des technisch-wissenschaftlich Machbaren, unabhängig von der Frage der tatsächlichen Wünschbarkeit alles technisch Möglichen; eine Skepsis gegenüber dem Immer-schon-so-Gewesenen und der Tradition, die in allem Vormodernen fast automatisch Hemmnisse weiterer Modernisierung sieht; ein mit Selbstverständlichkeit alles und jedes nicht nur kritisierender, sondern zum Gegenstand medialen Konsums machender, diskursiver Intellektualismus und egalisierender Relativismus.[391] Vor allem für die letz-

390 Bild der Wissenschaft 7 (1968), S. 623.

391 Thomas Nipperdey, Probleme der Modernisierung in Deutschland (1979), in: ders., Nachdenken über die deutsche Geschichte. Essays, München ²1991, S. 52–70, 53 f.

Abbildung 267[392]

392 Bild der Wissenschaft 8 (1968), S. 647.

ten Punkte auf dieser Liste bietet die BBC-Werbung in Abbildung 268 Beispiele. BBC will durch mehr Technik und mehr Automation – „Regeln und Steuern ist das A und O der Automation"[393] – ändern, „was heute noch von gestern ist."[394] In Darstellungen zur Geschichte der Konsumgesellschaft, die sich den kleinen Dingen des Alltags widmen,[395] wird kaum oder gar nicht auf diesen Gesichtspunkt eingegangen: dass der Mensch in der modernen Konsumgesellschaft u. a. durch Werbung, vor allem aber durch soziale Performanz in seinen Alltagswel-

Abbildung 268[396]

393 Abbildung 268.

394 Ebd.

395 Z. B. Arne Andersen, Der Traum vom guten Leben. Alltags- und Konsumgeschichte vom Wirtschaftswunder bis heute, Frankfurt am Main/New York 1997.

396 Bild der Wissenschaft 8 (1968), S. 653.

ten, einem enormen und immer noch wachsenden Anpassungsdruck an neue Geräte und ihre Bedienung ausgesetzt ist.[397] Die oft sprunghafte Entwertung von gewohnter und noch verwendbarer Gebrauchstechnik als veraltet und ihre Verdrängung durch Neues bei gleichzeitiger partieller Weiterverwendung des Alten verlangt von den Konsumenten eine Form des lebenslangen Lernens, die Berufswissen, Lebensabschnitte und finanzielle Spielräume in Frage stellt. Dies um so mehr, als es sich durchweg um Prozesse des *learning by doing* und des *trial and error*

Abbildung 269[398]

397 In diese Richtung geht Victoria de Grazia, Das unwiderstehliche Imperium. Amerikas Siegeszug im Europa des 20. Jahrhunderts, Stuttgart 2010 (zuerst u. d. T. Irrisistible Empire, New York 2005).

398 Bild der Wissenschaft 9 (1968), S. 797.

handelt. Hier liegt eine wesentliche Aufgabe für die Historiographie der Konsumgesellschaft: in der Beschreibung der Kompetenzentwicklung der Konsumenten.

Eine Selbstinszenierung der Ästhetik der Reklame: Messer-Griesheim liefert und beschreibt die technischen Grundlagen und setzt doch ganz auf die Suggestionskraft der Illumination. Die industrielle Massenkonsumgesellschaft leuchtet.

Farbflächen

Abbildung 270[399]

399 Bild der Wissenschaft 2 (1968), S. 97.

Abbildung 271[400]

400 Bild der Wissenschaft 2 (1968), S. 159.

Bereit sein für morgen

Philips kennt die Forderungen der Zukunft. Ausgedehnte Grundlagenforschung, weltweite Erfahrungen in allen Bereichen der Elektronik lassen unsere Fachberater die Lösung für alle schwierigen Einzelprobleme finden. Das ist es, was Philips zum unentbehrlichen Partner für jede Planung macht!

Die Zukunft erschließen——————mit PHILIPS

Industrieelektronik · Wissenschaftliche Geräte · Elektronische Bauelemente · Elektroakustische Anlagen · Radaranlagen · Optronik · Lichttechnik · Informationstechnik · Kälte- und Tieftemperaturtechnik · Elektromedizinische Geräte und Röntgenanlagen · Chemisch pharmazeutische Produkte

ALL-2138-91

Abbildung 272[401]

401 Bild der Wissenschaft 2 (1968), S. 161.

Abbildung 273[402]

402 Bild der Wissenschaft 3 (1968), Umschlagrückseite.

Abbildung 274[403]

403 Bild der Wissenschaft 5 (1968), S. 445.